CW00735752

NORTH-WEST EUROPE / NOORD-WEST EUROPA

1. Dublin
2. Liverpool
3. Bristol
4. Amsterdam
5. Odense
6. Copenhagen / Kopenhagen
7. Rostock
8. Szczecin

**The Turning Tide is dedicated to Ans Buchel (1912-1979)
who accepted nothing at face value,
and to Frans Hogervorst (1925-1994)
who refused to tolerate the unacceptable.**

Opgedragen aan Ans Buchel (1912-1979)
en Frans Hogervorst sr. (1925-1994) die nooit iets voor lief namen.

The Turning Tide

The user's role in the redevelopment of harbour buildings in North-West Europe

Peti Buchel and Bert Hogervorst

photography Willem Vermaase

translation Annie Wright

Gilde van Werkgebouwen aan het IJ   De Appelbloesem Pers

Het Kerend Tij

De rol van de gebruiker bij de herontwikkeling van havenpanden in Noord-West Europa

Peti Buchel en Bert Hogervorst

foto's van Willem Vermaase

vertaling Annie Wright

Gilde van Werkgebouwen aan het IJ   De Appelbloesem Pers

Contents

Inhoudsopgave

Preface

This book explores a theme that is of great importance for urban development and urban management: the user's role.

What does a city mean: capital goods or consumer goods?

Capital goods suggest the major investment companies, the pension funds, the project developers and also the city council in its role as land developer.

Consumer goods, the utensils of everyday life, suggest the residents, children playing, cyclists, shop-keepers and their customers, the man playing his flute on the street.

Peti Buchel and Bert Hogervorst are telling us to utilize the city in a good way, to value and stimulate its positive use and to address the user in terms of his or her responsibility.

'Is this possible?', the major investment companies, the project developers, the authorities and other members of the property sector will ask in amazement. Is it possible to address the user? Is he or she aware of his or her responsibility? Can you afford to take the risk that the transient user will neglect the property? Won't allowing the user to manage the property lead to areas of urban decay?

Peti Buchel and Bert Hogervorst's answer is direct and convincing. It doesn't involve some weighty argument; rather it demonstrates through practical examples that this approach is indeed viable. Their answer also describes the extent to which it can be achieved and its limitations.

These limitations are to some degree connected with the amount of capital that is needed and with the scale of the project. They are certainly connected with thinking in terms of activities and processes and not in terms of 'finished' goals and investments. They are also connected with the aims of urban planning and with environmental regulations. Indeed here, there is no rigid separation between living and working; rather, on a small-scale, the two blend together with spaces being put to a double use. Finally these limitations are connected with the users' nature: these are not large businesses with hundreds of employees, rather they are people who are prepared to allow the processes of living, working and communicating to merge together. In fact, the writers demonstrate that, in many cases, valuing the user's role actually prevents urban decay and paves the way for the re-use of the city's neglected areas.

This is rarely achieved without a struggle! A number of the practical examples that are described here are taken directly from the squatters' world. To show that squatting and managing complement each other, action groups in Berlin described this process as 'im Stand bezetzen.' But apparently not all of these squatters went on to become good managers. This resulted in both the authorities and the property owners regarding users' enterprises with suspicion or at least with 'caution.' In fact, the distinctions between users' associations and users' management on the one hand, and squatting and self-help on the other are vague to say the least.

As the writers demonstrate, re-use can be an instrument of urban regeneration. But this re-use of existing buildings only becomes economically feasible by deploying norms other than those prevalent in urban expansion and renewal. According to these norms, the capital investments that are needed in order to grant buildings a new lease of life are often prohibitively high. Nonetheless, the writers show that there is also evidence to the contrary! Sometimes modest means are all that are needed for a building to acquire a new function. The level of capital investment that is vital to sustain 'modern' management or to satisfy current legislation and regulations, is not always essential to a group of determined users.

Good health insurance is expensive, even for houses. But the surgeon's knife may not be inevitable and an old building with its inexpensive price tag and large spaces can be a godsend to those who don't mind or even cherish the wear and tear that old age entails. Re-use, responsible re-use, becomes both possible and economically feasible precisely because that surgery does not take place.

A final question: does this book provide a definite answer to the question of how to deal with old buildings?
I don't think so; but it does describe a possible approach. In some cases, this approach will constitute the best option and perhaps more frequently than one may imagine. But nonetheless it remains one option amongst a number of others. The city provides many possibilities just as it houses many different people. We should cherish these possibilities and use them in combination with each other.

The writers show us both the importance and the practical feasibility of one of these possibilities. And this too is something to be celebrated!

Paul van Schilfgaarde

Voorwoord

In dit boek wordt een thema aangesneden dat van groot belang is voor stedelijke ontwikkeling en stedelijk beheer: de rol van de gebruiker.

Wat is een stad eigenlijk: kapitaalgoed of gebruiksgoed?

Kapitaalgoed zeggen de grote beleggingsmaatschappijen, de pensioenfondsen, de projectontwikkelaars en ook de overheid in haar rol als grondexploitant.

Gebruiksgoed zeggen de bewoners, de spelende kinderen, de fietsers, de winkeliers en hun klanten, de fluitspeler op straat.

Gebruik de stad goed zeggen Peti Buchel en Bert Hogervorst en hecht ook waarde aan een goed gebruik, stimuleer dit en spreek de gebruiker aan op de verantwoordelijkheid die deze heeft.

Kan dat dan? vragen de beleggingsmaatschappijen, projectontwikkelaars, overheden en andere leden van de vastgoedsector verbaasd. Is de gebruiker aanspreekbaar? Is die zich van zijn of haar verantwoordelijkheid bewust? Kan je het risico nemen dat de vluchtige gebruiker het vastgoed verwaarloost? Krijg je niet allerlei rotte plekken in de stad als je het beheer van het vastgoed laat afhangen van de gebruiker?

Het antwoord van Peti Buchel en Bert Hogervorst is overtuigend en direct. Het omvat geen breed betoog, maar laat aan de hand van praktijkvoorbeelden zien dat het kan, maar ook in welke mate dit kan en welke grenzen er zijn.

Die grenzen hebben iets te maken met de hoeveelheid kapitaal die nodig is en met de schaal van een project. Zij hebben zeker ook te maken met het denken in activiteiten en processen en niet in 'affe' doelen en beleggingen. Zij hebben ook te maken met de planologische doelstellingen en ruimtelijke regelgeving: geen straffe scheiding van wonen en werken, maar kleinschalige menging en dubbelgebruik. En zij hebben te maken met de aard van de gebruikers: geen grote bedrijven met grote aantallen personeel, maar mensen voor wie wonen, werken, leven en communiceren in elkaar overgaan. En wat de schrijvers laten zien is dat in veel gevallen, juist door de rol van de gebruiker op waarde te schatten, voorkomen wordt dat er rotte kiezen ontstaan, dan wel, dat bereikt wordt dat verwaarloosde gebieden in de stad een nieuw gebruik krijgen.

Dat gaat vaak niet zonder strijd! Een deel van de praktijkvoorbeelden die worden beschreven komt rechtstreeks voort uit krakersinitiatieven. 'Im Stand besetzen' noemden de Berlijnse actiegroepen dat indertijd om te laten zien dat kraken en beheren in elkaars verlengde liggen. Overigens bleek dat niet alle krakers altijd goede beheerders werden, wat weer tot argwaan en op zijn minst 'voorzichtigheid' leidde bij overheden en eigenaren die met gebruikersinitiatieven werden geconfronteerd. De overgangen tussen kraken - self help - gebruikersvereniging en gebruikersbeheer zijn immers vloeiend.

Hergebruik kan een instrument zijn voor stadsregeneratie zoals de schrijvers laten zien. Maar dit hergebruik van bestaande gebouwen wordt economisch alleen haalbaar vanuit een ander normenstelsel dan in stadsuitbreiding en stedelijke vernieuwing vigeert. De kapitaalinvesteringen die nodig zijn om, volgens dié normen, gebouwen een nieuwe levensfase te gunnen zijn hoog en vaak prohibitief. Maar de schrijvers laten zien dat er in ieder geval ook tegenbewijzen zijn! Soms kan met bescheiden middelen een gebouw een nieuwe functie krijgen. De kapitaalinvesteringen die vereist zijn voor 'moderne' bedrijfsvoering, of ook geëist worden door wet- en regelgeving, blijken voor wat eigenzinnige gebruikers, die zelf het heft in handen nemen, lang niet altijd nodig.

Goede gezondheidszorg is duur, ook voor gebouwen. Maar niet altijd is de chirurgische ingreep nodig en voor wie genoegen neemt met (of zelfs genoegen schept in) de slijtage die ouderdom meebrengt, is het oude gebouw met zijn lage prijs en grote ruimtes, vaak een uitkomst. Hergebruik, verantwoord hergebruik, blijkt mogelijk en economisch haalbaar, juist omdat de chirurgische ingreep achterwege blijft.

Een laatste vraag: is hiermee een definitief antwoord gegeven op de vraag hoe met oude gebouwen moet worden omgegaan?
Nee, lijkt me; er wordt een mogelijkheid getoond; deze zal in sommige gevallen de beste zijn, misschien vaker dan men denkt, maar het blijft steeds één mogelijkheid naast andere. De stad biedt veel mogelijkheden en daarom ook huizen er zoveel verschillende mensen. Laten we blij zijn met die verschillende mogelijkheden en ze naast elkaar gebruiken.

De schrijvers tonen ons het belang en ook de praktische haalbaarheid van één zo'n mogelijkheid. En ook daar mogen we blij mee zijn!

Paul van Schilfgaarde

Introduction

Harbour areas astonish city-dwellers with their wide, open spaces. Suddenly they have left behind all that was familiar and this expanse of water evokes visions of journeys to distant climes. Behind the facades of transit sheds and warehouses, exotic products are awaiting transportation. The streets are criss-crossed with rails leading to destinations unknown. These areas are not intended for homes or for the everyday cares of ordinary people; rather they are reserved for global trade and commerce, and the casual passer-by finds himself launched upon a voyage of discovery.

Although a living harbour enthralls with its ships and the commotion both afloat and on its quays, a disused harbour loses none of its fascination. On the contrary, memories of the past are palpable in this forgotten area and they live on in the spirit of its people. But the past can never return; the future of old harbours is not longer in the water but on land. The ways in which this future is developing in Amsterdam, Bristol, Dublin, Copenhagen, Liverpool, Odense, Rostock and Szczecin is the subject matter of this book.

The photos show how the harbours owe their enduring power to their characteristic structures. Monumental harbour premises entice the city-dweller with the promise of unimaginable opportunity. The urge to re-use these premises seems irresistible and it is no wonder that the 1980s witnessed a world-wide trend to imbue these buildings with new life.

This book describes the experiences of people who live and work in old harbour premises and how they have turned their ideals into reality. Often these newcomers are swimming against the tide of legislation and regulations. As the intensive users of both the premises and the surrounding area, they have refused to accept the fact that the authorities do not actively involve them in re-development plans. But by granting themselves a role at the heart of this process, they are influencing its ultimate outcome. The Turning Tide focuses upon the field of tension that exists between policy makers and administrators, and those who are chasing their dreams.

Inleiding

Voor de stadsbewoner die het havengebied bezoekt komt de immense ruimte als een verrassing. Plotseling is hij weg uit de bekende omgeving; het open water roept beelden op van reizen naar verre streken. Achter de gevels van de loodsen en pakhuizen liggen exotische producten te wachten op verdere overslag. Rails zonder duidelijk begin- of eindpunt doorsnijden de straten. Dit gebied is niet bestemd voor bewoning en voor de alledaagse besognes van gewone mensen. Hier gaat het om wereldomvattende handel en bedrijvigheid en wordt de toevallige passant een ontdekkingsreiziger.

Hoewel een levende haven fascineert door de schepen en de drukte op de kaden, verliest de in onbruik geraakte haven haar aantrekkingskracht niet. Integendeel, de herinnering aan het verleden is in dit vergeten gebied tastbaar aanwezig en leeft vooral voort in de geest van de bevolking. Maar het verleden komt nooit terug: de toekomst van de oude haven is niet meer op het water gericht, maar op het land. Hoe men deze toekomst ontwikkelt in Amsterdam, Bristol, Dublin, Kopenhagen, Liverpool, Odense, Rostock en Szczecin, is het onderwerp van dit boek.

De foto's laten zien hoezeer de karakteristieke bebouwing de blijvende kracht van havens vormt. De monumentale havenpanden verlokken de stedeling met de belofte van ongekende mogelijkheden. En de drang om deze panden opnieuw in gebruik te nemen, blijkt onweerstaanbaar. Het is dan ook niet verwonderlijk dat er in de jaren tachtig wereldwijd een trend inzet om deze gebouwen weer nieuw leven in te blazen.

De ervaringen van mensen die in oude havenpanden wonen en werken en er zo hun idealen vormgeven, staan in dit boek centraal. Deze nieuwkomers roeien vaak tegen de stroom van wet- en regelgeving op. Als intensieve gebruikers van de panden en van het gebied nemen zij er geen genoegen mee dat zij door de overheid niet actief bij de herontwikkeling worden betrokken. Door zichzelf in dit proces toch een plaats toe te kennen, beïnvloeden zij het ontwikkelingsbeleid en de uiteindelijke resultaten.

Het Kerend Tij draait om het spanningsveld dat bestaat tussen beleidsmakers, uitvoerders van beleid en mensen die hun dromen najagen.

Background Information and Acknowledgements

The initial starting point for 'The Turning Tide' is the experience of the various squatters' groups in Amsterdam's harbour. Squatters have a long tradition of taking the initiative: they requistion buildings and develop them through self-management. Hence, starting in 1978, 18 harbour premises from along the banks of the IJ have been put to an alternative use. These enormous industrial buildings of yesteryear with their occasionally bizarre structures are now functioning as test labs for the user's unique contribution. Because of their simple architecture, warehouses, transit sheds and offices are particularly easy to adapt to different functions. The users of these squatted premises joined forces to found the IJ Industrial Buildings Guild.

This book was commissioned by the IJ Industrial Buildings Guild. It is partly based on material provided by the Guild Inventory, a study of the re-use of 19th and 20th century harbour buildings both in the Netherlands and abroad. This inventory was drawn up in 1996, and includes two separate research projects. The Dutch Guild Inventory was initiated by two of the Guild's members, the ceramist and philosopher Jan van Duin and the architect Guido Keizer. It was subsequently compiled by the architect Guido Keizer and the social geographer Harm Jan Korthals Altes. The Guild Inventory Abroad was drawn up by the illustrator Peti Buchel and the classicist and egyptologist Bert Hogervorst.

Under the auspices of the IJ Industrial Buildings Guild, the Dutch Guild Inventory was set up to include not only the architectural structure, management and organization of six of the Guild's premises but also their economic and cultural impact. The choice of these particular buildings was determined by their typology: silos, transit sheds and warehouses. In addition, the inventory was designed to investigate two interwoven arguments:

Argument one:
A building's architecture determines both the nature of the activities that take place in that building and its internal organization.

Argument two:
19th and 20th century industrial monuments located in harbour areas form an ideal breeding ground that caters to the precise needs of small-scale and medium-sized businesses and, more specifically, to the requirements of the arts, crafts and service sectors. Because these harbour areas are closely linked to old city centres, they are capable of revitalizing the inner city.

Ultimately the Guild decided to place the inventory in an international context which resulted in the Guild Inventory Abroad. Parallel research based on the same arguments was carried out in order to investigate ten North-West European ports where harbour premises were being re-used on a small scale by the arts, crafts and service sectors. The choice of North-West Europe was determined by three factors: a comparable socio-economic background, a common historical development and the area's climate.

The IJ Industrial Buildings Guild has produced this publication in order to make the Guild Inventory's findings available to a wider public. Therefore, Bert Hogervorst and Peti Buchel have checked the collected data and placed them in the general context of the developments along the banks of the IJ in Amsterdam.
The photographer Willem Vermaase was also asked to visit Amsterdam and the other North-West European ports.

Verantwoording

Het Kerend Tij gaat in eerste instantie uit van krakersinitiatieven in de Amsterdamse haven. Krakers zijn bij uitstek mensen die het initiatief in eigen hand nemen door gebouwen op te eisen en te ontwikkelen in eigen beheer. Aan de Amsterdamse IJ-oever zijn zo sedert 1978 achttien havenpanden in hergebruik genomen. De enorme industriële gebouwen van weleer, met hun soms bizarre constructies, functioneren als proeftuin voor de eigen inbreng van de gebruiker. Vooral de pakhuizen, loodsen en kantoren laten zich door hun basale, architectonische structuur gemakkelijk ombouwen of aanpassen aan nieuwe functies. De gebruikers van deze gekraakte panden zijn verenigd in Het Gilde van Werkgebouwen aan het IJ.

Dit boek is geschreven in opdracht van Het Gilde van Werkgebouwen aan het IJ.
Het is voor een deel gebaseerd op een (inter)nationale inventarisatie van 19de en 20ste eeuwse havenpanden in hergebruik, getiteld Guild Inventory. Deze inventarisatie heeft plaatsgevonden in 1996 en resulteerde in twee deelonderzoeken. Het Guild Inventory Binnenland was een initiatief van twee Gildeleden, de ceramist en filosoof Jan van Duin en de architect Guido Keizer. Het werd vervolgens uitgevoerd door de architect Guido Keizer en de sociaalgeograaf Harm Jan Korthals Altes.
Het Guild Inventory Buitenland werd uitgevoerd door de illustrator Peti Buchel en de classica en egyptologe Bert Hogervorst.

Onder de verantwoordelijkheid van Het Gilde van Werkgebouwen aan het IJ startte men met het Guild Inventory Binnenland, een inventarisatie van de architectonische structuur, het beheer en de organisatie, als ook de economische en culturele uitstraling van zes Gildepanden. De keuze van de panden werd bepaald door de typologie van de gebouwen: silo's, loodsen en pakhuizen. De inventarisatie was erop gericht om twee met elkaar verweven stellingen te toetsen:

Stelling 1:
De architectuur van een gebouw bepaalt zowel de aard van de bedrijvigheid als de interne organisatie.

Stelling 2:
De industriële monumenten in havengebieden van de 19de en 20ste eeuw vormen een ideale voedingsbodem voor fijnmazig hergebruik door het midden- en kleinbedrijf, en meer specifiek door de kunst- kennis- en nijverheidssector. Doordat deze havengebieden nauw aansluiten op de oude stadscentra, kunnen ze een revitaliserende werking hebben op de binnenstad.

Het Gilde van Werkgebouwen aan het IJ besloot vervolgens om deze studie in een internationaal kader te plaatsen, hetgeen leidde tot het Guild Inventory Buitenland. Er werd, uitgaande van dezelfde stellingen, een parallel onderzoek uitgevoerd naar de situatie in tien Noord-West Europese havensteden waar sprake is van kleinschalig hergebruik van havenpanden door de kunst- kennis- en nijverheidssector. De keuze voor Noord-West Europa werd bepaald door drie factoren: de vergelijkbare sociaal-economische achtergrond, de gemeenschappelijke historische ontwikkeling en het klimaat van het gebied.

Met dit boek wil Het Gilde van Werkgebouwen aan het IJ de bevindingen van het Guild Inventory voor een groter publiek toegankelijk maken. Daartoe zijn door Bert Hogervorst en Peti Buchel de verzamelde gegevens opnieuw getoetst en ingebed in de ontwikkelingen aan de Amsterdamse IJ-oever in het algemeen.
Ook werd aan de fotograaf Willem Vermaase gevraagd om Amsterdam en de andere Noord-West Europese havensteden te bezoeken.

Throughout the course of this project, from the initial concept to the finished book, the sculptor and designer Carolien Feldbrugge has been responsible for its co-ordination and feedback.

We would particularly like to thank:
Henk Takens for his precision and expertise, Marie Oosterbaan and Annie Wright for keeping the project on track, Harm Jan Korthals Altes, one of the founders of the IJ Industrial Buildings Guild, and Alma Ploeger, the acting director of het Stimuleringsfonds voor Architectuur.

In addition, we would like to express our gratitude to all those who, apart from providing information, also supported the project in other ways. These include: David Carr-Smith in London, Caroline Thomas and John O'Connor of Artspace in Bristol, Sandie Macrae of The Cheese Warehouse in Bristol, Dr. Ron Griffiths of the Faculty of the Built Environment of the University of the West of England in Bristol, John and Nora Blundell in Liverpool, Dr. Pro Torkington, member of the board of the Merseyside Development Corporation in Liverpool, Dr. Esben Larsen, director of the Danish Centre for Architecture in Copenhagen, Karen Nielsen, co-ordinator of the Old Shipyard in Odense and Sophus Jepsen, an artist from Odense, Horst Timmers, musician, Lot Vermeer, furniture-maker and Ernst Laven, sculptor (all of the Grain Silos in Amsterdam), Tobias Woldendorp of Van Dijk, Van Soomeren and Partners, Hank Kune, Rijkswaterstaat, Henny Wasmoeth, 'Het Oosten' housing association, Kees van Ruyven, project manager of the southern banks of the IJ, Arie van Wijngaarden, the Municipal Housing Department, Amsterdam, Sonja de Jong, the Planning Department, Amsterdam, Maarten Dahmen of the 'Havens Oost' neighbourhood centre and finally: Alma Langeveld, Marijke Smit, Imeen van Reedijk, Wijnand Duijvendak and Carolien Feldbrugge, the members of the board of management of the IJ Industrial Buildings Guild.

Tijdens het hele traject, van initiatief tot boekvorm, zorgde de beeldhouwer en vormgever Carolien Feldbrugge voor de coördinatie en de feedback.

Speciale dank gaat uit naar:
Henk Takens voor zijn nauwkeurigheid en expertise, Marie Oosterbaan en Annie Wright die het project op de rails hielden, Harm Jan Korthals Altes, één van de grondleggers van Het Gilde van Werkgebouwen aan het IJ en Alma Ploeger, waarnemend directeur van het Stimuleringsfonds voor Architectuur.

Verder geldt onze dank allen die, naast het verschaffen van informatie, het project op andere manieren hebben gesteund, onder wie David Carr-Smith in Londen, Caroline Thomas en John O'Connor van Artspace in Bristol, Sandie Macrae van The Cheese Warehouse Bristol, dr. Ron Griffiths van de Faculty of the Built Environment of the University of the West of England, Bristol, John en Nora Blundell uit Liverpool en dr. Pro Torkington, lid van de raad van bestuur van The Merseyside Development Corporation, Liverpool, dr. Esben Larsen, directeur van het Deens Centrum voor Architectuur in Kopenhagen, Karen Nielsen, coördinator van de oude Scheepswerf, Odense en Sophus Jepsen, kunstenaar in Odense, Horst Timmers, musicus, Lot Vermeer, meubelmaker en Ernst Laven, beeldhouwer, allen uit de Graansilo's Amsterdam, Tobias Woldendorp van het bureau Van Dijk, Van Soomeren en Partners B.V., Hank Kune van Rijkswaterstaat, Henny Wasmoeth van Woningbouwcorporatie Het Oosten, Kees van Ruyven, projectmanager zuidelijke IJ-oever, Arie van Wijngaarden, Stedelijke Woningdienst gemeente Amsterdam, Sonja de Jong, Dienst Ruimtelijke Ordening gemeente Amterdam, Maarten Dahmen van het Wijkcentrum Havens Oost en het bestuur van Het Gilde van Werkgebouwen aan het IJ: Alma Langeveld, Marijke Smit, Imeen van Reedijk, Wijnand Duijvendak en Carolien Feldbrugge.

CHAPTER 1

Urban regeneration

The city

The city is a self-regenerating organism. And not only the buildings, streets, harbours and districts are a part of this process but also its inhabitants, the local government, commerce and its urban policy. This organism comes into being, grows or deteriorates but seldom dies; a city can repair itself and embark on its second or third life through business, industry and culture.

Dublin Harbour: the Sheriff Street neighbourhood has fallen into disrepair but there are plenty of plans for its regeneration.

De haven van Dublin: de Sheriff Street buurt is totaal in verval, maar plannen voor regeneratie staan op stapel.

There are historical examples of cities that were abandoned or have fallen into decay because of drought or an increasingly salty environment. There are towns that have been buried under lava or have sunk beneath the sea. But the people have usually returned to breathe new life into their cities. Economic disaster may mean that a city stops growing. Hence, once-flourishing trading ports such as Stavoren in Friesland and Boston in England have now become sleepy backwaters. But even when a city, like Hiroshima, is razed to the ground, it still has the potential for recovery.

In contrast to the city, buildings and districts are mortal. A housing association will write off a dwelling after 50 years. It is then ready for demolition and to make way for a new development. A neighbourhood can disappear because the built environment in that part of the city is to be changed.
However, the life-span of buildings and districts can be extended through renovation. This can be carried out in an extremely radical way so that all that is left of a building is its facade or the original neighbourhood only survives in the form of street names. But renovation can also place great emphasis on maintaining the original character. Sometimes houses are literally rebuilt stone by stone.
Often both buildings and neighbourhoods are gradually renovated over a longer period of time so that the changes are barely perceptible.

The Jordaan, a district in Amsterdam, has completely changed both in character and appearance over the last 25 years. From being a poverty-stricken working-class neighbourhood with many small businesses and a labyrinth of alleys and almshouses, it has become a well-planned residential area with a sprinkling of charming almshouses and a plethora of ancient facades. Only the cafés and markets are the same. Yet despite all these changes people still call it 'the Jordaan'.

Cities have the tendency to keep growing beyond their borders. The new residential, industrial and office areas shoot up along the periphery so that the city boundaries keep shifting outwards. What was once a suburb soon becomes a district adjoining the city centre and finally a part of the centre. The urban obsession with expansion means that less attention is paid to the city centre and to the older neighbourhoods so that they languish and decline. The city is eroding, a process which is often caused by the policy-makers.

HOOFDSTUK 1

Stadsregeneratie

De stad

Een stad is een zichzelf regenererend organisme. Niet alleen de gebouwen, straten, havens en buurten maken hier deel van uit, maar ook de bewoners, het bestuur, de bedrijvigheid en het beleid. Dit organisme ontstaat, groeit of raakt in verval, maar sterft zelden; telkens opnieuw kan een stad zich herstellen en een tweede of derde leven beginnen: door de handel, de nijverheid en het culturele leven.

Er zijn voorbeelden in de geschiedenis van steden die door droogte of verzilting van de omgeving verlaten werden en in verval raakten en van steden die bedolven werden door lava of verzonken in de zee. Maar meestal kwamen de mensen weer naar de plek terug en bliezen de stad opnieuw leven in. Door economische rampspoed kan een stad ophouden te groeien; zo zijn eens bloeiende handelssteden, als Stavoren in Friesland en Boston in Engeland, nu ingeslapen provinciestadjes. Maar zelfs als een stad met de grond gelijk gemaakt wordt, zoals met Hiroshima gebeurde, draagt ze de mogelijkheid tot herstel in zich.

In tegenstelling tot de stad zijn gebouwen en wijken wel sterfelijk. Voor een woningbouwvereniging is een woning na vijftig jaar afgeschreven. Ze is dan klaar voor de sloop en kan plaatsmaken voor nieuwbouw. Een wijk kan verdwijnen omdat de ruimtelijke ordening van dat deel van de stad veranderd wordt.
De levensduur van gebouwen en wijken kan door renovatie verlengd worden. Die renovatie kan heel drastisch worden aangepakt, zodat er van een gebouw niet méér overblijft dan de gevel en van de wijk nog slechts de straatnamen resten. Het kan ook met inachtneming van het oorspronkelijke karakter gebeuren. Soms worden de panden zelfs steen voor steen opnieuw opgebouwd.
Zowel gebouwen als wijken worden vaak geleidelijk en over een langere tijdspanne opgeknapt, zodat de veranderingen nauwelijks opvallen.

De Jordaan, een Amsterdamse wijk, heeft in de laatste vijfentwintig jaar een totaal ander uiterlijk en karakter gekregen. Van armoedige arbeiderswijk met veel kleine bedrijvigheid en van een doolhof van steegjes en hofjes, is het geworden tot een welgeordende woonwijk○ met hier en daar een lief hofje en veel oude gevels. Alleen de cafés en de markten zijn gebleven. Ondanks al deze veranderingen spreekt men echter nog steeds van de Jordaan.

Steden hebben de neiging voortdurend over hun grenzen heen te groeien. In de periferie verrijzen nieuwe woonwijken, industrie-en kantoorterreinen. Hierdoor schuift de stadsgrens steeds verder op. Wat eerst een buitenwijk is, wordt alras een buurt grenzend aan het centrum en vervolgens een deel van het centrum zelf. Door die drang van steden om naar buiten te groeien, gaat er minder aandacht naar het stadscentrum en de oudere buurten. Zij raken in verval en verkommeren. De stad holt zichzelf uit. Vaak is het beleid daar de oorzaak van.

Het beleid

Niets is zo aan verandering onderhevig als 'het beleid'. Het is de som van besluiten, wetten en regels die gemaakt worden door burgemeester en wethouders (B&W), in samenspraak met de gemeenteraad en is secundair afhankelijk van wat er door de landelijke regering wordt beslist. Het beleid bepaalt hoe de stad eruit ziet; of mensen er in vrijheid kunnen werken en leven en of het er aangenaam toeven is.
De uitvoerders van het beleid zijn de ambtenaren. Het beleid is aan politieke schommelingen onderhevig en loopt meestal net een pas achter bij de heersende opvattingen. Het geeft ook vorm aan regeneratieprocessen. Deze processen worden bepaald door opvattingen. Bij regeneratie gaat het om een kleed van in elkaar verweven structuren, stromingen, visies en ontwikkelingen van de meest uiteenlopende aard. Hierin weerspiegelt zich de complexiteit van de stad.

Er ontstaat nogal eens discrepantie tussen de wet- en regelgeving en de uitvoering ervan. Voorbeelden hiervan zijn het beleid ten aanzien van softdrugs, kraken en in sommige gevallen overtredingen van de milieuwet. In zo'n geval spreekt men van gedogen. Gedogen is een instrument waarmee de overheid in alle rust kan besluiten of een wet of regel de moeite waard is om te handhaven of te veranderen. Een overheid met een 'laissez-faire houding' in zijn omgang met de stad, zal eerder gebruik maken van de gedoogmogelijkheid dan een overheid die een strikt plan wil volgen en daarvan niet wil afwijken.

Cityvorming

In de periode na de Tweede Wereldoorlog, wanneer het grootste deel van Europa in puin ligt en miljoenen mensen ontheemd rondwaren, is het beleid van cruciaal belang voor de wederopbouw van de steden. Men neemt de gelegenheid te baat om de woonsituatie van de mensen in de steden te verbeteren. De socialistische idealen van licht en lucht voor iedereen, worden vertaald naar grote open wijken met veel groen aan de rand van de stad. Iedereen die in de

The policy

Nothing is subjected to as much change as 'the policy'. It is the sum total of decisions, laws and rules made by the mayor and the aldermen in consultation with the council and with the secondary influence of national government policies. The policy determines the city's appearance: whether people are free to live and work there and whether it has a pleasant atmosphere.

The policy is carried out by city officials. It is subject to political change and is usually one step behind current public opinion. It also gives form to the regeneration processes. These are determined by attitudes. Regeneration is a tapestry of interwoven structures, trends, visions and developments of the most diverse nature. It mirrors the city's complexity.

There are some discrepancies between law-making and the enforcing of those laws. An example of this are the Dutch policies concerning soft drugs, squatting and, in some cases, breaches of the environment act. This is known as 'forbearance'. 'Forbearance' is an instrument which allows the government to decide whether a law is actually worth enforcing or changing. A government with an attitude of 'laissez-faire' towards the city will be more likely to deploy forbearance than one that intends to follow a plan to the letter.

City forming

Policies concerning urban regeneration were crucial to the period following World War Two when most of Europe was in ruins and there were millions of refugees. This situation also provided an opportunity to improve housing for the people who were living in cities. The socialist ideals of fresh air for everyone were realized in the form of large, open districts with plenty of green and which were located on the edge of the city. People who grew up with slums, alleyways and the tuberculosis bacillus as a permanent house guest, were given the chance to live in oxygen-enriched nature.

True to tradition, the city centre was the place of work. Major thoroughfares connected the suburbs with the city's 'beating heart' which was to be replenished by a constant stream of new business. This phenomenon is known as 'city forming'.

City forming has never been taken to its logical conclusion in Amsterdam. For the main roads to coincide somewhere around the Dam would mean the filling in of many canals and the demolition of a great number of the city's most elegant houses.
It is not without reason that the city fathers have a reputation for caution and consideration. Tourists provided a recent source of income and you only needed to consider the fact that they favoured the historic inner city to begin to doubt the wisdom of radical action. Yet change was nonetheless sweeping through the city centre: the Rokin was to be filled in but the rest of the

(see page 8)

right:
Liverpool Harbour: 'Century Building', a 19th century warehouse that has been transformed into a part of Brunswick Business Park. The facade has been preserved, the interior is new.

rechts:
De haven van Liverpool: 'Century Building', een 19de eeuwse loods in hergebruik in het Brunswick Business Park. De gevel is bewaard, de inbouw is nieuw.

above:
The banks of the IJ in Amsterdam; a caravan stands next to what used to be the Customs Shed. The local council reluctantly tolerates these 'city nomads' as a part of its policy of 'forbearance'.

linksboven:
De IJ-oever in Amsterdam: woonwagen naast de voormalige Douaneloods. Het gedogen van 'stadsnomaden' door het stadsbestuur gaat niet van harte.

The Weesperstraat in the centre of Amsterdam. Here, city forming did not take into account whether the new buildings would fit in with the existing architecture.

Het centrum van Amsterdam, Weesperstraat. Bij cityvorming hield men geen rekening met de vraag of de nieuwbouw aansloot bij het bestaande.

sloppen en gassen is opgegroeid, met de tuberculosebacil als permanent huisdier, krijgt de kans om te wonen in het zuurstofrijke groen.

Traditiegetrouw blijft het centrum wel de werkplek. Grote verkeersaders moeten de buitenwijken en tuinsteden verbinden met het 'kloppend hart' van de stad, waar nieuwe bedrijvigheid naar toe zal stromen. Dit fenomeen noemt men cityvorming.

De cityvorming heeft in Amsterdam nooit echt doorgezet. Om de grote verkeersaders ergens bij de Dam te laten samenkomen, zouden vele grachten gedempt en veel grachtenpanden gesloopt moeten worden.

Niet voor niets echter hebben de vroede vaderen door de eeuwen heen al een reputatie van aarzelen en overwegen opgebouwd. De toeristen, een nieuwe bron van inkomsten, blijken de oude binnenstad hogelijk te waarderen en het eerste aarzelen begint. Het Rokin wordt nog gedempt, maar daarna volgt het ene plan na het andere. De metro moet er komen om de nieuwe groene wijk de Bijlmermeer te voeden. De Nieuwmarktbuurt zou daarom stedenbouwkundig geheel herzien worden. De Jodenbreestraat krijgt alvast de proportie van een boulevard. Het volk loopt echter tegen de plannen te hoop. De metro komt er, maar de stedenbouwkundige structuur van deze oude buurt blijft gehandhaafd.

Geld en cultuur

De gezondheid van een stad is onverbrekelijk verbonden met de hoeveelheid geld die er doorheen stroomt. Geld is het voedsel van een stad. Een rijke stad groeit, bloeit, bouwt en trekt mensen en bedrijven aan.

De verdeling van het geld bepaalt de mate waarin de individuele inwoner gebruik kan maken van diensten en kan consumeren. Een paar steenrijke mensen consumeren minder en maken van minder diensten gebruik dan een grote groep 'middelrijken'. Hoe meer het geld stroomt en hoe meer het onder de inwoners verspreid wordt, des te meer wordt er gewerkt en gehandeld. Armoede kost alleen maar geld.

De overheid als regelgever weegt de belangen van de verschillende bevolkingsgroepen af: zo zijn de belangen van werkzoekenden heel anders dan de belangen van werkenden.

Een van de belangrijkste diensten die de stad te bieden heeft, is cultuur. Cultuur is de meerwaarde van het stadse leven. Zij omvat, in de meest brede zin des woords, alle vormen van wetenschap, kunst, ontspanning en vermaak. Bewoners beleven die vormen op eigen wijze waardoor er in een stad verschillende culturen ontstaan.

Cultuur valt in twee delen uiteen: het consumeren en het produceren van cultuur. Binnen de gevestigde theaters, musea en muziekpodia wordt cultuur gepresenteerd die van de makers en uitvoerders begrijpelijkerwijs een bedrevenheid en vaak een visie verlangt die binnen deze instituten past. Door deze institutionalisering is dit deel van de cultuur marktgericht: een groot publiek maakt graag gebruik van het aanbod van deze instellingen. Desondanks zijn deze culturele instellingen niet winstgevend. Door subsidies worden de toegangsbewijzen betaalbaar gehouden.

De gangmakers en producenten van cultuur zorgen, wanneer er ruimte is voor een kruisbestuiving, met hun productie voor een cultureel klimaat dat kwaliteit en prestige aan een stad verleent. Om dit te waarborgen, voeren overheden vaak een ondersteunend cultuurbeleid. Zo zorgt in Nederland de rijksoverheid decennialang voor een structurele inkomensregeling voor beeldend kunstenaars. Vanaf het begin van de jaren tachtig wordt deze regeling vervangen door steun, in de vorm van kortlopende, incidentele subsidies. Daarmee zet de trend in dat kunstenaars steeds vaker voor hun eigen inkomen moeten zorgen, maar vanwege het experimentele karakter van het creatieve werk kan het kunstvak doorgaans niet op een commerciële basis worden uitgeoefend. Steeds meer kunstenaars maken dan ook de moeilijke afweging: ze verdienen in de eerste plaats geld en maken daarnaast kunst. Dit vereist een voortdurend jongleren met tijd en inkomsten. Daar komt nog bij dat het huren van een woning èn een werkruimte vaak een zware financiële belasting vormt. Om de onafhankelijke productie van kunst in een stad te waarborgen is het van essentieel belang dat er, in ruime mate, goedkope woon-werkruimten beschikbaar zijn.

Odense harbour; to save money Danish artists share studio space in a former shipyard building. Effectively each artist has his or her own pillar.

De haven van Odense; in een voormalige scheepswerf delen Deense kunstenaars atelierruimte om kosten te besparen. Hier heeft iedere kunstenaar als het ware een eigen pilaar.

(continued from page 4)
plans remained at the paper stage. Proposals for building a metro line to the new, green suburb of 'De Bijlmermeer' meant restructuring the ancient 'Nieuwmarkt' neighbourhood. The nearby Jodenbreestraat had already assumed the proportions of a broad avenue. Not surprisingly the residents were opposing these plans. However, the extensions to the metro took place but the urban structure of this historic neighbourhood was nonetheless maintained.

Money and culture

The health of a city is inextricably entwined with the amount of money that passes through it. Money nourishes a city. A rich city grows, blossoms and builds so that it attracts both people and business.

The way in which this money is divided determines the extent to which the individual inhabitant can consume and make use of the city's services. Just one or two extremely wealthy people will consume less and use fewer services than a large group of the fairly well-to-do. The more money there is in circulation, the better it is distributed amongst the inhabitants and the higher the level of work and commerce. Poverty costs money. As the law-maker, the government must weigh up the interests of the various groups it serves, because the concerns of people seeking work differ from those with jobs.

Culture is one of the most important services that the city has to offer. It reflects the value of the city. Culture, in the broadest sense of the word, includes all forms of science, art, recreation and entertainment. Inhabitants experience these forms in their individual ways so that there are various different cultures within a single city.

Culture can be divided into two parts: the consuming of culture and the making of culture. Some forms of culture are presented within the establishment world of theatres, museums and concert halls. These institutions generate the expectation that both makers and performers will provide works of virtuosity and even vision. Institutionalization means that this particular aspect of culture has become a market product: there is a large audience for what these institutions have on offer. However, they are not profit-making and their tickets are heavily subsidized.

Wherever cross-fertilization is possible, trend-setters and the producers of culture will create a cultural climate that imbues a city with quality and prestige. This is why governments and local authorities often support the arts. For instance, for many years the Netherlands deployed a policy that provided visual artists with a guaranteed income. However, by the early 1980s, this arrangement had been replaced by a policy of short-term, one-off subsidies. In turn, this heralded an era where artists are increasingly expected to support themselves although their work is frequently so experimental that it simply cannot be pro-

duced on a commercial basis. Hence, an increasing number of artists are confronted with a complicated balancing act: they must earn money and continue to make art. This involves the constant juggling of time and income. Moreover, the need to rent both a home and a studio often entails a considerable financial undertaking. A generous provision of cheap accomodation with studio space is essential to the continued and independent production of art.

The city's users

Like culture, inhabitants' behaviour and attitudes are essential to city life. A city offers shelter to people of many different origins. Every conceivable language is heard on its streets and much knowledge, merchandise and culture is concentrated within its boundaries. This diversity can be a source of economic prosperity if the inhabitants make use of it.

The city is the place of meetings and of many diverse and unexpected experiences. "Nothing is so depressing as a boring city," George Konràd. "In the good city, the street is both familiar and exciting, and its sights provoke neither conventional nor conformist behaviour."

The inhabitants create the city through their behaviour. Staying at home has as much influence as participating in city life. The inhabitants' behaviour can work against a city's decline and promote regeneration. Hence, there was a counter-movement in the early 1970s when city forming was still in full swing. Large groups of young people moved out of the suburbs and into the city centres because they wanted to live there. This directly contradicted government policy of that time, thus creating a collision course between these two trends.

The world seemed to have been turned upside down at the beginning of the 1970s. Throughout Europe students, women and homosexuals were protesting and rebelling against the established order. And on top of everything, an end had come to the seemingly automatic growth of the western economy. At the same time the baby boomers had reached maturity. And although these young people seemed scarcely more than children, they already had ideas of their own concerning housing and its social aspects. They wanted to escape the leafy suburbs and break free of the restrictions of family ties. The city centre attracted them because that was where things were happening.
The city fathers did not know what to do with this influx of youngsters who regarded councillors as being a bunch of old farts who had no idea how to live. By contrast, the council had no time for these young people and their half-baked ideas.

The 'Nieuwmarkt' neighbourhood in Amsterdam. Inner city re-development empha-
sized the building of low-rent accommodation.

De Amsterdamse Nieuwmarktbuurt. Bij stadsvernieuwing lag de nadruk op
sociale woningbouw.

Squatters and squatting

By now there was not enough accommodation in Amsterdam to house so many young people. Demolition and properties left empty for speculative purposes had considerably reduced the available housing. But these youngsters were on the ball and soon sought redress in the Dutch 'Unoccupied Dwellings Act' which made it possible to squat buildings.

The Unoccupied Dwellings Act was effective in the early seventies. It aimed at preventing buildings from being left vacant for speculation and, broadly speaking, it stated that accommodation

De gebruikers van de stad

Naast cultuur zijn het gedrag en de houding van de inwoners heel belangrijk voor het leven in de stad. Een stad biedt aan mensen van velerlei herkomst onderdak. Op straat worden alle mogelijke talen gesproken en binnen de stadsgrenzen is veel kennis, handelswaar en cultuur geconcentreerd. Deze verscheidenheid kan een bron van economische voorspoed zijn als de inwoners er gebruik van maken.

De stad is de plaats van de ontmoetingen en van de vele uiteenlopende onverwachte gewaarwordingen. "Niets is zo deprimerend als een stad waarin men zich verveelt," zegt György Konrád, "in de goede stad is de straat zowel vertrouwd als opwindend, prikkelt het straatbeeld niet tot conventioneel of conformistisch gedrag."

De bewoners maken de stad door hun gedrag. Als ze thuis blijven zitten, heeft dat net zoveel invloed als wanneer ze aan het stadsleven deelnemen. Het gedrag van de inwoners kan verval in een stad tegengaan en regeneratie bevorderen.
Zo ontstaat er in het begin van de jaren zeventig, als de cityvorming nog in volle gang is, een tegenstroming. Grote groepen jongeren trekken uit de buitenwijken naar het centrum van de steden om juist daar te gaan wonen. Dit druist regelrecht in tegen het heersende beleid en een botsing tussen deze twee stromingen is dan ook onvermijdelijk.

In het begin van de jaren zeventig lijkt het of de hele wereld op z'n kop staat. Overal in Europa zijn protesten en opstanden van studenten, vrouwen en homoseksuelen aan de orde van de dag. En boven op dat alles is er een einde gekomen aan de structureel lijkende groei van de westerse economie. Tegelijkertijd komt de babyboomgeneratie tot wasdom. Hoewel deze jongeren de kinderschoenen nauwelijks zijn ontgroeid, houden ze er eigen ideeën op na over wonen en het maatschappelijke aspect van wonen. Zij willen weg uit die zonnige en groene buitenwijken en breken met de restrictieve banden van het gezin. Het centrum van de steden trekt hen, want daar gebeurt het.
De stadsbestuurders weten niet wat ze met al die jongeren die naar het centrum van de stad trekken, aan moeten. De jongeren op hun beurt, zien de overheid als een stel oude zakken die geen idee hebben hoe ze moeten leven. Omgekeerd neemt de overheid zelf de jongeren en hun halfbakken noties nauwelijks serieus.

left:
The banks of the IJ in Amsterdam; this row of warehouses along the Oostelijke Handelskade was just asking to be squatted.

links:
De IJ-oever in Amsterdam: deze pakhuizenrij aan de Oostelijke Handelskade stond 'te kraak'.

Krakers en kraken

In de stadscentra is inmiddels geen plaats meer voor zoveel jongeren. Door sloop en speculatieve leegstand is het aantal woningen aanzienlijk afgenomen. Maar de jongeren zijn niet voor één gat te vangen; al snel vinden ze een uitkomst in de leegstandswet, die het mogelijk maakt woningen te 'kraken'.

In het begin van de jaren zeventig geldt de leegstandswet, een wet die erop gericht is opzettelijke leegstand ten behoeve van speculatie te voorkomen en die grofweg inhoudt dat een woning niet langer dan drie maanden onbewoond mag zijn. Hierin zien de jongeren een mogelijke oplossing voor hun huisvestingsproblemen. Zo gauw een huis drie maanden leegstaat, trekken zij erin; de woning wordt 'gekraakt'. Als de kraker vervolgens met een bed, een tafel en een stoel kan aantonen dat hij de bewoner van die woning is, moet hij volgens de wet als huurder aanvaard worden.

Aanvankelijk kraken de jongeren in Amsterdam woningen in de vervallen buurten rondom het centrum, maar al snel richt men zich ook op het centrum zelf. Het ene grachtenpand na het andere wordt gekraakt. Veel van deze grachtenpanden staan op de nominatie om gesloopt te worden en plaats te maken voor kantoren, maar de krakers zijn bereid te vechten voor hun stek. Zo weten ze de sloop van vele panden te verhinderen.

Aan het einde van de jaren zeventig is het voor veel woningzoekenden de gewoonste zaak van de wereld om zich niet bij een huisvestingsinstantie aan te melden, maar bij het kraakspreekuur. Het is zelfs heel gebruikelijk dat diezelfde huisvestingsinstanties, die de vraag naar woningen absoluut niet aankunnen, mensen doorsturen naar het kraakspreekuur.

De krakers bieden met hun opvattingen over hoe er plezierig gewoond en geleefd kan worden een maatschappelijk alternatief. Tegelijkertijd zorgen zij ervoor dat veel woningen bewoond en bewoonbaar blijven, waardoor verloedering wordt tegengegaan. Zij vinden medestanders in de vele actiegroepen die, net als zij, de teloorgang van de vaak door het stadsbestuur verwaarloosde wijken aan de kaak stellen.

Stadsvernieuwing

De overheid reageert in eerste instantie verbolgen op het kraken, maar al gauw komt er politieke aandacht voor de situatie van de verkommerde wijken. De argumenten van de actiegroepen en krakers vinden in Nederland steeds meer gehoor. Alhoewel de leegstandswet wordt bijgesteld ten behoeve van de huiseigenaren, worden ook de speculanten aangepakt. Uiteindelijk resulteert dat in de ontwikkeling van een nieuw regeneratieproces voor oude stadswijken: de stadsvernieuwing.

was to be not left unoccupied for more than three months. This presented the young people with a possible solution to their housing problems: as soon as a house had been empty for three months, they would simply move in and squat it. Once the squatter had furnished the dwelling with a bed, a table and a chair, he could prove that he was living there and, according to the law, he had to be accepted as its tenant.

At first these young people squatted houses in the run-down areas surrounding Amsterdam's centre but they soon turned their attentions to the heart of the city itself. House after house was squatted along the canals. Many of these buildings had been served with demolition orders and were supposed to make way for offices. But the squatters were prepared to fight for their turf and managed to obstruct the dismantling of many buildings.

In the late 1970s. it was the most natural thing in the world for house hunters in Amsterdam to approach a squatters' group rather than a conventional housing organization. In fact the housing organizations, who were unable to deal with the sheer demand for accommodation, would even put people in touch with special squatters' offices.

The squatters provided a social alternative with their ideas and enthusiasm about housing and life. They also ensured that many dwellings remained inhabited and inhabitable which prevented decline and decay. They found supporters in the many action groups who, like them, denounced the loss of districts that had often been neglected by the council.

Inner city re-development

At first Amsterdam City Council was furious at the squatters but the political apparatus was soon focused on these run-down districts. In the Netherlands more and more attention was being paid to the action groups and squatters' arguments. Although the Unoccupied Dwellings Act was tightened up in the property owners' favour, speculation was also tackled. This finally resulted in the development of a new regeneration process for older districts: inner city redevelopment.

Jan Schaefer was the man behind urban renovation; he was known as the angry baker of the Wibautstraat. Schaefer was incensed by the fact that rows of homes on both sides of the Wibautstraat had been demolished as a part of city forming and to make way for a broader approach road to be flanked by offices. When attempts were made to placate him with talk and still more talk, he uttered the famous words: "You can't live in bullshit!" Schaefer's approach was to influence politics by getting involved himself. He ended up as state secretary for the socialist government. Together with fellow socialist Marcel van Dam, he drew up the policy on inner city redevelopment and ensured that money was made available.

Because of the increased renovation of the older districts, by the early 1980s there were not many dwellings left to squat in Amsterdam. So the focus shifted onto buildings that were never intended for accommodation such as schools and businesses. At the time there was little interest in the preservation of old commercial premises and it was the squatters who drew attention to the possibility of re-using these buildings. Through negotiating with the city council and collaborating with housing associations, they were able to prevent these buildings from being demolished. In addition, they worked towards realizing their ideal living and working situations within the limits of the law of the day.

The housing associations, which were involved with these projects, acquired new ideas through their co-operation with the squatters or 'initiators' as they were now politely known. Many of the squatters of commercial premises were either artists or craftspeople. This group had been driven from the older districts by inner city redevelopment when their cheap, commercial spaces had been demolished to make way for accommodation.

The rise of the market economy

There seemed to be no end to the recession that took root in the early 1970s. The seemingly boundless economic growth and subsequent affluence simply ground to a halt. There was a chain reaction where investment ceased and the flow of money was reduced to a trickle. This led to a stagnation of both consumption and production which in turn resulted in redundancies, social unrest and paralysing public strikes.

The governments of north-west Europe tried to overcome these problems by stimulating growth artificially with borrowed money, a process known as 'the politics of state intervention'. They supported ailing businesses so that these could keep going in the hope of better days to come, and they also set up work programs to boost employment.

It was when the politics of state intervention misfired and only led to inflation and over-production that people finally realized that things were going badly wrong. This was followed by a radical change in thinking. Under the influence of recent developments in England, the politics of state intervention were abandoned and the market economy was embraced.

In 1978, Margaret Thatcher won the general election for the Conservative Party and became prime minister of the United Kingdom. She believed passionately that the effect of the market mechanism would automatically keep the economy on an even keel in the game of supply and demand.

De grote man achter de stadsvernieuwing was Jan Schaefer, de boze bakker van de Wibautstraat. Hij windt zich erover op dat aan beide zijden van de Wibautstraat, in het kader van de cityvorming, een brede strook woningen wordt gesloopt om plaats te maken voor een verbrede invalsweg, geflankeerd door kantoren. Als men hem aan het lijntje wil houden met praten en nog eens praten, spreekt hij de beroemde woorden: 'In geouwehoer kan je niet wonen.' Schaefers benadering is het bewerken van de politiek door die zelf te gaan bedrijven. Hij brengt het tenslotte tot staatssecretaris voor de PvdA. Samen met partijgenoot Marcel van Dam ontwerpt hij het stadsvernieuwingsbeleid en zorgt dat er geld voor wordt vrijgemaakt.

In het begin van de jaren tachtig zijn er, door de toegenomen renovatie in de wijken, niet meer zoveel woonpanden over om te kraken. Dus gaat men zich richten op gebouwen waarop geen woonbestemming rust, zoals scholen en bedrijven.
In die tijd is de interesse voor het behoud van oude bedrijfsgebouwen minimaal. Het zijn de krakers die de mogelijkheden van hergebruik van zulke gebouwen onder de aandacht brengen. Door te onderhandelen met de gemeente en in samenwerking met woningbouwcorporaties, weten ze deze gebouwen te behoeden voor de sloop. Bovendien streven ze ernaar om, binnen de bestaande regelgeving, vorm te geven aan hun woon- en werkidealen.
Door samenwerking met de krakers of, zoals ze ook wel netjes genoemd worden, de 'initiatiefnemers', pakken de woningbouwcorporaties die bij deze projecten betrokken raken, nieuwe ideeën op. Veel krakers van bedrijfsgebouwen zijn kunstenaars en kleine ambachtslieden. Deze groep is door de stadsvernieuwingswoede uit de wijken verdreven; hun goedkope bedrijfsruimte is weggesaneerd en heeft plaats moeten maken voor woonruimte.

De opkomst van de markteconomie

Aan de recessie die in het begin van de jaren zeventig heeft ingezet, lijkt geen einde te komen. De schijnbaar ongebreidelde economische groei en de daaraan verbonden welvaart lopen ten einde. Het gevolg is een kettingreactie. Er wordt er niet meer geïnvesteerd en het geld houdt op met stromen. Daardoor stagneert de consumptie en vervolgens de productie. Dit resulteert in ontslagen. Prompt ontstaat er sociale onrust en verlammen massastakingen het openbare leven.
De landelijke overheden in Noordwest-Europa proberen de problemen te ondervangen door de groei kunstmatig te stimuleren

A former tram depot in the Polish port of Szczecin. Warsaw Pact countries also experienced a turn-about in economic policy that radically affected business and enterprise.

Voormalige tramremise in de Poolse haven van Szczecin. Ook in de Oostbloklanden vond in het economisch beleid een ommekeer plaats die ingrijpende gevolgen had voor de bedrijvigheid.

Thatcher argued that the state should abandon protective legislature because its influence was obstructive rather than stimulating. It was up to the private sector to provide that stimulus. Public services which were once provided free of charge now became a series of profitable transactions. Even the water authorities went public. On an urban level, a market-oriented economy resulted in much emphasis on a collaboration between the private and public sectors. A system was introduced of non-elected, regulating bodies that replaced government rule.

Thatcher felt that the state should stop supporting the weaker members of society because that robbed them of the will to improve their lot. As a result, so many businesses went bankrupt during the first three years of her government that people began to fear that the whole country was about to shut up shop. Thatcher maintained that this process was necessary before the market could be restored and that the government should not resort to the false prosperity which is created by subsidies and other interventions.

'The market' was the 'open sesame' of the 1980s and 'the entrepreneur' was the genie in the lamp.

However, the economy's revival took some time to get started and it never favourably affected employment. Moreover, just as in a Monopoly game, the stringent application of the market principle resulted in a rapidly widening gap between the rich and the poor. The streets of north-west Europe were increasingly dominated by the sight of homeless people in cardboard boxes and yuppies in expensive Armani suits.

The state was no longer required to play its brother's keeper. If you were unemployed, it was up to you to do something about it. And this set the tone for the 1990s.

Money and prestige

Jobs are no longer automatically available, they are now a luxury. Governments have become thrifty after the frantic spending of the 1970s through the politics of state intervention. The word is that there is no more money, that the welfare state has become too expensive, and that cut-backs must be made with unemployment allowances.

This has created a social division at the end of the 20th century where city-dwellers can be divided into the 'haves' and the 'have-nots'.

Frihavnen in Copenhagen. This 19th century harbour attracts the well-to-do. In the background is the Silo Warehouse B that has been converted into an office complex.

Frihavnen in Kopenhagen. De 19de eeuwse haven oefent een sterke aantrekkingskracht uit op de bovenklasse. Op de achtergrond het tot kantoorcomplex verbouwde Silopakhuis B.

met geleend geld, de zogenaamde interventiepolitiek. Ze steunen noodlijdende bedrijven waardoor die, in afwachting van betere tijden, kunnen blijven draaien en zetten programma's op ter stimulering van de werkgelegenheid.

Als de interventiepolitiek niet aanslaat en alleen maar inflatie en overproductie ten gevolge heeft, beseft men dat het verkeerd gaat. Er volgt een radicale omslag in het denken. Onder invloed van de ontwikkelingen in Engeland, wordt de interventiepolitiek afgezworen en de markteconomie omarmd.

In 1978 wint Margaret Thatcher de verkiezingen voor de Conservatieven en wordt 'Prime Minister' van Engeland. Zij gelooft heilig in de werking van het marktmechanisme dat de economie automatisch in balans houdt in een spel van vraag en aanbod.
De staat moet ophouden met beschermende regelgeving die volgens Thatcher niet stimulerend, maar belemmerend werkt. Stimulering moet uit de 'private sector' komen. Winstgevende transacties in de 'dienstensector' komen in de plaats van dienstverlening. Zelfs het waterbeheer gaat de markt op. Op stadsniveau leidt de marktgerichte economie tot een grote nadruk op de privaat-publieke samenwerking. Er wordt een systeem ingevoerd van niet-gekozen, regelgevende lichamen die de bestiering door de overheid moeten vervangen.
Volgens Thatcher moet de staat ophouden met het steunen van zwakkeren, dat ontneemt hen alleen maar de impuls om zelf iets aan hun lot te doen. Vervolgens gaan er in de eerste drie jaren van haar bewind zoveel bedrijven failliet dat men vreest dat heel Engeland moet sluiten. Thatcher houdt echter vol dat dit proces nodig is voordat de markt, zonder de valse voorspoed die veroorzaakt wordt door subsidies en andere interventie, haar helende werk kan beginnen.

'De markt' wordt het toverwoord van de jaren tachtig en in haar kielzog wordt 'de ondernemer' heilig verklaard.

De wederopbloei van de economie komt echter niet gemakkelijk op gang en met de werkgelegenheid wil het ook niet echt lukken. Bovendien worden de inkomensverschillen snel groter door het stringent vasthouden aan het marktprincipe. Iedereen die wel eens Monopoly gespeeld heeft kent dit verschijnsel. Het straatbeeld in Noordwest-Europa wordt dan ook steeds meer beheerst door daklozen in dozen en yuppies (Young Urban Professionals) in peperdure Armani-kostuums.

De staat hoeft niet meer zijn broeders hoeder te spelen. Als men geen werk heeft, moet men het maar zelf maken. En daarmee wordt uiteindelijk de toon gezet voor de jaren negentig.

Geld en prestige

Werk is niet meer iets vanzelfsprekends, het is een luxe geworden. Na de wilde regeringsuitgaven van de jaren zeventig in het kader van de interventiepolitiek, zijn overheden zuinig. Er is geen geld meer, zegt men. Het systeem van sociale zekerheden wordt te duur, zegt men. Er moet gekort worden op de uitkeringen, zegt men.

Aan het einde van de 20ste eeuw ontstaat daardoor een sociale tweedeling. Stadsbewoners vallen uiteen in een onder- en een bovenklasse. Deze indeling heeft niets meer te maken met politieke kleur, maar alles met inkomen of het gebrek eraan. De onderklasse bestaat uit mensen die werkeloos zijn of werkzaam zijn in slecht betaalde baantjes in de sociaal-economische periferie. Velen van hen behoren, door structureel racisme, tot een etnische minderheid. De bovenklasse bestaat uit mensen met werk en tenminste een redelijk inkomen. Zij heeft culturele pretenties en is uit op zelfrealisatie door vrijetijdsbesteding en recreatie. Haar invloed en pretenties, in de vorm van smaak en stijl, strekken zich uit naar de gebouwde omgeving zoals binnenstedelijke buurten. Daarnaast gaat de aandacht uit naar cultuur en levendige stadscentra die bedrijvig blijven na sluitingstijd. Met deze groep voor ogen worden nieuwe, marktconforme beleidsstrategieën opgezet ter regeneratie van stadsdelen.

Herstructurering

Bij deze marktrationaliteit horen ook nieuwe doctrines voor regeneratie. Worden de 'marktpartijen' door inwoners en overheden eerst nog met een scheef oog bekeken omdat ze slechts gewin en niet het maatschappelijk belang voor ogen hebben, nu wordt hen openlijk het hof gemaakt. De stadsvernieuwing, met haar nadruk op sociale woningbouw en de strikte regulering van de koopsector, heeft afgedaan. Bovendien is in de stadsvernieuwingswijken, door de immer strenger wordende milieuwetgeving, nauwelijks plaats voor bedrijven. Daardoor ontstaan eenzijdige sociale woningwetwijken wat in sommige gevallen, ook al door de sociale tweedeling, gettovorming in de hand werkt.

Het door de overheid gestuurde regeneratieproces dat nu zijn intrede doet, heet herstructurering. Uitgangspunt is om de verwaarloosde gebieden, die van functie veranderd zijn, weer onderdeel van de stad te maken. Dat zal de economische structuur van de stad, en vooral die van de binnenstad, versterken. Door aandacht voor functiemenging en verdichting van de bebouwing tracht men een stedelijk karakter te creëren. Maar nog steeds heeft men geen oplossing voor de knevelende milieuwetgeving die functiemenging in de weg staat. Extra aandacht gaat uit naar de inrichting van de openbare ruimte en het ontwikkelen van het openbaar vervoer. Publiek-private samenwerking is het sleutelwoord. Ook woningbouwverenigingen zijn van de (markt)partij. Na ingrijpende veranderingen in het stelsel van volkshuisvesting worden ze sociale ondernemingen met een zelfstandige positie.

It has nothing to do with political preference but simply concerns income or the lack of income. The have-nots consist of unemployed people or people who have badly paid jobs in the social and economic periphery. Through structural racism, many of these people belong to an ethnic minority. The haves are people with at least a reasonable income. They have cultural pretensions and seek self-fulfilment through pastimes and recreation. Their influence and interests, in the form of taste and style, include inner city areas and they demand an urban centre that remains lively after the shops have closed. It is with this group in mind that new, market-based policy strategies have been introduced in order to regenerate urban districts.

Restructuring

This market rationalization includes new doctrines for regeneration. Whereas 'the free market' was once regarded with suspicion by residents and councils because of its exclusive concern with profit rather than with social interests, it is now being actively courted. Similarly urban regeneration, with its emphasis on low-rent housing and the strict regulation of the housing market, has now become a thing of the past. Moreover in Holland the increasingly stringent laws concerning the environment once meant that there was less and less space for small manufacturing businesses in areas of urban regeneration. This led to one-sided

low-rent neighbourhoods that sometimes resulted in ghettos (which were also the result of social division).

The government-directed regeneration process is now being introduced into the Netherlands and is known as restructuring. The aim is that neglected districts with a changing function should once more become a part of the city. This will strengthen the economic structure of the city and of its centre in particular. The government's goal is to create a successful urban character through focusing on mixed functions and high-density construction. However, no acceptable solution has been found to by-pass the strictures of current environmental legislation and to allow for mixed functions. Extra attention is being paid to the planning of public spaces and the development of public transport.

The key to the whole process is the co-operation between the public and private sectors. Housing associations are now also a part of the free market. Following radical restructuring, the Dutch public housing services have become social enterprises with an autonomous position.

The return of the city state

Because governments have gradually withdrawn from the public domain, councils have acquired a greater control over the way in which they run their cities. Each city can draw up a cohesive policy to deal with economic change and this primarily concerns

Frihavnen, Copenhagen; restructuring includes the preservation of some of the existing buildings.

Kopenhagen, Frihavnen: herstructurering, met behoud van sommige bestaande gebouwen.

De terugkeer van de stadstaat

Doordat de landelijke overheid zich steeds meer heeft teruggetrokken uit het publieke domein, hebben de stadsbesturen meer zeggenschap gekregen over de manier waarop zij de stad besturen. Per stad kan een samenhangend beleid worden uitgezet dat kan inspelen op economische veranderingen.

Aan het einde van de 20ste eeuw maken de steden zich op voor een concurrentiestrijd, geheel conform het marktmechanisme. Het gaat hierbij om het aantrekken van geld en prestige. De stadstaat is terug.

Om de concurrentie aan te kunnen, gaan de stadsbesturen naarstig op zoek naar de specifieke krachten van hun stad en naar activiteiten die ze willen aantrekken. Meestal liggen die in de commerciële dienstverlening. Zo probeert Amsterdam met de reclameleus, "Amsterdam heeft 't", een aantrekkelijk vestigingsklimaat te verkopen. Amsterdam is in het verkooppraatje niet alleen een stad van de kennis met twee universiteiten, maar vooral een stad van 'trendsetters' en nieuwe culturen die zich in het tolerante klimaat snel kunnen ontwikkelen. Daarnaast is de binnenstad ook een verkooppunt.

Tenslotte wijst men een vestigingsgebied aan voor bedrijven en instellingen met geld en prestige, het liefst zo dicht mogelijk bij de binnenstad. In Europa vindt men zulke gebieden in de vervallen 19de eeuwse havens. De herstructurering van de London Docklands is hiervan het grootste en meest dramatische voorbeeld.

Cultuur als motor voor regeneratie

De verkoop van cultuur als marktproduct wordt steeds meer gezien als bron van inkomsten en werkgelegenheid en daarmee als een instrument voor regeneratie. Om de concurrentiestrijd met andere steden te overleven, vinden de beleidsmakers het essentieel dit strategische arsenaal uit te breiden.

In de jaren tachtig wordt in Engeland om de week een nieuw museum geopend. Musea worden samen met 'science centers' en theatercomplexen geclusterd. Hieraan worden weer congrescentra, kantoren, hotels en dure winkels verbonden. Met name havenlocaties blijken focuspunten voor dit soort ontwikkelingen. Ook worden oudere cultuurtempels gerenoveerd en gecombineerd met aan kunst gerelateerde onroerendgoedontwikkeling zoals restaurants, boekwinkels, kunstenaarsbenodigdhedenwinkels en galeries.

Het opwaarderen van de gebouwen en andere faciliteiten van het culturele leven ten behoeve van de consumptie van kunst- en cultuur is op zich zelf echter nog geen culturele activiteit. Daarvan is pas sprake wanneer aan de consumptie ook de productie van kunst en cultuur wordt gekoppeld. De combinatie van beiden is bij uit-

Gloucester Harbour in southern England. These empty harbour premises were transformed into a museum with such speed that there was no time to provide the necessary sanitary facilities. (photo: the authors)

De haven van Gloucester in Zuid-Engeland. In dit leegstaande havenpand werd zo snel een museum gevestigd dat men geen tijd had om inpandige sanitaire voorzieningen aan te leggen. (foto auteurs)

attracting money and prestige. In short, it marks the return of the city state.

To be competitive, councils are diligently searching for their city's specific strengths and for the kind of activities that they wish to attract. These are mostly to be found in the commercial sector. Amsterdam has adopted the slogan "Amsterdam has it" in order to sell the image of a favourable business climate. This sales pitch is intended to present Amsterdam not only as an academic city with two universities but as a city of trend-setters and new cultures that can develop rapidly within this tolerant climate. And here, the historic inner city provides an additional selling point.

Ultimately successful and prestigious businesses and organizations should be located as near to the city centre as possible. Throughout Europe these areas can be found in decaying 19th century harbours. The restructuring of the London Docklands is the biggest and most dramatic example of this.

Culture as the driving force behind regeneration

The selling of culture as a market product is increasingly regarded as a source of income and employment and also as a means for regeneration. Policy-makers consider it vital to extend this strategic arsenal in order to survive the competition with other cities.

stek een middel waarmee men aan een wijk of stad een meerwaarde kan geven. Het zijn juist vaak de producenten van cultuur die een prikkelend klimaat creëren met een magnetische aantrekkingskracht op trendsetters. Door de wisselwerking tussen de productie en de consumptie ontstaan nieuwe ideeën, hypotheses en combinaties. De gangmakers van kunst- en cultuur zijn in vervallen wijken vaak de voorboden van betere tijden: zij buigen de neerwaartse spiraal om in een opgaande lijn.

Hergebruik als instrument voor regeneratie

Naast de bouw van cultuurtempels en -clusters, nemen de beleidsmakers een groot aantal andere maatregelen die erop gericht zijn om het culturele belang van de stad en haar attractiviteit voor toeristen te vergroten. Daartoe behoort het 'bewaren' van specifieke buurtidentiteiten. Onverbrekelijk hiermee verbonden zijn de restauratie en het hergebruik van allerlei industriële panden. Eerst rekent men hier uitsluitend de 'historische monumenten van architectonische waarde' toe, maar al gauw ook het gros van de 19de en 20ste eeuwse havenpanden. Daarmee wordt ook getracht de oude havens nieuw leven in te blazen.

Een van de beroemdste en meest indrukwekkende voorbeelden van het hergebruik van oude havenpanden is de renovatie van het Albert Dock in Liverpool. Maar de plotselinge hernieuwde aandacht voor het 'erfgoed' gaat soms zo ver dat men alles gaat bewaren, ongeacht de staat van het gebouw of de kosten die het met zich meebrengt om het voor hergebruik geschikt te maken. Daardoor wordt de verbouwing vaak zo duur dat slechts de bovenklasse erin kan wonen en alleen rijke bedrijven, instellingen en dure winkels zich er kunnen vestigen. Zo wordt het handhaven van de pakhuizen op de Oostelijke Handelskade in Amsterdam, in een van de IJ-oeverplannen afgeraden, omdat dit zal leiden tot aanzienlijk verlies van bouwvolume en opbrengsten.

Onder invloed hiervan ontstaat er een stroming in de vastgoedontwikkeling die uitgaat van het bestaande en dat incorporeert in de rest van de ontwikkeling. Het probleem is wel dat er voor deze plannen vaak geen investeerders te vinden zijn vanwege die 'oude troep'.

Een andere manier om regeneratie van een verwaarloosd gebied te stimuleren, is het creëren van een zogenaamde kansenzone of experimenteerzone. In zo'n zone wordt de regelgeving gedeelte-

right:
Liverpool Harbour; this is the former pump house that generated power for the hydraulic cranes of Albert Dock.

rechts:
De haven van Liverpool. Het voormalige pomphuis waar kracht werd opgewekt voor de bediening van de hydraulische kranen van het Albert Dock.

In England a new museum was opened every other week during the 1980s. Museums form clusters along with science centres and theatre complexes and were connected to congress centres, offices, hotels and expensive shops. Harbour locations particularly seem to be the focus points of these kinds of developments. The old 'culture temples' are also being renovated and combined with property developments such as restaurants, bookshops, artists' suppliers and galleries.

Culture is more than simply upgrading the buildings and other facilities associated with the consumption of art and culture. Instead it implies a cohesion between art's production and its consumption. This combination is an excellent way of upgrading a district or city. In fact often it is the producers of culture who are responsible for the stimulating climate that magnetically attracts other trend-setters. The cross-fertilization, which is inherent to both production and consumption, generates new ideas, hypotheses and combinations. In run-down neighbourhoods, the producers of art and culture are often the harbingers of a brighter future: they can turn a downwards spiral into an ascending line.

Re-use as the instrument of regeneration

Along with the construction of culture temples and culture complexes, policy-makers are adopting a great many other measures to increase the city's cultural importance and to make it more attractive to tourists. This entails the preservation of specific neighbourhood identities, a process that intrinsically involves the restoration and re-use of all kinds of industrial premises. First and foremost it includes not only a number of 'historical monuments of architectural merit' but also the majority of 19th and 20th century harbour buildings. This process can be regarded as an attempt to blow new life into old harbours.

One of the most famous and impressive examples of the re-use of old harbour premises is the renovation of the Albert Dock in Liverpool. However, this renewed interest in our 'heritage' sometimes reaches a ludicrous point where everything has to be preserved no matter what state the building is in or the costs that are involved in preparing it for re-use. Hence, its renovation becomes so pricey that only the 'haves' can afford to live there and only wealthy businesses, organizations and expensive shops can risk moving in. For this reason, the maintaining of the warehouses on Amsterdam's Oostelijke Handelskade has been rejected by one of the plans for the IJ area on the grounds that it will result in a considerable loss in terms of both building capacity and profits.

This influence has led to a trend within the field of property development that is based on incorporating existing buildings into any future plans. However, it can be difficult to find inve-

stors for these kinds of plans because they involve 'all that old rubbish'.

Another way of stimulating the regeneration of a neglected area is to create special 'enterprise' or 'experimentation zones'. These involve tax benefits and the easing of laws and regulations for companies and private individuals who want to establish themselves there or for investors who are willing to invest money. The decision-making process can even be taken out of the council's hands in cases of particularly effective developments. This concept of the 'Enterprise Zone' was first applied in England.

In Amsterdam there is a constant demand for cheap accommodation and work-places. However, demolition or renovation as a part of inner city re-development or restructuring has meant that these kinds of spaces are becoming less frequently available. All that is left are the buildings on the banks of the IJ: the most grim buildings in the most inhospitable part of the city. Many people consider them to be 'the last frontier'.
Socio-economic changes have also been reflected in a changing breed of user. Many of these people have moved from building to building in a constant flight from urban development. But with their backs against the waters of the IJ, they have now decided to assume the developer's role and they have united to form 'The IJ Industrial Buildings Guild'.

The city is a re-generating organism. The way in which this occurs, changes throughout history. When governments attempt regeneration, it often resembles a process of mopping up while the tap's still running. No sooner has a neighbourhood re-acquired some of its old spark than something goes wrong somewhere else. This chapter has described three kinds of urban regeneration: city forming, inner city re-development and restructuring. Doubtless this list will be added to in the future because one of the most fascinating aspects of a city is that there is always something new going on.

right:
The Weesperstraat in Amsterdam; the graveyard of city forming. Due to City-forming this neighbourhood was virtually overwhelmed by infrastructure. The buildings on the left-hand side of the photo were preserved during the process of inner city re-development. On the right are new buildings. These were constructed during the neighbourhood's restructuring. The city will continue to regenerate itself; how this will be achieved remains, quite literally, a question.

rechts:
De Amsterdamse Weesperstraat: het graf van de cityvorming. De gebouwen links op de foto zijn behouden gebleven tijdens de stadsvernieuwing. Rechts ziet men de nieuwbouw die het gevolg is van de herstructurering van de buurt die tijdens de cityvorming overwoekerd werd door infrastructuur. De stad regeneert voort, hoe, dat is nog een vraagteken.

lijk opgeschort of worden belastingvoordelen gegeven aan bedrijven en particulieren die zich er willen vestigen en aan investeerders die er geld in willen steken. In enkele gevallen ontneemt men er de lokale overheid zelfs het beslissingsrecht ten behoeve van een doeltreffende ontwikkeling. In Engeland wordt het idee van de 'Enterprise Zone' voor het eerst toegepast.

In Amsterdam blijft behoefte bestaan aan goedkope woon-werk-ruimte, maar die is door sloop of renovatie ten behoeve van stads-vernieuwing of herstructurering in steeds mindere mate voorra-dig. Tenslotte blijven nog slechts de gebouwen aan de IJ-oever over. De meest onverbiddelijke gebouwen in het meest onherberg-zame deel van de stad. Voor velen is het 'the last frontier'.

The rear view of Vrieshuis Amerika which is located in Amsterdam's IJ Harbour. Even this daunting looking building has been successfully put to an alternative use by squatters. The building is affiliated to the IJ Industrial Buildings Guild.

Achterkant van Vrieshuis Amerika, gelegen aan de IJ-haven in Amsterdam. Zelfs dit onverbiddelijke gebouw is met succes in hergebruik genomen door krakers. Het pand is aangesloten bij Het Gilde van Werkgebouwen aan het IJ.

Door de veranderende sociaal-economische visies is inmiddels ook het karakter van de gebruikers veranderd. Velen zijn al van pand naar pand getrokken, voortgestuwd door de ontwikkelingen in de stad. Met de rug tegen het IJ besluiten ze de rol van ontwikkelaar zelf op zich te nemen. Ze verenigen zich in 'Het Gilde van Werkgebouwen aan het IJ'.

De stad is een zichzelf regenererend organisme. De manier waarop, verschilt door de tijd heen. Als de regeneratie door de overheden gestuurd wordt, lijkt het vaak op dweilen met de kraan open. Nauwelijks is de levendigheid in een wijk hersteld of elders gaat het weer helemaal mis. In het voorgaande zijn drie verschillende vormen van stedelijke regeneratie genoemd: cityvorming, stadsvernieuwing en herstructurering. In de toekomst zal het hier niet bij blijven. Een van de prettige aspecten van een stad is dat er altijd iets nieuws in de maak is.

SOURCE MATERIAL

INTERVIEWS WITH:
Alice Roegholt, squatting pioneer and the founder of the Open Harbour Museum
Frank Bijdendijk, the director of the 'Het Oosten' housing association
Hans Gerson, the director of Amsterdam City Council's Department of City Valuers
Henk Takens, a yacht designer and the representative of the 'De Gouden Reael' Community Centre
Vincent Kuilboer, an official responsible for the development of the Oostelijk Havengebied in the Zeebrug district

LITERATURE
Becker, F.H.E. (1996). *Eigen Initiatief*, MA thesis in Town and Country Planning, University of Amsterdam
Griffiths, R. (1993). *'The Politics of Cultural Policy in Urban Regeneration Strategies'*, in: Policy and Politics, Vol. 21 No.1 (1993), 39-46
Griffiths, R. (1995). *'Cultural strategies and new modes of urban intervention'*, in: Cities, Vol. 12, No.4 (1995), pp. 253-265
Wijn, C.H. (1994). *'De toekomst ligt in de stad van de kennis'*, in: De Volkskrant 22-01-1994
Konrád, George (1995). *'Niets is zo deprimerend als een stad waarin we ons vervelen'*, in: NRC 05-09-1995
The Dutch ministry of the environment: *Vierde Nota Ruimtelijke Ordening Extra*
Amsterdam Waterfront (1993). *Ondernemingsplan ontwikkeling IJ-oevers*, Amsterdam
The Guardian 1978-1983 (*The rise and economic visions of Margaret Thatcher*)

BRONNEN

INFORMANTEN
Alice Roegholt, oerkraker en initiatiefnemer van het Open Haven Museum
Frank Bijdendijk, directeur van woningbouwcorporatie 'Het Oosten'
Hans Gerson, directeur van het gemeentelijk grondbedrijf van Amsterdam
Henk Takens, jachtontwerper, wijkopbouworgaan De Gouden Reael
Vincent Kuilboer, als ambtenaar van stadsdeel Zeebrug verantwoordelijk voor de ontwikkeling van het Oostelijk Havengebied

LITERATUUR
Becker, F.H. E. (1996). *Eigen Initiatief*, Doctoraalscriptie Planologie, UvA
Griffiths, R. (1993). *'The Politics of Cultural Policy in Urban Regeneration Strategies'*, in: Policy and Politics, Vol.21 No.1 (1993), 39-46
Griffiths, R. (1995). *'Cultural strategies and new modes of urban intervention'*, in: Cities, Vol. 12, No.4 (1995), pp. 253-265
Wijn, C.H. (1994). *'De toekomst ligt in de stad van de kennis'*, in: De Volkskrant 22-01-1994
Konrád, György (1995). *'Niets is zo deprimerend als een stad waarin we ons vervelen'*, in: NRC 05-09-1995
Ministerie van VROM: *Vierde Nota Ruimtelijke Ordening Extra*
Amsterdam Waterfront (1993). *Ondernemingsplan ontwikkeling IJ-oever*, Amsterdam
The Guardian 1978-1983 (*Voor de opkomst en economische visies van Margaret Thatcher*)

CHAPTER 2

Fifteen years of self-management

Het Veem

It was on a Sunday morning in September that I first saw the 'Oranje Nassau' Warehouse which is known as 'Het Veem'. The year was 1980 and I was riding aimlessly alongside the waters of the IJ on my motor bike. Although I had been living in Amsterdam for seven years, this district was a virtual 'terra incognita' for me. It was an area that I only vaguely associated with newspaper stories about the closing of the 'KNSM', the Royal Dutch Steamboat Company, in the late 1970s. In my mind's eye I can still recall the row of warehouses that suddenly loomed up before me along a street called the Van Diemenstraat. What's more, I can still feel my excitement about this location. The words 'Koningin Emma' adorned the top of one of the buildings in faded letters, a distant reference to a late 19th century Dutch monarch. The windows were boarded up and the place was completely deserted. This backdrop of blank walls contrasted starkly both in scale and construction with the adjoining residential area. There were no pavements and the warehouses' uniformly grey walls melted seamlessly into a broad strip of cobbled pathway complete with train rails. The IJ harbour was hidden from view behind a dead end wall. A new world began here, right by the water; a world which was measured by a different scale.

The next year Het Veem was squatted. A bunch of pig-headed thirty-somethings unscrewed the boards from the windows and found themselves overwhelmed by the sheer intensity of these buildings and the waters of the IJ. The harbour's vast expanse seemed to flow through the walls and become transformed into the seemingly endless floors of American pinewood. The whole building was supported by a veritable forest of cast-iron pillars; it covered five storeys and amounted to a total area of 10,000 square metres. But apart from a few rudimentary connections, there was no gas, water or electricity.

This sense of emptiness appealed to the newcomers' imagination. Immediately there was a plethora of ideas about how to tackle this building. These initiators were first and foremost people of action and there was much that needed doing. The sole exception was the enormous samples hall in the attic which was virtually a ready-made theatre auditorium. Here, it was only a question of sweeping up the coffee beans from the ledges that separated the floor sections. This space, with its northern light, where tobacco, coffee and other products were once sampled, was to become a mime studio which has built up an international reputation.

The pioneers set the tone

The pioneers of Het Veem were highly educated and law-abiding people but had been infected with the idiosyncrasies of the 1960s at a tender age. It took 'chutzpah' rather than crowbars for a film-maker, an architect and two theatre-makers to gain entrance to the building. Then they immediately presented themselves as possible purchasers to the owner, a company called 'Pakhoed' who had left the premises some three years earlier. The keys were promptly handed over and the original group suddenly mushroomed to a total of thirty people.

These new participants had no connection with the squatters' world and were often vehemently opposed to it. Their pragmatic approach, which was to influence their ideals right from the very beginning, was viewed by seasoned squatters as cringing in the face of capitalism. Meanwhile the Veem group approached the building's development on a structural and detailed level. For financial and practical reasons, the traditional squatters' ideal of creating a place where people could live and work was soon abandoned. This combination would have made it more difficult to acquire the grants that were needed to achieve long-term renovations. Het Veem was to become a work-place involving a broad range of professional groups and participants were discouraged from living there.

There was an immediate stampede of people wanting to rent spaces. But many of them were put off by the sheer scale of the building and the years of renovation that would be involved. This was compounded by the fact that there was no guarantee that the building would continue to exist. The lease contract with the city council included a compulsory demolition clause that was only to expire in 1983. These provisional circumstances demanded a high degree of flexibility from the prospective tenants. Artists were the only group who seemed to have little difficulty with this state of affairs, and in fact Het Veem appeared magnetically to attract this particular profession. Their number multiplied so rapidly that within two months an 'artists' embargo' was imposed so as to maintain a varied influx.

People from the immediate neighbourhood were also interested in renting spaces. The 'de Planck' commune, a neighbourhood squatters' group, and a local youth club both applied for spaces and were subsequently turned down. The reason was the fear that renting or handing over spaces to third parties would make it harder to control the development process.

HOOFDSTUK 2

Vijftien jaar zelfbeheer

The harbour side of the warehouses that are located along the Van Diemenstraat. Het Veem consists of two warehouses that are on the right-hand side of this photo.
Both buildings were completed in 1898 but were designed by different architects.

Waterzijde van de rij pakhuizen aan de Van Diemenstraat. Werkgebouw Het Veem beslaat twee pakhuizen, te zien rechts op de foto.
Beide gebouwen werden in 1898 opgeleverd, maar ontworpen door verschillende architecten.

Het Veem

Op een zondagochtend in september 1980 zag ik Het Oranje Nassau Veem voor het eerst. Ik reed op de bonnefooi met mijn motor langs de rand van het IJ. Hoewel ik al zeven jaar in Amsterdam woonde, was het gebied voor mij 'terra incognita'. Ik bracht het slechts vaag in verband met krantenberichten over de sluiting van de Koninklijke Nederlandsche Stoombootmaatschappij (KNSM) aan het einde van de jaren zeventig.

Het beeld van de plotseling opdoemende rij pakhuizen aan de Van Diemenstraat was indringend en gaf me een gevoel van opwinding. 'Koningin Emma' stond in vale letters hoog op de gevel van één van de gebouwen, een vingerwijzing naar het eind van de 19de eeuw. De ramen waren afgedicht. Er was geen mens te bekennen. Het besloten straatbeeld contrasteerde, in afmetingen en uitvoering, schril met dat van de aangrenzende woonwijk. Trottoirs ontbraken en de egaalgrijze gevelwand vloeide naadloos over in een brede strook kinderkopjes, voorzien van rails. Een blinde, zwijgende muur onttrok het IJ aan het zicht. Hier, pal aan het water, begon een andere wereld, één waar met andere maten gemeten werd.

Een jaar later wordt Het Veem gekraakt. Een handjevol dwarse dertigers schroeft de platen van de ramen en laat zich in vervoering brengen door de intensiteit van de gebouwen en het IJ. De weidsheid van het water zet zich binnen de muren voort in een schijn-

Het Veem as it was in 1981. Each cast-iron pillar is separated from its neighbours by a distance of five metres. The floors have a carrying capacity of 3000 kilos per square metre. (photo: Josephine Hamming)

Het Veem zoals het werd aangetroffen in 1981. De gietijzeren pilaren herhalen zich om de vijf meter. De vloeren hebben een draagvermogen van 3000 kilo per vierkante meter. (foto Josephine Hamming)

The Veem group employed a selective admissions policy. To increase the project's chance of success, people with a similar background and ideals were preferred.

Reactions from the outside world

All this did not go down well with the inhabitants of the neighbouring working-class district which was well-known for its left-wing and radical politics. Locals dismissed the ideals of these 'rich brats'. Who needed an industrial building when they and the Zeeheldenbuurt Action Committee were campaigning for the warehouses to be demolished and replaced by low-rent housing? In fact, the locals would not have been sorry to lose this expanding colony of 'weirdos'.

The city council had no clear-cut plans for the warehouses but various official notes suggested a commercial preference. There were also rumours concerning an 'IJ-boulevard' which would cut a swathe through the city from the west via the Central Station and Zeeburg before heading across Pampus and towards Almere. Het Veem launched an ambitious political campaign. Councillors were frequently lobbied and there was much contact with the local official project group. In 1982, the city council decided that the warehouses should maintain their commercial purpose.

Internal organization

Meanwhile, the small but solid Veem club had undertaken the premises' renovation and management and this led to the setting-up of groups and commissions. Although this idealistic community was originally based on unwritten laws and had little respect for authority, this state of affairs was soon to change. The need to renovate and negotiate and the stream of new tenants demanded a clearly structured internal board of management.

baar eindeloos vloeroppervlak van zwaar Amerikaans grenenhout. Het wordt gedragen door een woud van gietijzeren pilaren en loopt over vijf etages op tot een totaal van 10.000 vierkante meter. Voorzieningen voor gas, water en elektra ontbreken, op enkele rudimentaire aansluitingen na.

De leegte prikkelt de fantasie van de nieuwkomers. Er zijn meteen veel ideeën over hoe het gebouw moet worden aangepakt. Deze initiatiefnemers zijn vooral ook doeners en er moet hier veel gebeuren. Alleen op zolder treft men in de grote monsterzaal een bijna kant en klare theaterzaal aan. Men hoeft er slechts de resten van koffiebonen uit de richels tussen de vloerdelen te vegen. Waar vroeger in het binnenvallende noorderlicht, tabak, koffie en andere koloniale producten bemonsterd werden, zal weldra een mime-werkplaats zijn internationale reputatie vestigen.

De pioniers zetten de toon

De pioniers van Het Veem zijn hoogopgeleid en gezagsgetrouw, maar in hun prille jeugd besmet met de eigenzinnigheid van de jaren zestig. Niet met een koevoet, maar met een gotspe verschaffen een filmer, een architect en twee theatermakers zich toegang tot het gebouw: zij melden zich als mogelijke kopers bij de eigenaar, de firma Pakhoed, die het pand drie jaar eerder verlaten heeft. Prompt worden hen de sleutels overhandigd. Binnen de kortste keren groeit de groep aan tot dertig personen.

De nieuwe gebruikers komen niet uit de krakerswereld en staan daarmee zelfs op gespannen voet. De zakelijkheid die hun idealen van meet af aan kleurt, is in de ogen van veel doorgewinterde krakers een knieval voor het grootkapitaal. De Vemers pakken de ontwikkeling van het gebouw grondig en gestructureerd aan. Al snel laat men het krakersideaal van een woon-werkpand om financieel-praktische redenen varen. Deze combinatie bemoeilijkt het verkrijgen van subsidies die men met het oog op een duurzame verbouwing wil aanvragen. Wonen wordt ontmoedigd: Het Veem moet een werkpand worden, met een grote diversiteit aan beroepsgroepen.

De toeloop van mensen die een ruimte willen huren is enorm. Maar veel 'kijkers' kunnen de immense proporties en de jarenlange verbouwing die in het verschiet ligt, niet aan. Temeer omdat over het voortbestaan van het gebouw iedere zekerheid ontbreekt. Er zit een sloopverplichting vast aan de erfpachtovereenkomst met de gemeente die in 1983 zal aflopen. Deze provisorische omstandigheden eisen een hoge mate van flexibiliteit van de aspirant-gebruikers. Alleen kunstenaars hebben daar blijkbaar weinig moeite mee. Op deze beroepsgroep heeft het pand een magnetische aantrekkingskracht. Hun aantal groeit zo explosief dat er binnen twee maanden een 'kunstenaarsstop' moet worden ingesteld om de diversiteit van de instroom te waarborgen.

Ook de directe omgeving toont belangstelling voor het huren van ruimte. Woongroep 'de Planck', een kraakgroep uit de buurt en een buurtjeugdhuis vragen beiden om onderdak, maar worden geweigerd. Men wil het gebouw niet verhuren of afstaan aan derden, uit angst om de greep op de ontwikkelingen te verliezen.

De Vemers gaan in hun toelatingsbeleid selectief te werk. Mensen van vergelijkbare achtergrond en idealen genieten de voorkeur. Men meent dat het project op deze manier de grootste kans van slagen zal hebben.

Reacties van de buitenwacht

In de aangrenzende arbeiderswijk, met zijn links-radicale inslag, valt de actie niet in goede aarde. De idealen van deze 'verwende rijkeluiskinderen' zeggen de buurtbewoners niets. Wat hebben ze aan een werkgebouw? De buurt is voor sloop en ijvert bij monde van het Actiecomité Zeeheldenbuurt voor sociale woningbouw. Men ziet die uitdijende kolonie van eigenheimers dan ook liever gaan dan komen.

De gemeente heeft geen duidelijke plannen met de pakhuizen, al blijkt uit ambtelijke nota's wel een voorkeur voor een bedrijfsbestemming. Tegelijkertijd doen geruchten de ronde over plannen voor een IJ-boulevard die vanuit het westen via CS en Zeeburg, over Pampus naar Almere moet lopen.

Het Veem zet een zware politieke lobby in. Men heeft veel contact met gemeenteraadsleden en voert intensief overleg met de ambtelijke projectgroep van de buurt. In 1982 besluiten B&W dat de pakhuizen hun bedrijfsbestemming kunnen behouden.

Interne organisatie

Onderwijl neemt de kleine, hechte club van Vemers zelf de verbouwing en het beheer van het pand ter hand. Er worden bestuurslichamen en commissies in het leven geroepen. Hoewel deze idealistische gemeenschap aanvankelijk vooral drijft op ongeschreven wetten en weinig gezag erkent, komt hier al snel verandering in. De noodzaak tot verbouwen en onderhandelen en de toestroom van gebruikers, vereisen nu eenmaal een duidelijk gestructureerd intern beheer.

Daarom wordt al vrij vroeg een bouwfonds ingesteld waarin men maandelijks een bijdrage stort. Uit deze pot wordt de aanleg van een aantal gemeenschappelijke voorzieningen betaald, zoals gas, elektra, sanitair en de reparatie van het dak. De verbouwing van de eigen ruimte komt voor kosten van de gebruikers zelf, die daarmee een groot risico nemen omdat de toekomst van het gebouw nog onzeker is.

De nieuwkomers krijgen, naargelang de aard van hun bedrijfsactiviteit, een plek toegewezen. Het souterrain is bestemd voor ambachtelijke werkplaatsen vanwege de zware machines, eventuele geluidsoverlast en de goede aan- en afvoermogelijkheden. Publiektrekkende bedrijven worden vanwege de vereiste bereikbaarheid op de begane grond gesitueerd. De eerste en tweede verdieping zijn geschikt voor kantoren van dienstverlenende bedrijven. Ateliers en studio's tenslotte, belanden vanwege de gunstige lichtinval op de zolderetage.

For that reason a building fund was soon set up that was supported by monthly contributions and which was used to cover communal expenses such as gas, electricity, plumbing and roof repairs. Tenants were responsible for the cost of renovating their own spaces and this involved a high level of risk because the building's future was as yet uncertain.

Newcomers was assigned a space according to the nature of their activities. The basement was given over to craftspeople because of their heavy machines, the risk of noise pollution and the need for delivery facilities. Companies with a visiting clientele were located on the ground flour. The first and second floors proved suitable for service industry offices. And finally, because of the light, the studios were situated on the attic floor.

A work program was introduced. At first this involved a voluntary and spontaneous investment of time and energy in making improvements to the building. In the early days this form of investment was referred to as 'television hours' because it involved time which otherwise would have been spent glued to the box. However, as the number of tenants grew, it became compulsory and was organized by a work program co-ordinator. The number of hours invested, whether in building or management functions, was recorded in an 'hours bank'. The reward was a monthly rent reduction of 15 guilders per hour. Using this method (which is also known as 'sweat equity') a half-million guilders of building costs were paid for by tenants during the first five years. But it was going to take a lot more money than that.

Worlds of difference

The city council took over as the warehouses' owner in 1983. The demolition plans were abandoned for once and for all a year later. For Het Veem, this moment marked the beginning of a long period of negotiations with both the council and with banks. The aim was to purchase the building and to finance its renovation. It was an exhausting process and one that revealed the tenants' lack of experience. The banks were also not used to these kinds of dealings, and the way in which the Veem group wished to finance and manage their building was not well received. The tenants approached six banks and were turned down by all of them. No one was willing to trust the self-management plans of a bunch of cheeky squatters who were asking for money without collateral. What's more, the work exchange program did not cut much ice in the financial world.

The city council suggested that Het Veem should approach the 'Rabobank'. This bank was certainly open to the idea of a small businesses centre and had just set one up in south-east Amsterdam. But the group's emphasis on self-management made it effectively a maverick in this category. Once again this world of differences seemed irreconcilable. The bank doubted Het Veem's solvency.

However, there was one bank that applied different financial criteria. The 'Triodosbank' was prepared to provide a loan on the basis of the project's social value.

The city council also granted Het Veem a major subsidy as a part of its urban renovation policy. But there were strings attached: apart from a rapid and thorough re-building program which was to take place within the next three years, the council also wanted to influence the selection of new tenants. First and foremost, the subsidy contract stipulated that the admission of artists was to be limited to a maximum of 20 per cent because this professional group was not considered to be either economically viable or to be a natural part of a small businesses centre. Eventually the other subsidizers were also to take over the 20 per cent clause.

In addition, once the building had been renovated, the council demanded that companies from areas of urban renewal were to jump the queue of prospective tenants. Joint decision-making concerning the admissions policy proved hard to reconcile with the group's philosophy that companies were not to be admitted on an arbitrary basis.

Pragmatism versus idealism

These negotiations left their mark on Het Veem. The contact with an outside world that adhered to such different criteria had also revealed tensions within the building itself. This led to a rift between 'the talkers' and 'the doers'. The doers supported the building's long-term development through the work exchange program. They had no desire to become embroiled in bank debts or to be patronized by the local government. They felt that this threatened Het Veem's ideals and would consequently lead to excessively high rents once the renovation had been completed. By contrast, the talkers supported a more pragmatic approach and wanted to accept the Council's proposals. They felt that individual enterprise was more important than the work exchange program which they considered to be too burdensome. This marked the beginning of a power struggle between the two parties. These squabbles overshadowed all contact with the subsidizers.

However, time was beginning to run out. After four years of negotiations, the council lost patience. There had been changes at the Town Hall and the once-accommodating attitude towards the squatters was rapidly evaporating and the renovation subsidies were now hanging in the balance. Het Veem was forced to take radical action and it settled for a compromise where the group opted for debts and a speedy renovation. A newcomers' commission was set up to administer the admissions policy. The city council was granted the right to nominate one member of that commission until ten years after the renovations' completion. However, the council also made a move in the group's direction by agreeing to the admissions criteria as stipulated in

Het Veem Theatre on the attic floor which used to be a samples hall. Its beams form a part of a cylindrical framework that spans this broad and high-ceilinged space. The adjacent café-restaurant on the north side looks out over the Oude Houthaven and the North Sea Canal.

Het Veemtheater op de zolderetage. De voormalige grote monsterzaal met zijn spantconstructie in een walsprofielen vakwerk overspant een brede, hoge zaal. Het aangrenzende café-restaurant op de noordzijde ziet uit over de Oude Houthaven en het Noordzeekanaal.

Er wordt een systeem van zelfwerkzaamheid toegepast. Dit houdt aanvankelijk in dat men vrijwillig en spontaan tijd en energie investeert in de verbetering van het gebouw. In het prille begin noemt men deze investering nog 'televisie-uren', omdat het om tijd gaat die anders verlummeld wordt voor de buis. Naarmate het aantal gebruikers groeit, wordt zelfwerkzaamheid verplicht en gereguleerd door een zelfwerkzaamheidscoördinator. Het aantal geïnvesteerde uren, hetzij in de bouw of in bestuurlijke functies, wordt in een urenbank bijgehouden. De beloning is een maande-

lijkse huurkorting van vijftien gulden per uur. Al met al wordt op deze manier gedurende de eerste vijf jaar een half miljoen gulden van de bouwkosten uit eigen zak betaald. Maar er is veel méér geld voor nodig.

Werelden van verschil

In 1983 wordt de gemeente eigenaar van de pakhuizen. Een jaar later gaan de sloopplannen definitief van tafel. Vanaf dat moment breekt voor Het Veem een lange periode aan van onderhandelingen met gemeente en banken. Inzet is de aankoop van het gebouw en de financiering van de verbouwing. Het wordt een slepende geschiedenis waarin de onervarenheid van de gebruikers met het proces duidelijk wordt. Omgekeerd zijn vooral de banken niet gewend om met dit bijltje te hakken. De manier waarop Vemers het gebouw wensen te financieren en beheren, schiet veel financiers in het verkeerde keelgat. Tevergeefs kloppen de gebruikers bij zes banken aan. Men heeft geen fiducie in het zelfbeheer van brutale krakers die zonder onderpand om geld vragen. Bovendien is zelfwerkzaamheid niet bepaald een eenheid waarmee in de financiële wereld gerekend wordt.

Op aanraden van de gemeente wendt men zich tot de Rabobank. Deze heeft wel oren naar bedrijfsverzamelgebouwen, waarvan ze er juist één op poten heeft gezet in Amsterdam Zuid-Oost. Maar Het Veem is door zijn zelfbeheer in deze categorie een buitenbeentje. Opnieuw blijkt de wereld van verschil onoverbrugbaar. De bank twijfelt aan de solvabiliteit en trekt zich terug.

Er is echter één bank die een ander financieringscriterium hanteert. De Triodosbank is bereid tot een lening op grond van de maatschappelijke meerwaarde van het project. Ook de gemeente zegt, binnen het kader van de stadsvernieuwing, een flink bedrag aan subsidie toe. Maar daar zijn voorwaarden aan verbonden. Behalve een snelle en een kwalitatief goede verbouwing binnen drie jaar, eist de gemeente invloed op het toelatingsbeleid. Allereerst wordt in het subsidiecontract voor kunstenaars een toelatingspercentage van maximaal 20% bedongen. Men beschouwt deze beroepsgroep als een wankele economische factor die eigenlijk niet thuishoort in een bedrijfsverzamelgebouw. De andere subsidiegevers nemen deze 20% clausule over.

Ook wil men dat, na de voltooiing van de verbouwing, bedrijven uit de stadsvernieuwingsgebieden als eerste in aanmerking komen voor het huren van een ruimte. Een gezamenlijke beslissingsbevoegdheid over het toelatingsbeleid valt echter moeilijk te rijmen met de filosofie van de gebruikers, die niet ieder willekeurig bedrijf willen opnemen.

Zakelijkheid versus idealisme

Dergelijke onderhandelingen gaan Het Veem niet in de koude kleren zitten. Het contact met de buitenwereld die zulke andere normen hanteert, brengt intern een spanningsveld aan het licht. Er

Het Veem's statute books. In 1987 the tenants purchased the premises for the symbolic sum of one guilder and were given a lease of thirty years.

The resilience and dynamism of both tenants and building

Het Veem survived these turbulent times with an extraordinary resilience. Some people now suggest that it was the various interest groups that saved the entire project. "They were constantly at each other's throats about what they wanted and that's why it finally turned out OK." Others feel that it was mainly due to "the power behind the throne; it was thanks to the girls who worked out and set up an administrative system in what was an extremely chaotic situation."

The tenants' real sense of involvement in the building also played a crucial role in Het Veem's struggle for survival. Along with the principle of self-management and the work exchange program, the building was a reason in itself for this intense level of involvement. It also inspired the tenants to recycle the materials they had at their disposal. Hence, Het Veem's two magnificent staircases are monuments to the re-use of existing materials. The way in which the work was executed is also a veritable tour-de-force: at the building's centre an ample rectangle was sawn through the floor in two places right through to the roof. The heavy pinewood beams were then removed and transported by a flat-bottomed boat to a saw mill in Zaandam so that they could then return by the same route and enter the heart of the building as a staircase. The price was mainly paid for in sweat and muscle strain. This form of re-cycling is effectively an ode to the building. It also occurred unconsciously at another level. With their development method and organization structure, the new users were in fact following the traditional working system which has been deployed in warehouses like Het Veem since the 16th century: "The workers in this type of warehouse use a voluntary working system that can be compared to a cross between a co-operative and a partnership. Together they have a common interest in the warehouse and they assume joint responsibility for the building's management and for its use." (from: 'Het Nederlandsche Veem', 1992).

This tried and tested model clearly benefited Het Veem although it took ten years before its effects were felt. The group's collaborative efforts resulted in a large number of independent company spaces. Whereas once 90% of the tenants were unable to earn money through their work, now that figure has fallen to a mere 10%. Along with the material advantages (of being able to share equipment, photo-copy and fax machines), the level of mental support has also been psychologically important. It is, as one Veem tenant put it: "a group-based process that is difficult to express in words, but anything is better than being stuck by

A staircase made of recycled wood. These materials were provided by sawing through the floors of the various storeys to create a stairwell. Het Veem has two of these staircases.

Trap uit hergebruikt hout. Het bouwmateriaal kwam vrij bij het uitzagen van het trappengat door de vloeren van de etages heen. Het Veem telt twee van dergelijke trappenhuizen.

yourself. What's more you'll never succeed in dealing with the location and the general situation on your own."

Cross-fertilization and external influence

There has been much internal cross-fertilization through the sophisticated diversity of professional groups. The craft-oriented, cultural and service-industry groups can easily supplement each other. 80% of the companies collaborate mutually and sometimes services are exchanged without money changing hands. The selective admissions policy has also borne fruit. And

ontstaat tweespalt tussen de 'praters' en de 'doeners'. De doeners zijn voor een ontwikkeling op lange termijn, door zelfwerkzaamheid. Zij willen niets weten van schulden bij banken en bevoogding door de overheid. Dat betekent een bedreiging van de idealen en daardoor een te hoge huurprijs na de verbouwing. De praters zijn voor grotere zakelijkheid en willen ingaan op de voorstellen van de gemeente. Voor hen gaat de eigen zaak vóór de zelfwerkzaamheid die als een te zware belasting wordt ervaren. Een periode van touwtrekken tussen beide partijen breekt aan. De strubbelingen overschaduwen de contacten met de subsidiegevers.

De tijd begint te dringen. Na vier jaar onderhandelen verliest de gemeente haar geduld. Er steekt een andere wind op in het stadhuis: de coulante houding tegenover krakers ebt in razend tempo weg en de toegezegde verbouwingssubsidie staat op de tocht. Het Veem moet knopen doorhakken en doet water bij de wijn. Het steekt zich in de schulden en kiest voor een snelle verbouwing. Voor het toelatingsbeleid wordt een nieuwkomerscommissie ingesteld. De gemeente verwerft zich het recht om, tot tien jaar na de afronding van de verbouwing, één lid van deze commissie te benoemen. Anderzijds doet ook de gemeente een stap richting Vemers; ze gaat accoord met de toelatingscriteria die de Vemers in de statuten van de vereniging vastleggen. In 1987 worden de panden voor het symbolisch bedrag van één gulden verkocht aan de gebruikers die het tevens voor dertig jaar in erfpacht krijgen.

Veerkracht en dynamiek van gebruikers en gebouw

Door een wonderbaarlijke veerkracht overleeft Het Veem de turbulenties. Volgens sommigen zijn het de verschillende belangengroepen die de zaak van de ondergang redden. "Zij zeurden elkaar de kop gek over wat het moest worden en daardoor werd het wat." Volgens anderen is het vooral te danken aan "de stille kracht van de meisjes die langzaamaan in een chaotische situatie een administratieve orde hebben bedacht, opgezet en uitgevoerd."

Ook de grote betrokkenheid bij het gebouw, speelt een cruciale rol in de succesvolle strijd om het bestaan. De aanjager voor deze betrokkenheid is, naast de principes van zelfbeheer en zelfwerkzaamheid, niet in de laatste plaats het gebouw zelf. Het inspireert zijn gebruikers ook tot het recyclen van voorhanden bouwmateriaal.

Zo zijn de twee monumentale trappen die Het Veem rijk is, hoogstandjes van materieel hergebruik. Niet minder spraakmakend is de manier waarop dit karwei geklaard werd. Op twee plaatsen, centraal in het gebouw, werden de vloeren in een ruime rechthoek opengezaagd, tot aan het dak. De vrijgekomen, zware grenenhouten balken werden per dekschuit naar een lintzagerij in Zaandam vervoerd en keerden, langs dezelfde vaarroute, als trap terug in de moederschoot. Het kostte voornamelijk zweetdruppels en spierpijn.

Zulk hergebruik is een ode aan het gebouw. Onbewust gebeurt dit ook op een ander niveau. Met hun ontwikkelingsmethode en organisatiestructuur treden de nieuwe gebruikers in het traditionele werkverband dat een veem sedert de 16de eeuw kenmerkt: "Vemen zijn vrijwillige werkverbanden van arbeiders in een pakhuis, te vergelijken met een kruising tussen een coöperatieve vereniging en een maatschap. Samen hebben ze een gemeenschappelijk belang in het pakhuis en samen zorgen ze voor het beheer en het gebruik." (uit: Het Nederlandsche Veem 1992).

Het beproefde model heeft de Vemers geen windeieren gelegd, ook al duurde het tien jaar voordat het gunstige effect van het initiatief zichtbaar werd. Door een gemeenschappelijke inzet zijn een groot aantal zelfstandige bedrijfsruimten verwezenlijkt. Verdiende voorheen 90% van de gebruikers geen geld met hun werk, momenteel is dat nog slechts 10%. Naast de materiële ondersteuning (lage huren, het delen van machines, kopieer- of faxapparaat), blijkt ook de mentale ondersteuning van psychologisch belang. Het is, zoals een Vemer zei: "een moeilijk onder woorden te brengen groepsproces, maar alles is beter dan alleen zijn, en deze omstandigheden, plus de locatie krijg je nooit in je eentje voor elkaar."

Kruisbestuiving en uitstraling

De interne kruisbestuiving is groot door een uitgekiende diversiteit van beroepsgroepen. De ambachtelijke, culturele en dienstverlenende functies vullen elkaar gemakkelijk aan. Tachtig procent van de bedrijven werkt samen en soms maken ze met gesloten beurs gebruik van elkaars diensten. Het selectieve toelatingsbeleid heeft zijn vruchten afgeworpen. En het is voor nieuwkomers nog steeds een voorwaarde dat zij een bijdrage leveren aan de kruisbestuiving.

Naast het interne profijt heeft zich mettertijd een gunstige verschuiving in economische uitstraling naar buiten toe voorgedaan. Men produceert steeds minder voor de eigen groep en steeds meer voor een landelijke of internationale klantenkring. Zo wordt steeds meer geld van buiten het gebouw aangetrokken. Vijf van de in totaal zeventig bedrijven zijn in de afgelopen jaren flink gegroeid en hebben mensen in loondienst aangenomen.

Door de aard van de activiteiten is uitstraling naar de directe omgeving echter gering. De bedrijven leveren weinig eindproducten af en hebben daardoor nauwelijks klanten uit de buurt. De publieksfuncties (theater en café-restaurant, galerie en jazzcafé) trekken met hun aanbod een select landelijk en internationaal publiek.

Rust roest?

Het Veem bevindt zich momenteel in rustig vaarwater. De gebruikers zijn tevreden, hun idealen zijn grotendeels verwezenlijkt. De huur is nog steeds laag en er werken 160 mensen. Maar is daarmee ook het vuur gedoofd? Men vindt van niet. Hoewel de anonimiteit groter is geworden, een grotere groep mensen leidt nu eenmaal tot minder contact, is de vlam nog steeds brandende. Nu de slotfase van de verbouwing is aangebroken, zet iedereen zich daar enthou-

it is still a condition that newcomers must contribute to this process of cross-fertilization.

Along with the internal benefits, Het Veem has been recognized by the outside world for its growing economic success. Clients are increasingly found on a national or international level rather than within Het Veem itself. Hence, more and more money is being attracted from beyond the building. Over the last few years, five of the total of seventy companies have become real success stories and have had to take on extra employees.

However, the nature of its activities has meant that Het Veem has only had a limited influence on its direct environment. Its companies produce few products and hence rarely attract clients from the neighbourhood. Similarly the public facilities (such as the theatre, café-restaurant, gallery and jazz café) attract a select national and international audience.

Rest rusts?

Right now it's plain sailing at Het Veem. The tenants are satisfied and to a great extent their ideals have been realized. The rent has been maintained at a low level and 160 people are currently working there. So has the fire gone out of the entire project? The prevailing opinion is that this is not the case. There is still a burning sense of purpose even though there is also a greater level of anonymity and increased numbers have led to less personal contact. However, everyone is now working enthusiastically on the building's completion phase. What's more, to this day any effort that is invested in Het Veem is rewarded with a rent reduction.

Some fifteen years after my first encounter in 1980, I was recently taken on an official tour of the premises. There had just been a party; windows were being thrown open and the building was getting a thorough scrubbing. "There's nothing for it but to grab a cloth and to set to work," is what one person remarked while another pointed at the uniformly green floor and said: "We've just added two new layers of paint and we're hoping that it soon gets worn away so the orange undercoat shows through."

Determination and involvement still define the atmosphere of this exceptional place. And it is for this reason that beginners often opt for Het Veem rather than for other small businesses centres. There is much interest in acquiring a space and the waiting list is long. What's more, there is an obvious dynamism emanating from the building and its users. Even animals seem to be a part of this. A couple of years ago two parakeets flew into the building and decided to stay. So they were provided with a large aviary beneath the roof. These birds have also left their mark in the form of a nest which they built according to their own specifications on the edge of a cast-iron pillar.

Developments in the local warehouses and in the neighbourhood

In the wake of Het Veem, there have also been interesting developments concerning other local warehouses. These are the Koningin Emma (which is now called the 'Y-Tech') and the 'Petjani-Pertjoetpakhuis' (which is currently known as the 'Y-Point'). They have also been transformed into small businesses centres. In around 1985, the 'Y-Tech Innovation Centre Foundation' began to develop and renovate the Koningin Emma. It had been able to acquire these premises under favourable conditions. This involved an agreement with the owner (a Frisian life insurance company with a fear of squatters) that 80% of the building would be let within the next five years. In return, the owner was prepared to finance the building's renovation. But just one week later, the Emma was invaded by squatters who had been evicted from the 'Weyers', an enormous complex in the city centre. But soon the squatters were soon on the streets again.

For the Emma initiators, Het Veem was the tangible proof that it was possible to approach things in a different way. In fact the Y-Tech Foundation was also a non-profit organization and it cherished a similar dream. Its members wanted to create a selective centre for the development of industrial products. By offering low rents, the aim was to attract organizations specializing in inventions and other innovative groups. These plans were also presented to the local neighbourhood in the form of a 'test factory' that would generate plenty of work and would favourably affect the immediate environment.

However the Foundation's ambitions went even further. Its members had drawn up a design for a large part of the western harbour. This involved housing for the Houthavens district and the commercial use of the Westerdokseiland. The city council approved these proposals and sold the Petjani-Pertjoetpakhuis to the Y-Tech Foundation for a favourable price. The council also suggested that the Grain Silos, which are located some hundred metres away, should be included in the commercial plans.

But competition arrived in the form of a major Dutch property investor. The council decided to opt for this private partner who promptly withdrew its support. Eventually the Emma and the Petjani-Pertjoetpakhuis were renovated without local government backing. However, after an idealistic start the management was handed over to third parties and both warehouses have become small businesses centres. Consequently the premises have been let on an indiscriminate basis. And this is how the matter still stands.

Two local community groups were particularly influenced by the developments on the Van Diemenstraat and the plans for the Graansilo's. They decided to grab the initiative and, driven by their own ideas and idealism, set up an organization called the 'Area-Based Partnership'. This umbrella organization aimed at combining a role in the neighbourhood with that of project development. Where the city council failed to act, the Partner-

siast voor in. Nog steeds wordt iedere inspanning voor het gebouw met huurkorting beloond.

Vijftien jaar na die eerste oppervlakkige kennismaking in 1980, laat ik mij officieel rondleiden door het interieur. Men heeft net een feest achter de rug en er wordt naarstig gelucht en geschrobd. "Er zit niets anders op dan de dweil ter hand te nemen en het te doen," zegt de één, terwijl een ander op de egaal groene vloer wijst: "Hebben we net twee nieuwe verflagen opgesmeerd. We hopen dat het snel slijt, zodat die oranje onderlaag er doorheen gaat komen." De gedrevenheid en de betrokkenheid bepalen nog steeds de sfeer van dit bijzondere werkpand. Juist door dit facet geniet Het Veem bij veel starters de voorkeur boven andere bedrijfsverzamelgebouwen. De belangstelling om hier een ruimte te verwerven, is groot en de wachtlijst lang. Er gaat een onmiskenbare dynamiek uit van het gebouw en zijn gebruikers. Zelfs dieren zijn er gevoelig voor gebleken. Twee parkieten die een paar jaar geleden binnenvlogen, hebben zich blijvend gevestigd. Zij kregen onder het dak een ruime volière toegemeten. Het eigen stempel bleef niet uit: op de rand van een gietijzeren pilaar bouwden ze een nestje op maat.

Ontwikkelingen in de aangrenzende pakhuizen en de buurt

In het kielzog van Het Veem zijn de ontwikkelingen rond de aangrenzende pakhuizen, Koningin Emma (nu Y-Tech) en het Petjani-Pertjoetpakhuis (nu Y-Point), interessant. Ook zij werden ontwikkeld tot bedrijfsverzamelgebouwen.

Rond 1985 zet de Stichting Y-Tech Innovatie Centrum de ontwikkeling en verbouwing in met Emma. Zij heeft dit pakhuis tegen gunstige voorwaarden kunnen betrekken en komt met de eigenaar, een Friese Levensverzekeringsmaatschappij die bang is voor krakers, overeen dat ze het gebouw binnen vijf jaar voor 80% verhuurd zal hebben. De eigenaar bekostigt de verbouwing. Een week na deze 'deal' wordt het gebouw overspoeld door krakers uit Weyers, een gigantisch woon-werkcomplex in de binnenstad dat net ontruimd is. Maar het duurt niet lang voordat de krakers weer op straat staan.

Het Veem is voor de initiatiefnemers in Emma een tastbaar bewijs dat het anders kan. De Stichting is immers ook een non-profit organisatie en heeft een vergelijkbare droom. Zij wil een selectief centrum voor industriële productontwikkeling creëren. Met lage huren hoopt men uitvindersorganisaties en andere, innovatieve instellingen aan te trekken. Men presenteert dit plan ook aan de buurt: een dergelijke 'proeffabriek' zal veel werk genereren en daarmee een gunstig effect op de directe omgeving hebben.

De ambities van de Stichting reiken echter verder. Ze ontwerpt plannen voor een groot deel van het westelijk havengebied. De Houthavens hebben daarin een woonbestemming en het Westerdokseiland een bedrijfsbestemming. De gemeente beoordeelt de plannen gunstig en verkoopt voor een schappelijke prijs het Petjani-Pertjoetpakhuis aan de Stichting Y-Tech Innovatie. Ze stelt

hen ook voor de Graansilo's, die honderd meter verderop liggen, in die nieuwe bedrijfsbestemming op te nemen.

Maar met het Algemeen Burgerlijk Pensioenfonds komt een kaper op de kust. De gemeente geeft voorrang aan deze private partner die zich uiteindelijk toch terugtrekt. Emma en het Petjani-Pertjoetpakhuis worden zonder overheidssteun verbouwd, maar na een idealistische start vervalt het beheer aan derden en worden beide pakhuizen commerciële bedrijfsverzamelgebouwen. En vervolgens verhuurt deze externe beheerder het aan wie hij het maar kwijt kan. En zo is het op dit moment nog steeds.

Onder invloed van de ontwikkelingen aan de Van Diemenstraat en de op handen zijnde plannen voor de Graansilo's, besluiten twee buurtorganen het heft in eigen hand te nemen. Ook zij worden gedreven door idealen en ideeën en richten de Buurtontwikkelingsmaatschappij (B.O.M.) op. Onder deze paraplu gaat men een wijkrol combineren met een rol als projectontwikkelaar. Waar de overheid verstek laat gaan, zullen zij de hiaten opvullen. Zij laten hun oog vallen op de Graansilo's, maar krakers doorkruisen hun plannen.

De Graansilo's

Als geen ander van de IJ-oeverpanden behoren de Graansilo's toe aan het water. Hoewel het om twee aparte silo's gaat, staat het complex in de stad bekend als de Silo. Zij strekken zich in de lengterichting uit in het IJ en worden er aan drie zijden door omspoeld. Slechts langszij, vanaf het water, toont het gevaarte zijn markante, donkere silhouet over de volle lengte. De massa contrasteert zo sterk met de beweeglijkheid van het IJ dat men zich er onwillekeurig over verwondert hoe het kan dat deze stenen oceaanreus blijft drijven. Vanaf de landzijde komt het geheel over als een ontoegankelijk bolwerk dat zijn stugge, betonnen rug naar de bezoeker heeft gekeerd. Sedert 1952 staat dit paar zij aan zij op de strekdam die de Houthavens scheidt van het IJ. Het oudste gebouw, de silo Korthals Altes, is opgetrokken uit baksteen en dateert uit 1897. Hij vervulde als graanopslagplaats een passieve rol in de Stelling van Amsterdam, een verdedigingslinie van forten en waterwerken die nu als Werelderfgoed te boek staat. Een halve eeuw later werd er een nieuwe, betonnen versie naast gezet die zijn oudere broer in hoogte voorbijstreeft.

Beide gebouwen worden tot het einde van de jaren zeventig gebruikt voor de opslag van graan. Deze functie vindt zijn weerslag in de typische constructie van een silo, met zijn gesloten gevels en grotendeels verticale, inwendige structuur.

De Graansilo's kennen ieder drie compartimenten: een begane grond, een kapverdieping en daartussen een bundeling van nauwe schachten, de zogenaamde karen. Daarnaast staat de elevatortoren waardoor het graan, aanvankelijk via een katrol en later door een zuigsysteem, naar de zolderverdiepingen werd getransporteerd en vandaar werd verdeeld over de karen.

ship would take action. They had designs on the Grain Silos but their plans were thwarted by squatters.

The Grain Silos

Of all the buildings on the banks of the IJ, the Grain Silos have the strongest relation to the water. They consist of two silos but are simply known throughout the city as 'the Silo'. The Silo is located on a narrow causeway that juts out into the IJ which surrounds it on three sides. It is only when it is seen from the water that this twin colossus reveals the full extent of its dark and striking silhouette. Its bulk contrasts so strongly with the constant motion of the IJ that you find yourself wondering how this stone ocean liner manages to keep afloat. When viewed from the shore, the Silo looks like an unapproachable bulwark that has turned its sullen concrete back on the visitor. These two buildings have

been standing side by side since 1952 on the causeway that separates the Houthavens from the IJ. The oldest part, the 'Korthals Altes' silo consists of bricks and dates from 1897. As a grain silo it fulfilled a passive role in the 'Amsterdam Position', a defence line of forts and water works that has now been officially recognized as a part of the world's heritage. Fifty years later it was joined by a new, concrete version that surpasses its older brother in terms of height.

Until the late 1970s both buildings were used for the storage of grain. Their function is reflected in their construction which is typical of silos and includes closed facades and a largely vertical internal structure.
The buildings each consist of three sections: a ground floor, an attic and a series of narrow shafts. To one side are the elevator towers through which the grain was originally transported by a

The Grain Silos as seen from a westerly direction. If you look carefully, you will be able to spot the boilerhouse as the diminutive building to the left of the elevator tower.

De Graansilo's gezien vanuit het westen. In de laagbouw op de kop is, links van de elevatortoren, nog net het ketelhuis te zien.

The Korthals Altes Grain Silo, also known as the Brick Silo. The rosettes that anchor the girders of the grain shafts to the facade can clearly be seen in the vertical sections just beneath the roof.

Graansilo Korthals Altes, ook wel de bakstenen silo genoemd. In de verticale geleding onder de dakconstructie zijn de rozetten die de trekstangen van de graanschachten in de gevel verankeren goed zichtbaar.

De bakstenen silo telt honderdtwintig van zulke karen. Om de druk van het graan te weerstaan zijn de karenwanden verstevigd door een netwerk van trekstangen die door de schachten heenlopen. Deze zijn in de vier gevels verankerd door gietijzeren rozetten. De betonnen silo telt vijfenveertig karen. De trekkracht is hier door middel van ingegoten bewapening opgenomen in de massa van het beton. Hierdoor zijn de schachten van de betonnen silo vrij van trekstangen en zitten er aan de gevels geen rozetten.

Het boegbeeld van een lastige stad

De bizarre combinatie van locatie en constructie roept oneindig veel associaties op: een eiland, een bolwerk, een beeldhouwwerk, een schip, een boegbeeld. Het is àlles, behalve een toegankelijk gebouw. Het tart dan ook ieder voorstellingsvermogen dat het in de lente van 1989 wordt gekraakt en veroverd door mensen die er

willen wonen en werken. Gedreven door behoefte aan betaalbare ruimten, wagen ze zich aan een Herculestaak.

Er is de overmoed van de jeugd voor nodig om deze weerbarstige industriële omgeving met eigen handen om te bouwen naar een meer menselijke maat. De ontginning is alleen voor de sterksten weggelegd. Er zijn grote inspanningen nodig voordat men met de bouw van woon-werkruimten en ateliers kan beginnen. De oude machines moeten eruit gesloopt worden en het dak is aan reparatie toe. Door gebrek aan geld en mankracht wordt de totale operatie fasegewijs uitgevoerd. Het verloop is in het begin groot, maar het aantal vaste gebruikers stabiliseert zich mettertijd op veertig personen. Vooral mensen met kinderen verlaten de barre en gevaarlijke omgeving, waar één misstap een metersdiepe val kan betekenen. De 'diehards' blijven en vechten voor het behoud van de Graansilo's. Zij organiseren zich in een vereniging met het doel om sloop te voorkomen, en met succes.

The interior of one of the attic floors of the Brick Silo with a view of the Zeehelden-buurt and the Oude Houthaven. (photo: David Carr-Smith)

Interieur op een van de zolderetages van de bakstenen silo met uitzicht op de Zeeheldenbuurt en de Oude Houthaven. (foto David Carr-Smith)

pulley system and later by suction to the attic floor from where it would be divided between the shafts.

The brick silo has 120 of these shafts. In order to withstand the grain's pressure, the shafts' walls have been reinforced with a network of girders that transect them. These are anchored in the four walls with cast-iron rosettes.

The concrete silo has 45 shafts. Here, additional strength is provided by means of an armature which has been cast into the concrete. This means the shafts in this silo did not require girders and hence there are no rosettes on the walls.

The epitome of the rebellious city

Here, the bizarre combination of location and construction evokes endless associations: an island, a bulwark, a sculpture, a ship, a figure head. In short: this building is extraordinary but inaccessible. Yet the unthinkable happened and these buildings were squatted in 1989 by people who intended to live and work

there. Driven by the need for cheap spaces, they were willing to take on a Herculean task. It would take the recklessness of youth to transform this raw industrial environment through your own labour into more human dimensions. Only the strongest would be able to take on this job and a major effort was needed before the building of accommodation with work-places could even begin. The old machinery had to be removed and the roof needed repairing.

Because of the lack of money and manpower, it was decided to approach the whole operation in a series of stages. At first there was a rapid turnover of people before the central group settled at forty committed tenants. People with children particularly found it impossible to live in this barren and often dangerous environment where one step in the wrong direction could mean a fall of many metres.

The die-hards stayed and fought for the Silo's survival. They formed an association that successfully fought to prevent the buildings' demolition.

"De industriële gebouwen moeten in een 'ontkerstende gotiek' de kathedralen van dit tijdperk zijn", zo meende J.A. Klinkhamer, samen met A.L. van Gendt, architect van de bakstenen silo. Bijna honderd jaar later wordt hun creatie tot Rijksmonument verklaard. Deze status straalt ook gunstig af op de betonnen kolos die te jong is om enige titel te verwerven: ook hij mag blijven staan. In hun korte geschiedenis van hergebruik groeien de Graansilo's uit tot het boegbeeld van een lastige stad.

Interne organisatie

De vaste gebruikers ontplooien samen met een groep van honderd wisselende gebruikers activiteiten. Door de verticale structuur van de silo concentreert het hergebruik zich op de randen, de begane grond, de zolderverdiepingen en in de elevatortoren. Alleen hier bevinden zich namelijk vloeren! Slechts één schacht in de bakstenen silo wordt opengemaakt, in eerste instantie uit nieuwsgierigheid, om te zien hoe het er van binnen uitziet, maar al snel blijkt de akoestiek zo bijzonder dat men er geluidsexperimenten in begint.

De verbouwing is een collectieve inspanning. De kosten worden laag gehouden door grootschalige inkoop van materialen. Opslagruimte is er immers genoeg. Ook gereedschappen, kennis en kunde worden gedeeld. Wanneer iemand aan een ruimte begint te bouwen, schieten anderen spontaan te hulp. In deze ongestructureerde vorm van zelfwerkzaamheid ligt het verschil tussen de Graansilo's en Het Veem. Voor grote klussen die in zelfbeheer worden uitgevoerd, zoals loodgieterswerk, komt wèl geld op tafel. Voor kleinere taken kan men een gratis maaltijd krijgen. Zelfwerkzaamheid is ook niet verplicht. Wel geldt er een ongeschreven regel: wie zich weinig inzet voor het gebouw, komt niet in aanmerking voor doorstroming naar een betere ruimte. Verder worden er veelal ad hoc commissies ingesteld voor beheertaken.

Uitstraling

In tegenstelling tot de Veempioniers bestaat deze gemeenschap van 'doordouwers' voornamelijk uit twintigers die bezig zijn met kunst en ambacht in de brede zin des woords. Er wordt geen selectief toelatingsbeleid gevoerd. Wie zijn neus het langst laat zien, komt erin. Zo telt de Silo onder haar gebruikers naast veel kunstenaars, ook een bakker, een loodgieter, een meubelmaker, een musicus en een ontwerper. Sommigen zijn nog bezig met een opleiding, anderen staan op het punt iets te starten. Samen creëren zij een klimaat waarin culturele activiteiten en kleinschalige bedrijvigheid gelijk opgaan. Dat dit lukt, in weerwil van de weerbarstige omgeving en met een minimum aan financiële middelen, is opmerkelijk. Het zegt veel over de doortastende aard van deze gebruikers. Maar er zijn ook enkele gunstige omstandigheden die een rol van betekenis spelen. Net zoals in Het Veem is de huur laag en wordt er aanzienlijk bespaard op investeringen door uitwisseling van diensten en apparatuur. De gebruikers zelf noemen als grootste voordeel de inspiratie die ze door de onderlinge samenwerking opdoen. Dat levert werken van betere kwaliteit op en daardoor vervolgopdrachten.

Voor een deel raakt de interne economie verweven met de culturele activiteiten in en rond de gebouwen, maar het grootste deel van de bedrijvigheid (70%) breidt zich uit naar een klantenkring in de stad.

A kitchen in the elevator tower which is also known as 'the iron tower' because it is made of steel and brick. **(photo: David Carr-Smith)**

Keuken in de elevatortoren, ook wel 'de ijzeren toren' genoemd omdat hij in staal en baksteen is uitgevoerd. (foto David Carr-Smith)

"Industrial buildings should be designed in 'Non-Christian Gothic' as the cathedrals of our age", was the opinion of J.A. Klinkhamer who, together with A.L. van Gendt was the brick silo's architect. Almost a century later, their creation became a national monument. This status also benefited the concrete giant who was still too young to qualify for this honour: he too would be allowed to stay. However, in the brief history of their re-use, the buildings of the Silo have become the epitome of the rebellious city.

Internal organization

The permanent tenants developed activities together with a changing group of one hundred people. The Silo's vertical structure resulted in its re-use being concentrated on the buildings' edges: on the ground floor, the attic floors and in the elevator tower. In fact these were the only places with floors! Only one of the shafts in the brick silo has been opened up. This was initially out of curiosity to see what it looked like but the acoustics turned out to be so extraordinary that a series of sound experiments were initiated.

The renovations were a collective effort. Costs were kept to a minimum by buying in bulk - after all there was no lack of storage space! People also shared tools, knowledge and skills. Whenever someone started working on a space, other people would spontaneously pitch in.

There was never a strict work program here. Money was made available for major jobs, such as the plumbing, which would be carried out by the group itself. Smaller tasks were rewarded with a free meal. There was no need for a compulsory work program. However, there was one unwritten rule: people who made little effort on the buildings' behalf would have no claim on the better spaces. In addition, many ad hoc commissions were set up for management purposes.

Image

In contrast to the Veem pioneers, this stubborn community consisted mainly of people in their twenties who were broadly involved with art and the crafts. There was no selective admissions policy and ultimately persistence was rewarded. In this way, Silo tenants included (along with a great many artists), a baker, a plumber, a furniture-maker, a musician and a designer. Some of these people were still students and some were just embarking on new ventures. Together they created a climate in which cultural activities and small-scale enterprise developed simultaneously. It is extraordinary that they succeeded in the face of the unmanageable environment and with a minimum of financial resources. It also attests to their determination. But there were a number of favourable factors that played an important role

Stoves in the Grain Silos.
They were made by tenants from spare parts taken from the numerous machines that had been left behind in these buildings.(photo's: David Carr-Smith)

Kachels in de Graansilo's.
Zij zijn door de gebruikers gemaakt uit onderdelen van het machinepark dat ze in de silo's aantroffen. (foto's David Carr-Smith)

here. Just as in Het Veem, the rent was low and considerable savings were made through exchanges of services and

equipment. The tenants describe the greatest advantage of this system as being the inspiration they experienced through collaboration. The work was of a higher quality and often resulted in their skills being used elsewhere.

The internal economy was to some extent connected with the cultural activities in and around the buildings, but most of the activities (70%) drew clients from the city. Nowadays some of the tenants with workshops in the Silo are earning money on a regular basis. The number of people involved with the restaurant and the gallery has doubled since the beginning. A club of paid doormen has been brought in for parties and other events in the concrete silo; it works in consultation with the local fire service and is responsible for 'regulating the atmosphere'. Silo residents are also involved with events that take place at other locations.

The cook's secret

Although accomodation with work-places had been created, the emphasis was still on public facilities. And there was a wide range of choice with a radio station, a roller-disco, a theatre and a gallery. There was always something going on. Within several years the number of events grew to seven each month. The Silo causeway attracted a mixed audience that came from the neighbourhood, the city, the region and even from abroad. No matter what the weather, this audience could be found walking past blank walls on moonless nights and alongside the frozen IJ in the depths of winter.

What is it that drives these people here in search of theatre, dance, music, art or simply a good meal? The brick silo's old boilerhouse is a striking example of the romantic spirit of the place

Inmiddels heeft een aantal personen met een werkplaats in de Silo zich een vast inkomen verworven. In het restaurant en de galerie is het aantal medewerkers sedert de start verdubbeld. Voor feesten en evenementen in de betonnen silo is, in overleg met de brandweer, een portiersclub van buitenaf aangetrokken. Zij draagt zorg voor 'sfeerbeheer'. Men manifesteert zich overigens niet alleen op het eigen terrein als groep, maar ook bij evenementen buiten het gebouw.

Het geheim van de kok

Hoewel er woon-werkruimten en ateliers gerealiseerd worden, ligt de nadruk op publieke functies. Een radiostation, een oefenruimte, een restaurant-café met een muziekpodium, een rollerskate-disco, een theater, een galerie. Men schept een scala aan faciliteiten. Altijd staat er wel iets op stapel. Het aantal evenementen loopt binnen enkele jaren op tot zeven per maand. Een gemengd publiek, uit de buurt, de stad, de regio en van buiten de landsgrenzen, vindt zijn weg naar de strekdam. Bij weer en ontij, langs gesloten gevels in de donkere nacht en langs een dichtgevroren IJ in de bittere koude.
Wat drijft deze mensen op zoek naar theater, dans, muziek, beeldende kunst, een goede maaltijd, nu juist naar hier?

Het oude ketelhuis van de bakstenen silo is een treffend voorbeeld van de sfeer en de romantiek van de plek. Het is door de gebruikers ingericht als café-restaurant. Verscholen in de kop van het gebouw, voorbij de gesloten gevel, daar waar men vreest in het water te vallen en geen deur meer verwacht, dáár is de toegang tot de parel in deze kroon. Het ketelhuis met zijn hoge plafond en lage ligging in het water is een sensuele ervaring die de bezoeker niet licht vergeet. Drie aan elkaar gelaste kachelketels verwarmen de ruimte gemakkelijk, óók als de ijsschotsen op het IJ liggen. Een cirkelvormige, smeedijzeren kroonluchter hangt van de zware balken naar beneden. Hier en daar wiegt een spinnenweb tussen de peertjes. De outillage is basaal. Gezeten aan een ratjetoe van tafels

en stoelen kan men hier van een veganistische maaltijd genieten. Eén keer per maand wordt er een wereldmuziekavond georganiseerd. Gasten uit alle delen van de wereld bespelen dan na de maaltijd hun vaak exotische instrumenten. Door mond-tot-mondreclame is het café-restaurant een trekpleister geworden voor een internationaal publiek. Ongetwijfeld hebben ook de eigen P.R. en de grote belangstelling die de gebouwen en de gebruikers in de media genieten, hun steentje bijgedragen aan de bekendheid van de Graansilo's. Het zijn echter de sfeer en de variëteit van het aanbod, in combinatie met de excentrieke constructie en ligging van de gebouwen, die de Graansilo's maken tot een plek met een grote uitstraling. Zoals sommige katten hun eigen baas uitzoeken, zo hebben deze gebouwen hun eigen gebruikers weten te verleiden.

Verwikkelingen met de buurt en de gemeente

Ook vanuit de buurt bestaat er interesse voor de Graansilo's. De B.O.M. is ervan overtuigd dat de nieuwe gebruikers en bewoners de gebouwen nooit alleen kunnen ontwikkelen en onderhouden. Door de verticale structuren blijft het overgrote deel immers onbenut. Vanuit de buurtontwikkelingsmaatschappij, de B.O.M., wil men derhalve iets met de gebouwen

doen. In 1990 nodigt men de Silogebruikers uit voor een vergadering. Maar wijlen Jan Schaefer heeft weinig op met deze krakers en negeert hen. Schaefer, de grote man van de stadsvernieuwing, heeft inmiddels zijn politieke carrière vaarwel gezegd en een eigen projectontwikkelingsbureau opgericht. Zo treedt hij nu voor de B.O.M. op als projectleider voor de toekomstige ontwikkeling van de Graansilo's. De B.O.M. laat een haalbaarheidsonderzoek doen naar de mogelijkheid om de Graansilo's commercieel te exploiteren en er wordt een ontwikkelingsplan opgesteld.
De Silobewoners wijzen het plan af en roepen: "Als het commercieel is, dan deugt het niet!"
De architect van de B.O.M. die als woordvoerder naar de Silo komt, wordt niet binnen gelaten. Hij

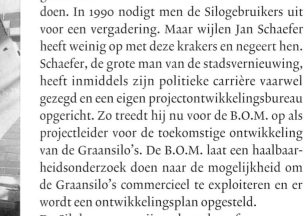

and the tenants decided to turn it into a restaurant. The entrance to this jewel in the crown is concealed at the building's end, past the closed facade and precariously near the water's edge. It is at a place where you would never expect a door. The boilerhouse with its high ceiling and low location on the water is a sensual experience that is not easily forgotten. Three stoves, which have been welded together, keep the place piping hot even when there are ice floes on the IJ. A circular wrought-iron chandelier has been suspended from the heavy beams and there is the occasional spider's web hanging between the light bulbs. The furnishings are basic and there is a mishmash of tables and chairs where you can sit and enjoy a vegan meal. Once a month there is an evening of world music. After the meal, guests from all corners of the globe perform on what are often exotic instruments. Word-of-mouth advertising has succeeded in drawing an international clientèle to this café-restaurant. Undoubtedly the Silo's own PR and the tremendous media interest both in the buildings and the tenants have also contributed to this level of recognition. However, it is the combination of the atmosphere, the variety of events and the buildings' eccentric construction and location that make the Silo a place with such charisma. And just as some cats seek out their owners, so these buildings have enticed their users.

Conflict with the neighbourhood
and the city council

The neighbourhood was also interested in the Silo. The Area-Based Partnership was convinced that the new users would never be able to re-build and maintain the buildings on their own. Indeed, the vertical structure meant that most of the space was left unused. The Partnership wanted to put the buildings to good use so the Silo's tenants were invited to attend a meeting in 1990. But the late Jan Schaefer felt little sympathy for these squatters and simply ignored them. Schaefer had been the power behind Amsterdam's urban renewal. By now, he had abandoned his political career and had set up his own development company. The Partnership called on his services in terms of the Silo's future development and it also researched the feasibility of the Silo's commercial exploitation. This resulted in a development plan.

In turn, the Silo's tenants dismissed this plan and immediately jumped to the conclusion that: "If it's commercial, it's wrong!" The Partnership's architect (who was also its spokesperson) attempted to visit the Silo but was not allowed in. Negotiating was certainly not his forte but nor was the Silo spokesman of that time known for his diplomatic skills. This clash of personalities led to deadlock and mutual distrust. Yet the informal relation between the Silo's tenants and the locals was not always hostile. In fact the Silo baker baked bread once a week for a long list of customers including many who came from the neighbourhood. The Silo's residents responded by seeking a partner of their own who would draw up an alternative development plan.

In addition, they had had little meaningful contact with the city council. There had been discussions with officials and politicians but, as one of the residents put it: "The city council was too involved in petty politics and wasn't really interested in social renewal. We simply didn't count." In 1991, the city council signed an agreement that created the 'Amsterdam Waterfront Finance Group' (the AWF). This collaboration between the private and public sectors aimed at producing a development plan for the area around the IJ. The AWF spent 1992 researching this issue and finally approved the Partnership's plans for the brick silo. The Silo's users sounded the alarm. During an emergency meeting with other self-managed buildings along the IJ, one of the participants remarked: "We should set up an Alternative Waterfront". And this was how the 'IJ Industrial Buildings Guild' came into being. But even before the name was agreed upon and the Guild had been officially registered, the AWF had ceased to exist. Nonetheless, the city council opted for the Partnership's plan. This included 70% free sector housing and only 30% low-rent accommodation. However, the council decided that the neighbourhood should be consulted about the Silo's development and renovation. The Silo tenants reacted by once again searching for partners of their own. The 'Het Oosten' housing association was prepared to work with them on drawing up a list of practical plans for low-rent housing in the concrete silo. The housing association supported tenants' initiatives and already had experience of similar projects. However, the city council rejected the plans on the grounds of feasibility and called on the services of 'De Principaal', a housing conglomerate. The resulting plans were identical to Het Oosten's with the exception of a single clause: the Silo tenants were to be excluded.

But once again politics had the last word. In the summer of 1996, the city council decided that the residents would be allowed to return to the ground floors of both Silo buildings on the condition that they were to come up with a realistic plan. And this is exactly what they did.

(see page 44)

blinkt niet uit in onderhandelingskwaliteiten, maar de toenmalige woordvoerder van de Silo al evenmin. Deze 'clash of personalities' kan de patstelling en het onderlinge wantrouwen niet doorbreken. Toch is de informele relatie tussen de Silogebruikers en de buurtbewoners niet onverdeeld vijandig. Eén keer per week bakt de Silobakker brood en daarmee trekt hij rijen klanten, óók uit de buurt.

De Silogebruikers zoeken naar een eigen partner die met hen een alternatief plan kan opstellen. Tegelijkertijd hebben ze weinig op met de gemeentelijke overheid. Zij voeren wel ambtelijk en politiek overleg, maar, zo verklaart een van de bewoonsters naderhand: "De gemeente deed teveel aan achterkamertjespolitiek en had weinig oog voor sociale vernieuwing. Wij waren gewoon geen partij."

The restaurant in what used to be the Brick Silo's boilerhouse.

Restaurant in het vroegere ketelhuis van de bakstenen silo.

The Grain Silos and the four warehouses are located close together. The concrete silo with its 50 metre-high shaft dominates not only the local neighbourhood but also the prevailing emotional climate.

De Graansilo's en de vier pakhuizen liggen niet ver van elkaar verwijderd. De betonnen silo, met zijn vijftig meter hoge machineschacht, beheerst niet alleen de wijde omgeving, maar ook de emoties van velen.

In 1991 ondertekent de Gemeente Amsterdam een convenant waarmee de Amsterdam Waterfront Financieringsmaatschappij (AWF) haar beslag krijgt. Deze publiek-private samenwerking moet leiden tot een integraal ontwikkelingsplan voor de IJ-oever. De AWF trekt het jaar 1992 uit voor onderzoek en spreekt haar goedkeuring uit over het plan van de B.O.M. voor de bakstenen silo.

De Silogebruikers slaan alarm. Tijdens een spoedvergadering met andere panden in zelfbeheer langs het IJ, roept een van de aanwezigen: "Wij moeten een Alternatief Waterfront oprichten!" En zo geschiedt. De Vereniging 'Het Gilde van Werkgebouwen aan het IJ' wordt opgericht, maar nog voordat men het over de naam eens is en de vereniging als rechtspersoon bij de notaris wordt gedeponeerd, gaat de AWF ter ziele. Toch geeft de gemeenteraad de voorkeur aan het plan van de B.O.M.. Men gaat uit van 70% vrijesectorwoningen en slechts 30% sociale huurwoningen. Wel is de gemeente van mening dat er met de buurt overlegd moet worden over de ontwikkeling van de Graansilo's.

De Silogebruikers reageren door opnieuw naar eigen partners te zoeken. Woningbouwcorporatie Het Oosten blijkt bereid om met hen haalbare plannen te ontwerpen voor de sociale huurwoningen in de betonnen silo. Deze woningbouwcorporatie draagt dit soort gebruikersinitiatieven een warm hart toe en heeft al ervaring met vergelijkbare projecten opgedaan. De gemeente keurt de plannen echter af op haalbaarheid en geeft de opdracht aan woningconglomeraat de Principaal. De plannen die zij vervolgens voor de Graansilo's ontwerpen, wijken slechts op één punt af van de plannen van Het Oosten: er is geen plaats voor de Silobewoners ingeruimd.

Maar het laatste woord is weer aan de politiek. In de zomer van 1996 beslist de gemeenteraad dat de bewoners mogen terugkomen op de begane grond van beide Graansilo's, op voorwaarde dat zij een haalbaar plan zullen voorleggen. En dat doen ze.

De balans

De havenpanden aan de Oude Houthaven vormen een eilandje op zichzelf. De pakhuizen aan de Van Diemenstraat waren nooit een integraal deel van de woonwijk en zijn het door het hergebruik ook niet geworden. Of hetzelfde op de strekdam zal gebeuren, valt op dit moment niet te zeggen. Binnen dit smalle gebied van nog geen kilometer lang, spelen verschillende belangen een rol. In de ontwikkelingen die zich hier in de afgelopen vijftien jaar hebben voorgedaan, neemt zelfbeheer een prominente plaats in, ongeacht de betrokken groepering.

Het Veem zette met zijn eigenzinnige aanpak een lijn uit naar de toekomst. Het bewijst dat zelfbeheer de betrokkenheid verhoogt en de maximale potentie uit zowel gebouw als gebruikers haalt. De Vemers zijn van alle bewoners en gebruikers in het gebied dan ook het meest tevreden. Alle andere groepen zijn ontevreden met de invloed die zij op de ontwikkelingen kunnen uitoefenen.

Bij de aangrenzende twee bedrijfsverzamelgebouwen, Y-Tech en Y-Point, heeft het verlies van zelfbeheer geleid tot verlies van idealen en onderlinge cohesie binnen de gebouwen.

De bedrijvigheid in de pakhuizen heeft de buurtbewoners weinig direct profijt opgeleverd. Door de aard van het hergebruik en de herinrichting van de openbare ruimte blijven de pakhuizen wat ze van oudsher zijn: van de woonwijk afgezonderde werkplaatsen. Op de strekdam zou dat, door een integratie van wonen en werken, voorkomen kunnen worden. Het enige obstakel is dat de Graansilo's door hun constructie moeilijk tot woningen zijn om te bouwen, zonder dat het authentieke karakter verloren gaat. Dat is zeker onmogelijk binnen de huidige regelgeving in de woningbouw. Voor de buurtbewoners blijft wonen het zwaarste wegen. Speciaal ouderen hebben te kennen gegeven graag hun oude dag te willen slijten in een woning op de strekdam. De hoge huren en koopsommen en de geringe woningdifferentiatie in de plannen van De Principaal, sluiten echter niet aan op de vraag uit de buurt. Aan een 'yuppenboulevard' hebben de buurtbewoners geen boodschap. Ook de rol van de B.O.M. wordt van lieverlee steeds geringer. De gemeente rangeert haar naar de zijlijn, schippert met de gebruikers van de Graansilo's en verleent voorrang aan een publiek-private samenwerking. Maar private partners trekken zich vaak terug. In de afgelopen vijftien jaar is dat de vloek van de IJ-overontwikkeling gebleken. Het is hoog tijd dat de gemeente de aanwezige gebruikers en bewoners in het gebied als private partners accepteert. Zij zullen niet weglopen.

The balance

The harbour premises on the Westerdokseiland form an island in themselves. The warehouses on the Van Diemenstraat were never an integral part of the local neighbourhood and nor have they become so following their re-use. Whether the same will apply to the Silo causeway is impossible to predict at this moment because so many interests are affecting this narrow strip of land which is less than a kilometre long. But self-management has been an important factor affecting all the groups that have been involved in the developments of the last 15 years.

The stubborn approach of Het Veem was a taste of things to come. It proved that self-management increases a sense of involvement and brings the best out of both the building and its users. Out of all the residents and users in the area, Het Veem's tenants are the most satisfied. All the other groups are dissatisfied with the influence that they have been able to exert on future developments. In the case of the two adjoining small businesses centres, the Y-Tech and the Y-Point, the loss of self-management led to the loss of ideals and of mutual cohesion within the buildings.

The local residents have gained little from the warehouses' activities. The nature of their re-use and the re-design of public spaces has meant that these warehouses remain as they have always been since time immemorial: work-places with no connection with the local residential neighbourhood. The exception may be the Silo causeway through an integration of accommodation and working-places. However, the main obstacle to this process concerns these buildings' construction which makes it difficult to convert them into homes without destroying the Silo's authentic character. This is certainly impossible under the current building legislation.

Local residents attach the most importance to the creation of homes. Particularly older people are interested in living out their days on the Silo causeway. However, the plans of De Principaal with their high rents, expensive purchase prices and limited accommodation differentiation do not correspond with the neighbourhood's demands. The locals have no wish to have anything to do with an 'avenue of yuppies'. The role of the Area-Based Partnership has also gradually declined. The city council side-lined it while compromising with the Silo tenants and giving precedence to a collaboration between the public and private sectors. But private partners are known to withdraw. And over the last fifteen years this has been the curse of the IJ harbour development. It is high time that the council accepts the current users and residents as private partners because they are not about to disappear.

SOURCE MATERIAL

INTERVIEWS WITH
Ben Schouten, painter, Het Veem
Henk Takens, yacht designer,
'De Gouden Reael' Community Centre
Horst Timmers, musician, de Graansilo's
Lot Vermeer, furniture-maker and journalist, de Graansilo's
Luud Schimmelpennink, the Y-Tech Innovation Centre
A local meeting to discuss the future of the Silo causeway,
November 1996

LITERATURE
Appelbloesem Pers, De (1991). *Naamlooze Vennootschap Het Nederlandsche Veem*, Amsterdam. This book was published to commemorate the printer's twentieth anniversary
Daniëls, C. and Lemmens, M. (1995). *Van bedrijfsburcht tot kraakkathedraal*, This booklet was commissioned by 'Kunst, Cultuur en Educatie', Hogeschool Holland, Diemen
Heyting, A. and Ruyter de, T. (1992) *Silo Heat*, a pamphlet about the Silo's home-made stoves, Amsterdam, Vereniging tot behoud van de Graansilo's
Keizer, G.R. and Korthals Altes H.-J. (1996) *Guild Inventory*, Dutch research commissioned by The IJ Industrial Buildings Guild, Amsterdam
Overman, L. (1986). *Werkgebouw Het Veem, ruimte voor werk, Amsterdam*, De Appelbloesem Pers
Vereniging Werkgebouw Het Veem (1992). *Idealisten in Zaken, verslag van een studiedag*, Amsterdam, De Appelbloesem Pers
Vereniging Werkgebouw Het Veem (1992). *Tien Jaar Zelfbeheersing*, Amsterdam, De Appelbloesem Pers
Vries, de Ch. (1996). *'Een moeilijke bevalling voor nieuw leven op de Silodam!'* in: Buurtkrant voor de Spaarndammer & Zeeheldenbuurt, nr. 8 november 1996

BRONNEN

INFORMANTEN

Ben Schouten, kunstschilder en gebruiker van Het Veem
Henk Takens, jachtontwerper,
   betrokken bij het wijkopbouworgaan De Gouden Reael
Horst Timmers (musicus en gebruiker van de Graansilo's)
Lot Vermeer (meubelmaker, journalist en
          gebruiker van de Graansilo's)
Luud Schimmelpennink, gebruiker van Y-Tech
           Innovatie Centrum
Buurtvergadering over toekomst van de strekdam,
          november 1996.

LITERATUUR

Appelbloesempers, De (1991). Heruitgave ter gelegenheid van
    haar 20-jarig bestaan: *Naamlooze Vennootschap Het*
       Nederlandsche Veem, Amsterdam
Daniëls, C. en Lemmens, M. (1995).
    Van Bedrijfsburcht tot Kraakkathedraal, in opdracht van
   Kunst, Cultuur en Educatie, Hogeschool Holland, Diemen
Heyting, A. en de Ruyter de, T. (1992). *Silo Heat*
    (over de zelfgemaakte kachels in de Silo), Amsterdam,
      Vereniging tot behoud van de Graansilo's
Keizer, G.R. en Korthals Altes, H.J. (1996). *Guild Inventory,*
   deelonderzoek Binnenland, in opdracht van Het Gilde van
      Werkgebouwen aan het IJ, Amsterdam
Overman, L. et.al. (1986). *Werkgebouw Het Veem,*
    ruimte voor werk, Amsterdam, Appelbloesempers
Vereniging Werkgebouw Het Veem (1992).
    Idealisten in Zaken, verslag van een studiedag,
      Amsterdam, De Appelbloesem Pers
Vereniging Werkgebouw Het Veem (1992). *Tien Jaar*
    Zelfbeheersing, Amsterdam, De Appelbloesem Pers
Vries de, Ch. (1996). *'Een moeilijke bevalling voor nieuw leven*
   op de Silodam!' in: Buurtkrant voor de Spaarndammer &
     Zeeheldenbuurt, nr. 8 november 1996

Several harbour locations in North-West Europe

Liverpool Waterfront with the River Mersey at low tide. The quay with several of the Albert Dock buildings (1846) can be seen in the background on the left-hand side. Both Liverpool and Dublin are affected by widely varying tides. (photo by the authors)

Liverpool Waterfront, met de rivier de Mersey tijdens eb. Links in de achtergrond enkele gebouwen van het Albert Dock (1846) op de kade. Liverpool en Dublin hebben te maken met grote getijverschillen. (foto van de auteurs)

A port exists by grace of water. Water is not only the reason for its existence but also provides the conditions for its prosperity. In a harbour, there is as much activity on the water as along the quay. The harbour is the economic and emotional umbilical cord that joins the water with the city. This means that the history of both the harbour and the city are inextricably connected. Many harbours have fallen into disuse following technological innovations that have led to ship building on a larger scale or the advent of new forms of transport by rail, road and air. When this fate befalls a 19th century harbour located just outside of the city centre, a gap is literally created between the water and the city: a vacuum. According to the principle of the self-regenerating city, that vacuum will automatically attract new activities. This can be initiated by the authorities, by the city's inhabitants or by a combination of the two. The specific character of harbour areas involves a process of reconquest for both parties.

Enkele havenlocaties in Noordwest-Europa

Een havenstad ontleent haar bestaansrecht aan het water. In het water ligt niet alleen de kiem van haar oorsprong besloten, maar ook de voorwaarde voor een bloeiend bestaan. In de haven is er evenveel bedrijvigheid op het water als op de kaden. Zij is de economische en emotionele navelstreng tussen water en stad. Daardoor zijn de geschiedenis van de haven en die van de stad onlosmakelijk met elkaar verbonden. Vooral technologische ontwikkelingen die leiden tot schaalvergroting in de scheepsbouw en de opkomst van nieuwe vormen van vervoer - per spoor, over de weg en door de lucht - maken veel havens op den duur onbruikbaar. Wanneer de 19de eeuwse havens, die niet ver van het stadscentrum liggen, door dit lot getroffen worden, ontstaat er letterlijk een gat tussen water en stad: een vacuüm. Volgens het principe van de zichzelf regenererende stad zuigt zo'n vacuüm als vanzelf weer activiteiten aan. Het initiatief daartoe kan uitgaan van overheden, van de bewoners van de stad, of van een combinatie van beiden. Door het specifieke karakter van haventerreinen houdt dit voor beide partijen meestal een ware herovering in.

De overheid pakt de ontwikkeling van het gebied doorgaans bewust en op grote schaal aan. Het grandioos verleden verleidt haar tot een hoog ambitieniveau. Men beoogt de relatie tussen stad en water te herstellen en een stedelijk milieu te creëren dat een hernieuwde aantrekkingskracht heeft als vestigingsplaats. Het water krijgt echter niet meer de taak van infrastructurele ader, maar vervult een louter decoratieve functie en wordt, in het beste geval, een recreatiegebied. De oude havenpanden die men laat staan, vormen het historisch decor voor de hernieuwde bedrijvigheid. Cultuur en recreatie worden toegevoegde kwaliteiten. Vandaar dat men speciaal gaat ontwikkelen met draagkrachtige burgers en dienstverlenende bedrijven in het achterhoofd. Ook de fysieke barrières van het gebied vragen om ingrijpende maatregelen: niet alleen is de haven per traditie een van de stad afgesloten terrein, ook de infrastructuur die nodig is voor een herbestemming tot woon-werkgebied ontbreekt. En tenslotte krijgt men vaak te maken met geldende aanspraken van bedrijven of individuen in het gebied. De overheid staat voor een complexe taak. Besluiteloosheid van haar zijde is dan ook een vaak voorkomend verschijnsel in havenontwikkelingen.

Liverpool Waterfront with the renovated lock that separates Brunswick Dock from the River Mersey. To this day this system maintains the water in the docks at a constant level. Similarly the IJ in Amsterdam was transformed into an enormous dock at the end of the 19th century when it was separated from the Zuider Sea by the 'Oranje' lock.

Liverpool Waterfront met de gerestaureerde sluis die het Brunswick Dock scheidt van de rivier de Mersey. Nog steeds wordt op deze manier het water in de dokken op een constant peil gehouden. Ook het Amsterdamse IJ werd één groot dok toen, aan het einde van de 19de eeuw, de Oranjesluizen het IJ van de toenmalige Zuiderzee afsloten.

The authorities generally approach this area's development in a conscious and large-scale manner. The harbour's magnificent past naturally suggests a high level of ambition that involves restoring the relation between city and water and the creation of an urban environment that once again attracts business. However, the water no longer functions as a part of the infrastructure; rather its task is purely decorative and it becomes at best a recreational area. The old warehouses, which have escaped demolition, form an historic backdrop to new activities with culture and pleasant public spaces as additional attractions. Hence, developments are undertaken with well-off citizens and successful service industries in mind.

The area's physical limitations also demand radical action: for not only is the harbour traditionally cut off from the city, it also needs an infrastructure so that it can be transformed into a residential and commercial district. Finally there may be valid claims from businesses and individuals within the area itself. Consequently balancing these complex issues often means that harbour developments are plagued by indecisiveness on the authorities' part.

By contrast, when the city's residents set development plans in motion, their approach is mostly spontaneous and intuitive. People feel attracted to a run-down harbour because of this location's beauty and its apparently boundless potential. Alternatively they are driven there through desperation because no other cheap homes, studios or commercial premises are available in the city.

Generally these people set up small-scale initiatives in existing buildings although they sometimes also develop complete social visions.

Both citizens and the authorities use the harbour's reconquest as an instrument to strengthen the position of the city as a place to live and work in.

This chapter covers some of the developments which have taken place over the last 15 years in five north-west European ports: Liverpool, Dublin, Bristol, Amsterdam and Copenhagen.

These projects demonstrate that although the harbour locations resemble each other in some respects, their development strategies have radically differed. In addition, there are major discrepancies between these cities in terms of the extent to which the authorities and the citizens have been able to work together. In fact, there are only two points of similarity. Firstly, all the locations are still in a process of development so that most of these harbours have only realized a fraction of their plans. And secondly, all these cities have opted for the re-use of 19th and 20th century harbour buildings in order to strengthen the area's character. The recycling of buildings has become an integral part of the regeneration process despite the high costs entailed in commercial developments.

The approach used in Liverpool and Dublin is an example of a radical development by non-elected, regulating bodies that have been set up especially for this task. These groups involve a collaboration between the public and private sectors. They are given a brief to stimulate what they consider to be a decisive development of the harbour area while also opposing its uncontrolled proliferation. The idea is that these bodies will ultimately fulfil their tasks and will no longer need to exist. In Bristol and on the KNSM island in Amsterdam, the collaboration between the private and public sectors has been used to develop these harbour areas under local authority leadership. In both cities, cultural initiatives instigated by the inhabitants have played an important role in boosting the area's vitality.

Finally there is the odd man out: Christiania in Copenhagen, the city within a city. This is the ultimate example of an initiative taken by a community that wishes to exclude the authorities as much as possible.

right:
Old and new in Frihavnen, Copenhagen. In the background is the 'Dahlerup' Warehouse which has not yet been put to an alternative use. The new public space in the foreground is a rather uncomfortable addition.

rechts:
Oud en nieuw in Frihavnen, Kopenhagen. Op de achtergond het 'Dahlerup' Pakhuis dat nog niet in hergebruik is genomen. De nieuwe openbare ruimte op de voorgrond ligt er wat onwennig bij.

Als daarentegen stadsbewoners een ontwikkeling in gang zetten, doen ze dat meestal spontaan en onbewust. Men voelt zich aangetrokken door het vervallen havengebied vanwege de schoonheid en de schijnbaar onbegrensde mogelijkheden van de locatie. Of men trekt er noodgedwongen heen, omdat er elders in de stad geen betaalbare woningen, ateliers of bedrijfsruimten meer zijn.
In de meeste gevallen gaat het om kleinschalige initiatieven in bestaande opstallen, maar soms ontwikkelen deze nieuwe gebruikers complete maatschappelijke visies.
Zowel de stadsbewoners als de overheid gebruiken de herovering van de haven als instrument om de positie van de stad als woon-werkgebied te versterken.

In het navolgende komen enkele ontwikkelingen aan bod die in de afgelopen vijftien jaar hebben plaatsgevonden in vijf Noordwest-Europese havensteden, te weten Liverpool, Dublin, Bristol, Amsterdam en Kopenhagen.
Hoewel de specifieke aard van de havenlocaties vaak overeenkomt, laten deze projecten zien dat er nauwelijks een eenduidig concept voor een ontwikkelingsstrategie bestaat. Ook de aanpak van de overheid en de stadsbewoners en de mate waarin zij elkaar weten te vinden door samenwerking, laten per stad grote verschillen zien. Slechts op twee punten vertonen ze overeenkomsten. Ten eerste zit men overal nog midden in het ontwikkelingsproces; in

de meeste van deze havens is nog maar een fractie van de plannen voltooid. Het tweede punt van overeenkomst is het hergebruik; overal laat men 19de en 20ste eeuwse havenpanden staan om het karakter van het gebied te versterken. Hergebruik van deze gebouwen is een integraal onderdeel van het regeneratieproces geworden, ondanks de hoge kosten die een commerciële ontwikkeling met zich meebrengt.

De aanpak in Liverpool en Dublin is een voorbeeld van een radicale ontwikkeling door niet-gekozen, regelgevende lichamen die speciaal voor deze taak in het leven zijn geroepen. Het gaat om lichamen van publiek-private samenwerking. Zij krijgen de opdracht om naar eigen inzicht een slagvaardige ontwikkeling van het havengebied te stimuleren en tegelijkertijd een ongecontroleerde wildgroei daarin tegen te gaan. De bedoeling is dat zij zichzelf uiteindelijk 'weg' zullen ontwikkelen.
In de haven van Bristol en op het KNSM-eiland te Amsterdam is, onder leiding van de lokale overheid, publiek-private samenwerking gebruikt om het havengebied te ontwikkelen. In beide steden fungeren culturele initiatieven vanuit de stadsbewoners als belangrijke aanjagers voor levendigheid in het gebied.
Tot slot is er het buitenbeentje Christiania in Kopenhagen: als stad in een stad, hèt voorbeeld van eigen initiatief door een gemeenschap die de overheid zo veel mogelijk wenst buiten te sluiten.

1. Liverpool Waterfront

Liverpool is located at the mouth of the River Mersey in north-west England. Harbours, cities and towns are dotted along both sides of the Mersey for as far as it is navigable. Liverpool is the largest port and this whole area is known as Merseyside.

During the 18th century, the fishing village of Liverpool developed into a port of global importance. However, the enormous differences in tides made it extremely difficult for ships to reach the quays at low water. What's more, the growing commercialism of the mid-19th century meant that these quays had quite simply become too small. Hence, the construction of a number of docks was undertaken and their names reflect the period in which they were built: during the reign of Queen Victoria. These include Albert Dock, Queens Dock and Stanley Dock. The introduction of locks meant that the water could now be kept at a constant level and the harbour was separated from the river. The docks were linked so that the loading, unloading and repairing of ships could occur at the same location.

At the same time, Liverpool followed the example of the London docks by opting for a hermetically-sealed quay area with storage facilities consisting of modern, fire-proof warehouses. This considerably reduced the loss of goods through theft and fire. It also

above:
In the 19th century, the docks were separated from the outside world by six-metre-high walls that were built in order to prevent theft and smuggling. During the restoration of the Albert Dock, these walls were reduced by a half but were still maintained for security reasons. 'The Riverside Walk' has been constructed along the banks of the Mersey.

boven:
In de 19de eeuw sloten zes meter hoge muren de dokken van de buitenwereld af om roof en smokkel tegen te gaan. Tijdens de restauratie van het Albert Dock zijn de muren gehalveerd, maar om veiligheidsredenen gehandhaafd. Langs de rivier is een promenade aangelegd, 'The Riverside Walk'.

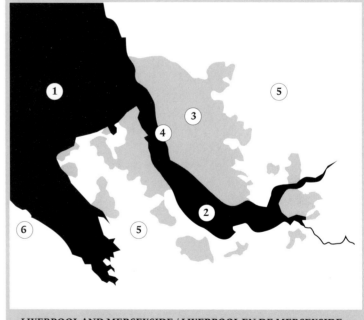

LIVERPOOL AND MERSEYSIDE / LIVERPOOL EN DE MERSEYSIDE

1. Liverpool Bay
2. The mouth of the River Mersey / De mond van de Mersey
3. Liverpool
4. Pier Head
5. Merseyside
6. Wales

1. Liverpool Waterfront

Liverpool ligt aan de monding van de rivier de Mersey in Noord-west-Engeland. Langs beide zijden van de Mersey tot zover zij bevaarbaar is, liggen havens, steden en stadjes, met Liverpool als grootste eenheid. Het geheel staat bekend onder de naam Mersey-side.

In de 18de eeuw groeide het vissersdorp Liverpool uit tot een wereldhaven. Maar door het enorme getijverschil waren bij eb de kaden zeer moeilijk bereikbaar voor schepen. Bovendien werden ze door de groeiende bedrijvigheid in de loop van de 19de eeuw te klein. Daarom begon men in deze tijd met het aanleggen van een groot aantal dokken. De periode waarin ze ontstonden, de regeringsperiode van Koningin Victoria, vond zijn weerslag in de benamingen. Zo zijn er onder andere het Albert Dock, het Queens Dock en het Stanley Dock. Door middel van sluizen kon het rivierwater nu kunstmatig op een constant peil gehouden worden. De haven werd afgesloten van de rivier. De dokken waren onderling verbonden zodat het lossen, laden en repareren van de schepen kon plaatsvinden, zonder dat ze het dok hoefden te verlaten.

Tegelijkertijd koos men, in navolging van de haven van Londen, voor een hermetisch afgesloten kadegebied waarin opslag in moderne, brandveilige pakhuizen plaatsvond. Hierdoor verminderde het verlies aan goederen door roof en brand aanzienlijk. Belastingtechnisch was het ook een grote vooruitgang; het nieuwe systeem waarborgde een goed overzicht over transacties en dat was voor het heffen van accijnzen zeer belangrijk. De haven werd door zes meter hoge muren en hekken met scherpe punten afgesloten. Namaakverdedigingstorens in de muur versterkten het fortachtige karakter.

In de hoogtijdagen van de passagiersvaart legde men langs de haven een tramlijn aan op palen, zodat de nieuwsgierige bezoekers over de muren heen konden kijken.

De haven werd een opzichzelfstaand rijk. Liverpool was hierin overigens niet uniek, dit verschijnsel deed zich in alle internationale havens in Noordwest-Europa voor.

Met het optrekken van fysieke barrières ging niet alleen het zicht vanuit de stad op de haven verloren, maar werd ook het contact van de gewone burger met het water verbroken. Mettertijd werd de kloof tussen stad en haven vergroot door de aanleg van een brede verkeersader. Naast een visuele barrière, was er nu ook een fysieke en psychologische barrière opgeworpen tussen stad en haven.

Slechts op één locatie, bij Pier Head, komen stad en haven nu nog ongehinderd samen. Tot op heden vormen hier een aantal imposante havenkantoren uit de bloeiperiode, een corridor naar het stadscentrum. Deze praalwagens van de grote rederijen van weleer, zoals de beroemde Cunardlijn, zijn opgetrokken uit witte natuursteen en rijzen majestueus met torens, koepels en klokken boven alle andere havengebouwen uit.

LIVERPOOL DOCKS SOUTH OF PIER HEAD /

LIVERPOOLSE DOKKEN TEN ZUIDEN VAN PIER HEAD

(1) **De Mersey/ The River Mersey**
(2) **Pier Head**
(3) **Albert Dock**
(4) **Coburg Dock and Brunswick Dock /**
                Coburg Dock en Brunswick Dock
(5) **Brunswick Business Park**
(6) **Toxteth**
(7) **Wapping Dock and Warehouse / Wapping Dock en Pakhuis**
(8) **Facing Stanley Dock / Richting Stanley Dock**

signalled a major advance in terms of tax-collecting: the new system guaranteed a clear overview of all transactions and this was extremely important in terms of levying excise duty. In addition, the harbour was surrounded by six metre-high walls and fences with sharp metal spikes. Imitation defence towers reinforced this fort-like appearance.

During the heyday of passenger ships, an elevated tram line was built along the harbour so that curious visitors could see over its walls.

The harbour effectively became an empire in its own right. Liverpool is in no way unique in this and in fact the same applies to all the international ports of north-west Europe.

The construction of physical barriers resulted not only in the fact that the harbour could no longer be seen from the city, it also signified a loss of contact between the ordinary citizen and the water. This gulf was further deepened by the building of a main road that meant that the city and the harbour were now separated by visual, physical and psychological barriers.

There is only one place where the two meet without any obstacle being placed between them: Pier Head. To this day, its imposing offices, which date from the harbour's golden age, form a corridor to the city centre. These monuments to the great shipping companies of days gone by (such as the Cunard Line) soar majestically above the other harbour buildings with their white stone towers, domes and clocks.

Decay and neglect

Like almost all the ports of north-west Europe, Liverpool began to turn its back on its harbour in the early 1960s. The age of the ship had come, gone and made way for new forms of transport. Only a small part of the harbour was still in use following the closure of Albert Dock in 1972. Consequently the locks fell into disuse and the docks filled with silt.

The docks became popular as a storage place for scrap metal and rubbish. Companies would hire warehouses to dump their contaminated waste where it was stashed at a safe distance from the city. By the early eighties the proud Port of Liverpool which had once been such a hive of activity, could only provide work for two hundred people within the South Docks.

right:

left: The Salthouse Dock is connected to the Albert Dock which can be seen on the left-hand side of this photo. The enormous white buildings on Pier Head are virtually engulfed by the gigantic open space of the Liverpool Waterfront. Much attention has been paid to the construction of public spaces.

The Merseyside Development Corporation (MDC)

Although Liverpool City Council occasionally made plans 'to do something' with its abandoned harbour (or at least with a part of it), nothing ever quite got off the ground. There was a prevailing sense of indecisiveness until riots broke out in 1981 in a working class district next to Toxteth Dock. These riots shocked the whole nation and made everyone aware that something radical needed to be done to regenerate the harbour area.

The Thatcher government set up by law a regulating body called the Merseyside Development Corporation (or the MDC). It was given a limited period of time to regenerate 960 hectares spread across various parts of Merseyside. The MDC was the first of 13 urban development corporations that have been created by the government since that time for the regeneration of disadvantaged areas.

The responsibility for these areas was taken out of the hands of the local authorities and given to a non-elected agency: the development corporation. The aim of this extremely undemocratic system was to facilitate rapid development. In fact it was also a political move by the Conservative government to exclude Labour councils.

The MDC's main target was 'to secure, in partnership with others, advances towards the self-sustaining regeneration of its area.' The 'others' were first and foremost outside investors, the private partners, but also included the local population. This was followed by the setting-up of the Board of Merseyside Development Corporation which consisted of members drawn from the business and banking worlds, the local authorities and the establishment. However, the aim was to achieve a broad representation of all the various interest groups so that the Board could avoid being regarded as something of an interloper.

The MDC's development strategy is an example of the collaboration between the public and private sectors with the limited involvement of the local authorities. Although the MDC is ultimately the responsibility of the Department of the Environment, it remains an independent agency with its own financial resources. It also has the power to develop its own projects and to grant planning permission without the intervention of the local city council.

In return for compensation the Mersey Docks Harbour Company handed over its land to the MDC. The MDC initially received a sum of 30 million pounds per year to transform the area to the south of Pier Head into an attractive residential and commercial district.

(see page 56)

Het Salthouse Dock staat in verbinding met het Albert Dock, dat links in de foto nog net te zien is. De enorme witte gebouwen op Pier Head verdwijnen bijna in de gigantische open ruimte van het Liverpool Waterfront. Er is veel aandacht besteed aan de openbare ruimte.

Verval en verwaarlozing

Net zoals nagenoeg alle Noordwest-Europese havensteden keert ook Liverpool zich in het begin van de jaren zestig van de haven af. De tijd van de scheepvaart is voorbij en men richt zich op nieuwe wegen. Na de sluiting van het Albert Dock in 1972, is de haven nog maar voor een klein deel als zodanig in gebruik. Omdat ook de sluizen in onbruik raken, slibben de dokken dicht.

Het havengebied raakt in zwang als plaats voor opslag van schroot en afval. Vervuilende bedrijven huren er loodsen, omdat ze ver weg in de haven geen kwaad zouden kunnen. De trotse haven van Liverpool waar ooit zo veel bedrijvigheid heerste, biedt in het begin van de jaren tachtig in de zuidelijke dokken nog maar aan tweehonderd mensen werk.

De Merseyside Development Corporation (DMC)

Hoewel de gemeente Liverpool af en toe plannen maakt om 'iets' met de verlaten havengebieden, of tenminste met een deel ervan, te doen, komt er niets van. Besluiteloosheid heeft de overhand, totdat in 1981 in een arbeiderswijk grenzend aan het Toxteth Dock rellen uitbreken. Deze rellen choqueren het hele land en doordringen iedereen van de noodzaak om de regeneratie van het havengebied doortastend aan te pakken.

De regering Thatcher creëert bij wet een regelgevend lichaam dat binnen een beperkte tijdsduur de regeneratie van 960 hectare, verspreid over verschillende delen van de Merseyside, moet gaan bewerkstelligen: de Merseyside Development Corporation (M.D.C.). Deze corporatie is de eerste van dertien stadsontwikkelingsmaatschappijen die de Engelse regering vanaf die tijd opzet om specifieke achterstandswijken te regenereren.

De zeggenschap over de betreffende wijken wordt aan de lokale overheden ontnomen en in handen gesteld van een niet-gekozen lichaam, een 'Development Corporation'. Deze zeer ondemocratische gang van zaken moet een voortvarende ontwikkeling mogelijk maken. In feite is het een politieke zet waarmee de Conservatieve regering Labour stadsbesturen buiten spel zet.

De M.D.C. stelt zich tot hoofddoel om "samen met anderen de weg veilig te stellen naar een in eigen behoefte voorzienende regeneratie van het centrale deel van de Merseyside." Met 'anderen' worden in eerste instantie de investeerders van buitenaf bedoeld, de private partners. In tweede instantie wordt de plaatselijke bevolking bedoeld. Er volgt een benoeming van een Raad van Commissarissen, samengesteld uit leden van het bedrijfsleven, de banken, de gemeenteraad en de gevestigde orde. Om te voorkomen dat het een 'Fremdkörper' in de stad wordt, streeft men naar een zo breed mogelijke vertegenwoordiging van de verschillende belangengroepen.

De ontwikkelingsstrategie van de M.D.C. is een voorbeeld van een publiek-private samenwerking, met een beperkte inbreng van de lokale overheid. De M.D.C. valt weliswaar onder de verantwoordelijkheid van het ministerie van Ruimtelijke Ordening, maar bezit als onafhankelijk lichaam eigen geld èn de bevoegdheid om zelf projecten te ontwikkelen en bouwvergunningen te verlenen, zonder dat de gemeente daar invloed op kan uitoefenen.

De Mersey Docks Harbour Company draagt, tegen een vergoeding, haar grond over aan de M.D.C.. De M.D.C. krijgt in eerste instantie een kapitaal van dertig miljoen Engelse pond per jaar om het havengebied ten zuiden van Pier Head tot een aantrekkelijk woon- en werkgebied te maken.

(vervolg op pagina 57)

Albert Dock's exterior. The dock covers an area of three hectares and is surrounded by a red-brick complex of buildings. The warehouses around the dock consist of five storeys and have been converted into accommodation, shops, offices and museums.

De buitenzijde van het Albert Dock. Het dok beslaat circa drie hectare en is omcirkeld door een complex van gebouwen die uit rode baksteen zijn opgetrokken. De pakhuizen rond het dok tellen vijf verdiepingen en zijn verbouwd tot woningen, winkels, kantoren en musea.

Albert Dock's interior. The basin has been re-excavated during restoration. It was decided that the water should no longer be filtered through the Mersey so as to improve its quality. This has resulted in an abundance of marine life in the dock although the river is polluted.

De binnenzijde van het Albert Dock. Het bassin is bij de restauratie opnieuw uitgegraven. Het water wordt niet in de Mersey gespuid om de kwaliteit van het water te verbeteren. Daarom heeft zich in het dok allerlei zoutwaterleven kunnen vormen, hoewel de rivier erbuiten vervuild is.

The flagship

As the area's infrastructure was as yet non-existent, the MDC's first job was to install various facilities such as drains, sewers, electricity and a network of roads. Public transport was also gradually introduced. In addition, there were two projects that had been designed to attract public interest.

This resulted in a stream of visitors to the international garden festival of 1984. In addition, the restoration of Albert Dock, which contains the largest group of historic buildings in England, aims at achieving a lasting international reputation. In fact, Albert Dock has become one of the biggest tourist attractions in the country and draws five million visitors each year. It took a total of six years and 100 million pounds to develop this flagship of the docks. The MDC contributed 40 million towards the infrastructure and the partial restoration of these buildings. The private Arrowcroft Group was responsible for their commercial development.

During the years 1982 to 1988, the public sector covered 80% of the costs and the private sector only 20%. But from 1988 onwards, all the investments have come from the private sector. After the deduction of expenses, the rent-roll was equally divided between the MDC and Arrowcroft. Initially differentiated leases were introduced for the various parts of the complex. Later these properties were sold on a freehold basis and a management company was formed which included the owners.

In the area around the harbour, the Albert Dock warehouses are used for a mixture of purposes: as homes, offices, shops and museums. The generally inclement weather has meant that this public space focuses mainly on indoor facilities. The homes and offices are intended for the top end of the market. The shops and museums are overwhelmingly aimed at attracting tourism. Just to the south of Albert Dock, a private investor has restored the Wapping Warehouse which is also up-market and contains 114 luxury apartments which were completed in 1988. Further southwards, the MDC has created separate compartments of housing and commercial premises. These consist of new housing developments, a business park with middle market accomodation and a marina and community water sports centre providing first class facilities.

The future

With this initiative the MDC now considers that its task has been completed, especially as investment from the private sector means that there is sufficient stimulus for the area's further self-regeneration. The government's contribution has gone down from 30 to 17 million pounds. The rest of the money now comes in the form of European Union subsidies and from the selling of completed projects. The MDC is currently involved in the initial planning for the development of Atlantic Avenue, the enormous harbour area to the north of Pier Head. When the MDC officially disbands in March 1998, the harbour development will still be far from completed. This is reflected by the state of the Stanley Dock warehouses and by the open space that connects Albert Dock with the city centre and which is still awaiting development. Only time will tell whether the harbour does indeed become an integral part of the city.

Het vlaggenschip

Aangezien een infrastructuur geheel en al in het gebied ontbreekt, is dat de eerste zorg van de M.D.C.. Er worden allerlei faciliteiten aangelegd, zoals een rioleringssysteem, een elektriciteitsnet en een wegennet. Ook treft men gaandeweg voorzieningen voor het openbaar vervoer. Dit alles gaat gelijk op met twee publiekstrekkende projecten.

Zo zorgt in 1984 het internationaal tuinfestival voor een stroom van belangstellenden. Daarnaast mikt men met de restauratie van het Albert Dock, de grootste groep van historische gebouwen in Engeland, op een duurzame, internationale bekendheid. Met vijf miljoen bezoekers per jaar wordt het Albert Dock een van de grotere toeristische trekpleisters in het land. De ontwikkeling van dit vlaggenschip neemt in totaal zes jaar in beslag en kost honderd miljoen Engelse pond. De M.D.C. draagt veertig miljoen bij voor de restauratie van een deel van de gebouwen en de infrastructuur. De private Arrowcroft Group neemt het commerciële deel van de ontwikkeling op zich.

Tussen 1982 en 1988 draagt de publieke sector 80% van de kosten en de private sector slechts 20%. Na 1988 komen de investeringen volledig uit de private sector. De huuropbrengst wordt na aftrek van de onkosten verdeeld tussen M.D.C. en Arrowcroft. Aanvankelijk stelt men een gedifferentieerde erfpacht in voor de verschillende delen van het complex. Later gaat men over tot de verkoop van de erfpacht en wordt een beheermaatschappij gevormd waarin alle eigenaren zitten.

Het Albert Dock kent een menging van functies in de pakhuizen rond het dok. Zo zijn er woningen, kantoren, winkels en musea in gevestigd. Vanwege de doorgaans gure weersomstandigheden is de openbare ruimte grotendeels naar binnen gekeerd. Vooral de woningen en kantoren zijn bestemd voor het topsegment van de markt. De winkels en musea richten zich overwegend op het toerisme. Even ten zuiden van het Albert Dock verbouwt een private investeerder het Wapping Warehouse. Ook dit is op het topsegment van de markt gericht. In 1988 worden in het pakhuis honderdenveertien luxe appartementen opgeleverd. Verder zuidwaarts realiseert de M.D.C. woon- en werkplekken in van elkaar gescheiden compartimenten: nieuwbouwwoningen en een bedrijventerrein in de goedkopere sector worden hier gelardeerd met een private marina en publieke watersportfaciliteiten.

De toekomst

Met deze aanzet acht de M.D.C. haar taak volbracht, aangezien er voldoende stimulans is gegeven voor de verdere zelfregeneratie van het gebied door investeringen uit de private sector. Inmiddels is de regeringsbijdrage gezakt van dertig naar zeventien miljoen pond. De rest van de gelden komt nu uit EU-subsidies en van verkopen van voltooide projecten. De M.D.C. is momenteel bezig met een eerste opzet voor de ontwikkeling van het enorme havengebied dat ten noorden van Pier Head ligt: 'Atlantic Avenue'. Met de officiële opheffing van de M.D.C. in maart 1998 is de havenontwikkeling nog verre van voltooid. Alleen al de pakhuizen aan het Stanley Dock spreken voor zich. Maar ook de kale helling tussen het Albert Dock en het stadscentrum wacht nog op ontwikkeling. De tijd zal leren of de haven inderdaad een integraal deel van de stad wordt.

left:
The Stanley Dock (1848-1900) is located in the Atlantic Avenue neighbourhood and is surrounded by warehouse buildings. These include a grain warehouse and a tobacco warehouse. The tobacco warehouse consists of eleven storeys, each of which is 1.80 metres high so as to be to able to encompass two bales of tobacco. The Leeds and Liverpool Canal begins at the end of the dock and used to be used to transport raw cotton. It is currently undergoing renovations to make it navigable once again. The Stanley Dock is the subject of a feasibility study. At present part of it is being used as a flea market on Sundays and as a weekend disco.

links:
Het Stanley Dock (1848-1900), gelegen in Atlantic Avenue, is omgeven door Veemachtige gebouwen, waaronder een graanopslagplaats en een tabakspakhuis. Het tabakspakhuis heeft elf verdiepingen met elk een hoogte van slechts 1.80 meter, oftewel twee balen tabak. Aan het einde van het dok begint het 'Liverpool and Leeds Canal' waarover vroeger ruwe katoen vervoerd werd. Het wordt momenteel weer bevaarbaar gemaakt. Voor het Stanley Dock is een haalbaarheidsonderzoek verricht. Voorlopig blijft het nog gedeeltelijk in gebruik als zondagse vlooienmarkt en weekenddisco.

2. Dublin: The Custom House Docks

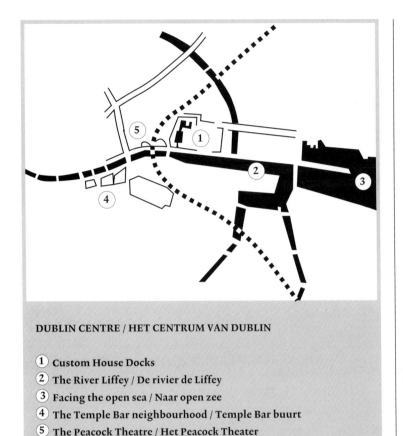

DUBLIN CENTRE / HET CENTRUM VAN DUBLIN

① **Custom House Docks**
② **The River Liffey / De rivier de Liffey**
③ **Facing the open sea / Naar open zee**
④ **The Temple Bar neighbourhood / Temple Bar buurt**
⑤ **The Peacock Theatre / Het Peacock Theater**

Dublin lies at the mouth of the River Liffey. At the beginning of the 19th century, the harbour moved from the old Temple Bar district towards Dublin Bay.

Like Liverpool, its rival on the opposite side of the Irish Sea, this new harbour consists of a number of docks where the water is maintained at a constant level by means of locks. Some of the oldest of these docks are located next to the city centre. They are situated alongside the enormous 18th century Custom House and have therefore become known as the Custom House Docks. These docks were originally completely hidden from view by a grey stone enclosure which was constructed to prevent theft and smuggling. Although this part of the harbour is situated close to the centre in the northern part of the city, for many years most Dubliners were unaware of its existence because of the enclosure.

The Custom House Docks consist of two basins. The first, George's Dock is connected by a short canal to the Inner Dock which is almost three times as large. Only one of the original warehouses remains standing along with underground vaults and the administrative offices.

Custom House Docks Authority: origins and aims

The 1986 Urban Renewal Act led to the establishment of the Custom House Docks Development Authority which, under the auspices of the Ministry of the Environment, was given free rein to develop this specific part of the harbour. For that reason, the land's ownership was acquired by the Authority from the Dublin Port and Docks Board. To be able to keep track of its development, a board was set up consisting of members who were drawn from various parts of society, the business and the financial worlds.

This construction resembles the approach used by the English urban development corporations and by the MDC in particular. Here too, Dublin Corporation's power was removed by government legislation and handed to the Authority although in this case it was with the Corporation's agreement. This was in the hope of achieving the decisive development of the Custom House Docks without risking the delays which are inherent to the process of political decision-making.

The entrance to the Custom House Docks. On the left is The Harbourmaster Bar with its clock tower.

Toegang tot de Custom House Docks. Links op de foto café 'De Havenmeester', met klokkentoren.

2. Dublin: The Custom House Docks

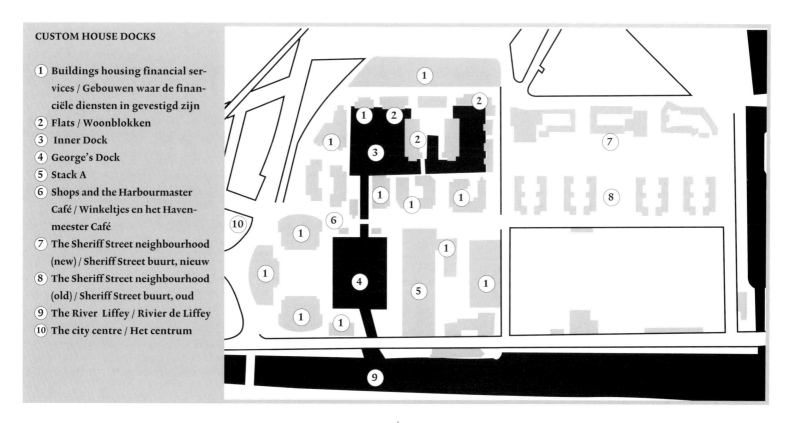

CUSTOM HOUSE DOCKS

1. Buildings housing financial services / Gebouwen waar de financiële diensten in gevestigd zijn
2. Flats / Woonblokken
3. Inner Dock
4. George's Dock
5. Stack A
6. Shops and the Harbourmaster Café / Winkeltjes en het Havenmeester Café
7. The Sheriff Street neighbourhood (new) / Sheriff Street buurt, nieuw
8. The Sheriff Street neighbourhood (old) / Sheriff Street buurt, oud
9. The River Liffey / Rivier de Liffey
10. The city centre / Het centrum

Dublin ligt aan de mond van de rivier de Liffey. In het begin van de 19de eeuw verplaatste de haven zich van het oude Temple Bar district in de richting van Dublin Bay.

Net als haar evenknie Liverpool, aan de overkant van de Ierse Zee, bestond deze nieuwe haven uit een aantal dokken, waarin door middel van sluizen het water op een vast peil gehouden kon worden. Enkele van de oudste dokken grenzen aan het stadscentrum. Ze liggen naast het monumentale 18de eeuwse Custom House en krijgen daarom de naam Custom House Docks. Om roof en smokkel tegen te gaan, onttrok ook hier een omheining van grijze stenen het geheel aan het zicht. Hoewel dit deel van de haven vlak bij het centrum ligt in het noordelijk deel van de stad, waren de meeste Dubliners zich er lange tijd totaal niet bewust van vanwege deze omheining.

De Custom House Docks bestaan uit twee bassins. Het eerste, George's Dock, staat door middel van een kort kanaal in verbinding met het bijna driemaal zo grote Inner Dock. Van de oorspronkelijke gebouwen zijn slechts één loods met ondergrondse gewelven en de administratieve kantoren bewaard gebleven.

Custom House Docks Development Authority: ontstaan en doel

De Urban Renewal Act van 1986 leidt tot de oprichting van de Custom House Docks Authority. Deze krijgt, onder de auspiciën van het ministerie van Ruimtelijke Ordening, de vrije hand in de ontwikkeling van dit specifieke deel van de haven. Daartoe verwerft de Authority de grond van de Dublinse havenauthoriteiten. Om greep op de ontwikkelingen te houden, wordt de raad van bestuur van de Authority samengesteld uit een divers gezelschap van mensen uit de gemeenschap, het bedrijfsleven en de financiële wereld.

Deze constructie lijkt op die van de stadsontwikkelingsmaatschappijen in Engeland en in het bijzonder op die van de M.D.C.. Ook hier ontneemt de regering bij wet de zeggenschap aan de lokale overheid en draagt die over aan de Authority, zij het in dit geval met instemming van de gemeente. Men hoopt daarmee een slagvaardige ontwikkeling van de Custom House Docks te bewerkstelligen, zonder de vertragingen die inherent zijn aan de politieke besluitvorming.

(vervolg op pagina 63)

The choice of function

It was necessary to opt initially for one particular function so as to be able to develop the area's restructuring. The Authority had plenty of ambition but limited expectations. It was hoped to attract foreign enterprise but everyone fully realized that Ireland had had few successes of this sort in the past.

But perseverance was the order of the day and it was decided to set up an International Financial Services Centre in the Custom House Docks. The district on the river's northern banks had long been regarded as a problem area. Through acquiring international prestige, the idea was to transform it and to provide it with an attractive new image.

In order to entice companies from the financial service sectors, a request was submitted to the European Union for the Custom House Docks to be granted the status of a low-tax zone comparable to that of Luxembourg. Against all expectations this request was granted and the international sector quickly rose to the bait. Suddenly Dublin had become a part of the financial world. What's more, the young and ambitious members of this sector are attracted to the atmosphere and culture of Dublin as a capital city.

Mixed functions

Building commenced in September 1988. Eight years later there are 70 thousand square metres of office space already in use with more under construction. Even when the offices are still covered in scaffolding, they have already been reserved by companies specializing in financial services.

The aim is to achieve a mixture of functions: the inclusion of accommodation and culture aims at countering the monotony of a single purpose. There are several apartment blocks with tax concessions, two grocery shops, a hotel where all the rooms are on-line - and all this is peppered with older buildings that contribute to the sense of history. For instance, the small and jaunty building with the clock tower which is located on the connecting canal succeeds in holding its own against the office giants. This is where the harbourmaster once worked and the drinks are still flowing although nowadays on a more official basis. For this striking-looking bar and restaurant has become a favourite social meeting-place for a broad range of visitors. Office staff, building workers and residents drop in for lunch or a pint. During the 1996 New Year's celebrations, the new residents spontaneously met up at the 'Harbourmaster' and decided to set up a group representing their interests. Harmony prevails in the remarkably small area of the Custom House Docks. Despite the high concentration of buildings, the basins and their surroundings are islands of space where the 'Harbourmaster' and the two small shops function as natural attractions. At present there are 3000 people working here and there are 700 residents.

right:
Some of the new flats have been built on stilts in the Inner Dock where the waters will eventually rise to a level of two metres. These apartment blocks are cut off from the outside world by security fences.

rechts:
Nieuwe woonblokken staan gedeeltelijk op palen in het Inner Dock waarvan het waterpeil nog twee meter zal stijgen. De woonblokken zijn met electronisch gestuurde hekken van de buitenwereld afgesloten.

left:
The Custom House Docks. The docks have been separated from the River Liffey by a temporary concrete dam. A new lock and bridge are currently under construction. The gateway to the old enclosure has been preserved but relocated. In the background is a part of Stack A, a shed dating from 1819.

links:
De Custom House Docks. Met een voorlopige, betonnen dam heeft men de dokken gescheiden van de rivier de Liffey. Er wordt gebouwd aan een nieuwe sluis en brug. De poort van de vroegere omheiningsmuur is bewaard, maar verplaatst. In de achtergrond is een deel van de uit 1819 stammende loods, Stack A, te zien.

Sheriff Street with its dilapidated houses which were built in the style of the Amsterdam School. The modern flats of the Custom House Docks can be seen on the left-hand side behind the enclosure's preserved northern section.

Sheriff Street en de vervallen woningen in de stijl van de Amsterdamse School. Links achter het noordelijk deel van de omheiningsmuur dat niet werd afgebroken, ziet men de nieuwbouwwoningen van de Custom House Docks.

The reverse side of the coin

But how has this affected the immediate environment? On the north side, the dilapidated Sheriff Street quite literally has its back against the wall. This district was built in the 1940s and '50s in the style of the Amsterdam School. Poor maintenance meant that the houses had become slums by the 1970s. More and more residents were moved to a new housing estate adjoining Sheriff Street. The abandoned dwellings were boarded up and the old Sheriff Street area remained notorious as a neighbourhood that visitors entered at their peril.

Money was principally made available to the local community by the government and by Dublin Corporation. Consequently the recently-opened 'North Wall Women's Centre', which is located at the heart of the new Sheriff Street estate, received a generous donation. The 'Balcony Belles' theatre group, which is based in the women's house, is a flourishing project and has attracted the attention of Dublin's prestigious theatre world.

But there is a reverse side to this coin. The enclosure surrounding the Custom House Docks has been largely demolished apart from a section along Sheriff Street. Dublin Corporation sold the land to a private developer but the redevelopment of the Amsterdam School houses has never got off the ground. The no man's land between the new housing estate and this low-tax paradise is an area populated by drug addicts and gangs of youths. The atmosphere there is grim, and arson and street crime are the order of the day. Unmarked police vans protect the construction work and guard the building materials.

There is also a sense of tension within the Docks themselves. Despite the fact that the walls surrounding the terrain have been largely demolished, the feeling of isolation has not been diminished. The walls have made way for a high level of internal security and a constant police presence. Cars are only admitted at a single, heavily-guarded access point.

The fear of terrorist attacks seems to have increased with the breakdown of the Northern Irish peace process in 1996. The surveillance mania extends to the apartment blocks that are cut off from the outside world with electronic security fences. Even the pedestrian bridge across the Inner Dock has been declared out of bounds. Stack A is a large and elegant warehouse dating from 1819, but the plans to turn it into a cultural centre have run into difficulties. This jewel of a building is both the Authority's pride and joy and the Docks' white elephant: nobody wants to use it. 'The Balcony Belles' are currently gracing the boards of the well-known Peacock Theatre which is just down the road in the city centre. Yet the leap across the wall to Stack A is apparently too much of an undertaking.

De keuze voor een hoofdfunctie

Om de herstructurering van het gebied te realiseren, kiest men aanvankelijk voor één hoofdfunctie. De ambities van de Authority zijn hoog, maar de verwachtingen gering. Men wil buitenlandse ondernemingen aantrekken, maar beseft ook dat Ierland daar in het verleden weinig succes mee geboekt heeft.

Toch zet men door en besluit om een Internationaal Financieel Diensten Centrum in de Custom House Docks te vestigen. Door internationaal prestige wil men het stadsdeel op de noordelijke oever van de rivier, dat van oudsher als sociaal ongunstig wordt beschouwd, een nieuw, aantrekkelijk imago geven.

Om bedrijven in de financiële dienstensector te lokken, vraagt men bij de Europese Unie de status aan van belastingluwe zone, vergelijkbaar met die van Luxemburg. Tegen alle verwachtingen in, verwerft men die status en wat méér is: de internationale financiële sector hapt toe. Daarmee staat Dublin in één klap op de financiële wereldkaart. De jonge ambitieuze medewerkers uit deze sector vallen voor het vertier en de cultuur van een hoofdstad als Dublin.

Gemengde functies

In september 1988 gaat de eerste spade de grond in. Acht jaar later is zeventigduizend vierkante meter kantoorruimte in gebruik en wordt er driftig gebouwd aan nog meer. Zelfs de kantoorruimten die nog in de steigers staan, zijn al besproken door bedrijven die in geldelijke dienstverlening gespecialiseerd zijn. Men streeft naar een menging van functies: wonen en cultuur moeten de eentonigheid van de monofunctie doorbreken. Enkele woonblokken met belastingvoordeeltjes, twee levensmiddelenwinkeltjes, een hotel waarvan alle kamers 'on line' zijn - en dit alles gekruid met een aantal oudere gebouwen voor de sfeer: het parmantige gebouwtje met klokkentoren aan het verbindingskanaal, staat zijn mannetje tussen de kantoorkolossen. Ooit werkte hier de havenmeester, nu vloeien er de spiritualiën iets officiëler dan voorheen. Behalve een blikvanger is dit café-restaurant een geliefde sociale trekpleister met een breed spectrum van bezoekers. Kantoorpersoneel, bouwvakkers en bewoners komen er voor de lunch of voor een pint vóór, na of tussendoor. Tijdens de jaarwisseling van 1995-1996 komen de kersverse bewoners spontaan in de 'Havenmeester' samen en richten er een belangengroep op. Binnen het frappant kleine gebied van de Custom House Docks lijkt alles koek en ei. In de hoge bebouwingsdichtheid zijn de bassins en de inrichting eromheen eilanden van ruimte, waarin de 'Havenmeester' en de twee winkeltjes als markante focuspunten fungeren. Er werken drieduizend mensen en er wonen er zevenhonderd.

De keerzijde van de medaille

Maar hoe vergaat het de directe omgeving? Aan de noordkant leunt de vervallen Sheriff Street als het ware tegen de muur aan. Dit wijkje, in de stijl van de Amsterdamse School, is gebouwd in de jaren veertig en vijftig van deze eeuw. Door slecht onderhoud zijn de woningen in de jaren zeventig in verval geraakt. Steeds meer bewoners worden gehuisvest in een aan Sheriff Street grenzende nieuwbouwwijk. De verlaten woningen worden dichtgetimmerd, maar de oude Sheriff Street wijk blijft een notoire buurt waar een bezoeker zijn leven niet veilig is.

Met name de centrale overheid en de gemeente Dublin stellen fondsen ter beschikking ten nutte van de lokale gemeenschap. Zo gaat er een royale schenking naar het nieuwe 'Vrouwenhuis van de Noordelijke Muur', dat in het hart van de nieuwe woonwijk van de Sheriff Street buurt ligt. De theatergroep 'The Balcony Belles' die haar thuisbasis in dit vrouwenhuis heeft, bloeit op en weet de aandacht te trekken van de toonaangevende Dublinse toneelwereld.

Maar de medaille van het succes heeft ook zijn keerzijde. De omheining rond the Custom House Docks is grotendeels afgebroken, behalve bij Sheriff Street. De gemeente heeft deze grond verkocht aan een private ontwikkelaar, maar de herontwikkeling van de Amsterdamse School woningen wil niet vlotten. Het niemandsland tussen de nieuwbouwwijk en het belastingluwe paradijs is het terrein van verslaafden en jeugdbenden. De sfeer is er grimmig en brandjes en straatterreur zijn aan de orde van de dag. Ongemarkeerde politiebusjes beschermen de bouwbedrijvigheid en waken over het bouwmateriaal.

Ook in de Custom House Docks voelt men spanningen. Al zijn de muren om het terrein grotendeels geslecht, de isolatie is er niet minder door. De muren hebben plaats gemaakt voor zware interne beveiliging en constante politieaanwezigheid. Slechts op één enkel, zwaar bewaakt toegangspunt worden auto's toegelaten. Als het vredesproces in Noord-Ierland in 1996 wederom stukloopt, neemt de angst voor terroristische aanslagen toe. De controlemanie strekt zich ook uit naar de woonblokken die hermetisch van de buitenwereld zijn afgesloten door elektronisch beveiligde hekken. Zelfs het voetgangersbruggetje over het Inner Dock is verboden terrein.

Met de geplande culturele bestemming van Stack A, een grote, elegante loods uit 1819, heeft men het moeilijk. Het juweeltje is de lieveling van de Authority, maar wordt tenslotte het stiefkind van de Custom House Docks: men kan er geen gebruikers voor vinden. 'The Balcony Belles' verschijnen op de planken van het gerenommeerde Peacock Theatre, dat een eindje verderop in het stadscentrum ligt, maar de stap over de muur naar Stack A is blijkbaar te groot.

Extending the authority's mandate

The positive effects of the International Financial Services Centre have been obvious both in terms of the country and the city. For that reason, the authority's mandate has been further extended. It has become a part of the newly-established Dublin Docklands Area Task Force.

Apart from the area mentioned previously, the section that will now undergo development includes a second part of the harbour on the north side of the Liffey and a large part of the southern bank. 'Enterprise Areas' are planned here which are also intended to regenerate the old dockers' neighbourhoods.

The Task Force is answerable to the Ministry of the Environment and the Authority has been entrusted with the job of drawing up a master-plan which involves the entire district. This is no mean feat.

What's more, there is no guarantee that the formula that works for small docks can also be applied to a location that includes various harbour areas and even entire neighbourhoods. In any case, the development of the Custom House Docks has proved that employment opportunities are not being created for the immediate environment because the new businesses bring in their own people. Whether things will turn out differently with these new Enterprise Areas remains an open question. Maybe this step into the unknown will turn out successfully because of, as the old saying goes, 'the luck of the Irish'.

right:
Inside Stack A, the early nineteenth century shed (1819). Lengthwise this shed consists of four cast-iron gabled roofs. The Customs House Docks Development Authority would like to transform Stack A into a museum with shops, cafés and restaurants.

rechts:
Het interieur van de vroeg 19de eeuwse loods, Stack A (1819). De loods heeft in de lengte vier puntdakoverspanningen van gietijzer. De Custom House Docks Development Authority wil er graag een museum in vestigen, in combinatie met winkels en horeca.

Uitbreiding van het mandaat van de Authority

De positieve uitstraling van het Internationale Financiële Diensten Centrum voor het land en de stad is evident. Het mandaat van de Authority is daarom verder uitgebreid. Zij wordt deel van de nieuw opgerichte Dublin Docklands Area Task Force.

Het te ontwikkelen gebied beslaat nu naast het al eerder aangewezen gebied, een tweede deel van de haven aan de noordkant van de Liffey en een groot deel op de zuidelijke oever. Hier moeten nieuwe bedrijfsgebieden komen die oude dokwerkersbuurten regeneren.

De Task Force staat onder leiding van het ministerie van Ruimtelijke Ordening en de Authority staat voor de taak om een 'masterplan' voor het hele gebied op te stellen. Dat is geen minne taak. Bovendien is het onzeker of de formule die voor een klein dok werkt, ook toepasbaar is op een locatie die verschillende havengebieden en zelfs buurten omvat. In ieder geval heeft de ontwikkeling van de Custom House Docks bewezen dat het voor de directe omgeving geen werkgelegenheid oplevert. De nieuwe vestigingen brengen hun eigen mensen mee. Of het anders zal uitpakken met de nieuw te ontwikkelen bedrijfsterreinen blijft vooralsnog een open vraag. Misschien wordt deze nieuwe duik in het onbekende weer een succes. Men zegt niet voor niets: 'Het geluk is met de Ieren.'

3. Bristol

Bristol lies nestled in the hills of south-west England. The city is linked to the sea by the River Avon, a tidal river that enters the sea some 12 kilometres away. The river has been made navigable and a harbour was dug so that ships could enter the city. The water was kept at a constant level by means of locks. This harbour is small and compact, and extends deep into the city centre. In fact, it forms an integral part of the centre and in this aspect differs from the other harbours described in this chapter.

BRISTOL AND THE SURROUNDING AREA / BRISTOL EN OMGEVING

1. Bristol
2. The River Avon / De rivier de Avon
3. The Severn / De Severn
4. M4
5. M5
6. Wales

Bristol Harbour is an inland harbour. The charm of Bristol's Floating Harbour is that its buildings are located in the water. Goods and raw materials used to be transferred directly from the ships and into the warehouses by means of pulleys which were fitted into specially protruding windows.

De haven van Bristol is een binnenhaven. De charme van de Floating Harbour van Bristol is de directe overgang tussen bebouwing en water. Goederen en grondstoffen werden direct van de schepen in de pakhuizen geladen via de katrollen die in 'erkers' verstopt waren.

A change of course

Towards the end of the 1960s, Bristol City Council's planning department had decided that the harbour should become a mixed area of shops, accommodation, offices and recreational facilities. But these plans never got off the ground. The tide turned in 1970 when the S.S. Great Britain was brought back to Bristol from the Falkland Islands where it had been rotting on a beach. It was built in 1843 in Bristol and was the first vessel to incorporate all the elements of a 'modern' ship such as an iron hull and screw propulsion. Ironically enough, this ship also brought an end to Bristol's position as a port of global importance because these new techniques resulted in ships that were too big for its harbour.

The return of the S.S. Great Britain drew attention to Bristol's great maritime past. The public was once again made aware of the harbour's historic importance and a regeneration program was adopted which aimed at preservation rather than demolition and new buildings.

There are at least 260 buildings listed for preservation because of their historical or architectural merit. At present there are roughly 30 vacant premises. Although Bristol City Council has no coherent development plans, it is still quite clear about its intentions.

3. Bristol

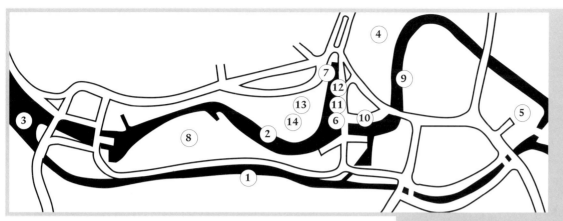

Bristol ligt verborgen in de heuvels van Zuidwest-Engeland. De stad is verbonden met de zee door de rivier de Avon, een getijrivier, die twaalf kilometer verderop in zee stroomt. Om zeeschepen tot in de stad te laten komen, wordt de rivier bevaarbaar gemaakt en wordt een haven gegraven. Het water wordt op peil gehouden door middel van sluizen. De haven is klein en compact en dringt diep het centrum van de stad binnen. Deze havenlocatie vormt een integraal geheel met het stadscentrum, en verschilt daarin van de andere havens die in dit hoofdstuk de revue passeren.

Een koersverandering

Tegen het einde van de jaren zestig is de afdeling ruimtelijke ordening van de gemeente Bristol al van mening dat het havengebied een gemengde bestemming moet krijgen van winkels, woningen, kantoren en recreatiefaciliteiten. Maar de plannen komen niet van de grond.

De ommekeer komt in 1970, wanneer het schip de S.S. Great Britain vanuit de Falkland eilanden, waar het op een strand ligt te rotten, wordt teruggebracht naar zijn geboorteplek. Het was in 1843 in Bristol gebouwd als het eerste schip dat alle elementen van een 'modern' vaartuig incorporeert: een ijzeren romp en schroef. Het is ook het schip dat, ironisch genoeg, destijds het einde inluidde van Bristols roem als wereldhaven. Immers door de toepassing van deze nieuwe technieken werden de schepen te groot voor de haven.

Door de terugkeer van de S.S. Great Britain wordt de aandacht weer op dat roemvolle verleden gevestigd. Men wordt zich opnieuw bewust van het historisch belang van de haven en zet een regeneratie in gang die gericht is op behoud en niet op sloop en nieuwbouw.

In de haven van Bristol staan tweehonderdenzestig gebouwen die voor behoud in aanmerking komen, omdat ze hetzij een historische, hetzij een architectonische waarde hebben. Op dit moment staan er nog ongeveer dertig havenpanden leeg. De gemeente Bristol stelt geen coherent stedenbouwkundig plan op voor de ontwikkeling, maar weet toch precies wat ze wil. Men besluit om de haven op 'organische' wijze te gaan ontwikkelen: het moet een lappendeken worden met oud- en nieuwbouw en gemengde functies. Door elke aanvraag voor ontwikkeling afzonderlijk te bekijken en te beoordelen, oefent ze controle uit over de bestemmingen in het gebied. Een gevolg hiervan is dat sommige ontwikkelingen, zoals cultuur, gestimuleerd worden en andere, zoals de traditionele scheepsbouw, ontmoedigd. Maar de aan scheepvaart gebonden bedrijvigheid krijgt wel een plaats in de bestemming, omdat men de haven vanuit zee bereikbaar wil houden. Men denkt hierbij vooral aan de cruiseschepen en de pleziervaart.

Het aantrekkelijke aan de haven van Bristol is het fysieke verschil tussen de openheid aan het begin van de haven, geaccentueerd door de laagbouw van loodsen en dokwerkerswoningen, en de compactheid van het centrale deel, dieper de stad in, waar smalle, hoge pakhuizen tegen elkaar aanleunen. Bovendien staan ze pal aan het water, met slechts een nauw looppad of een smalle galerij aan de waterzijde.

De gemeente en het Engelse Erfgoed slaan de handen ineen om het oorspronkelijke karakter van het stadscentrum en daarmee ook het Waterfront te conserveren. In 1979 gaan de havenkaden, die tot die tijd afgesloten waren, officieel open voor het publiek. De oude pakhuizen gaan bij deze ontwikkelingen een bijzondere plaats innemen.

The harbour will be developed in an 'organic' way so that it becomes a patchwork of old and new buildings with mixed functions. By considering each planning application individually, the council maintains control over the area's use. The result of this is that some developments, such as cultural facilities, are stimulated while others, such as traditional ship-building, are discouraged. But the shipping industry will be included in some form because it has been decided that the harbour must be accessible from the sea. This will primarily involve cruise ships and pleasure boats.

Bristol Harbour is full of attractive contrasts. For instance, its open entrance is accentuated by low warehouses and dockers' dwellings while towards the city centre the compact central section contains narrow but high warehouses which are jammed up against each other. What's more they are standing right on the water's edge with access provided by a narrow walkway or gallery. The City Council is collaborating with English Heritage on conserving the original character of both the city centre and the waterfront. In 1979, the quays were officially opened to the public and the old warehouses were to play an important part in these developments.

Art institutions and local initiatives

Many of the harbour's warehouses and sheds have been converted into spaces for the arts: exhibition spaces, work-spaces with facilities and galleries.

This trend began in 1975 with the well-known Arnolfini gallery. Its four founders included the wealthy artist Peter Barker Mill and it was decided to buy an empty warehouse in the heart of the harbour district. They converted it into a cultural centre and installed an office beneath the roof. Apart from the gallery, this centre is also home to a cinema, a café and restaurant and a book shop.

Following this private initiative, the City Council then successfully developed Narrow Quay where The Arnolfini is located. The premises along the quay were subsequently renovated so that an old sailmaker's business became an architectural centre and the adjoining warehouse was transformed into a youth hostel. On the other side of the water is The Watershed. This multi-media centre is managed by The Watershed Arts Trust. The complex consists of two converted sheds with a clock tower. Ornamental wrought-iron fences separate these buildings from the street. The centre, which opened its doors in 1982, consists of cinemas, galleries, darkrooms, video production facilities and conference halls. Various media courses are also provided. Cafés and shops are located on the ground floor. The Watershed has been backed by a combination of Council subsidies and contributions from private sponsors. Not far from The Arnolfini on The Floating Harbour is a free-standing building: The Mud Dock Café. It houses a trendy bicycle shop and workshop on the ground floor with a café and a restaurant on the first floor which can entered via the shop. This is the brainchild of a young couple who were looking for a suitable place to start a bicycle business. Their dream has been realized in a simple way, and thirteen young people now work in this building. In addition, the harbour is home to various museums about the water and ship-building and they include the S.S. Great Britain.

A collaboration between the public and private sectors: Bristol Harbourside

The Bristol 2000 development company is an example of the collaboration of the public and private sectors. Its task is to develop Canons March which is located behind The Watershed. The plan is to create accommodation and a cluster of cultural facilities . It was inspired by Lloyds Bank; since 1990 the bank has had a building that looks out onto this neglected stretch of waste land which it has always regarded as something of an eyesore. The plans are extremely ambitious. A Science Centre will be housed in what used to be the Royal Mail complex which is currently much in demand as a covered car park. A virtual zoo is planned for The Old Leadworks, a 19th century lead factory, with a Theatre for the Performing Arts to be located right next to the water's edge. Bristol 2000 is guaranteed to please to the establishment which is in itself something of an English cultural monument. The development company is also expecting generous financial backing from the government. The Millennium Commission has made a considerable sum available for the development of properties for the recreational and cultural sectors.

right:
The shed that houses the Watershed is located next to the city centre.

rechts:
De loods waarin de Watershed is gevestigd, grenst aan het centrum van de stad.

Kunstinstellingen en initiatieven uit de bevolking

Veel pakhuizen en loodsen in de haven worden omgebouwd tot ruimten voor de kunsten: tentoonstellingsruimten, werkruimten met allerlei faciliteiten en galeries.

Deze trend wordt in 1975 al ingezet door de bekende galerie The Arnolfini. De vier oorspronkelijke oprichters van de galerie, onder wie de rijke kunstenaar Peter Barker Mill, kopen een leegstaand pakhuis in het hart van de haven op. Zij verbouwen het tot cultureel centrum en richten onder het dak een kantoor in. Het centrum herbergt, naast de galerie, een bioscoop, een café-restaurant en een boekwinkel.

Na dit particuliere initiatief gaat de gemeente al snel over tot een geslaagde inrichting van de openbare ruimte van de Narrow Quay, waaraan The Arnolfini ligt. Er volgen meer verbouwingen van panden aan deze kade. Een oude zeilmakerij wordt een Architectuurcentrum, met aan haar zijde een pakhuis dat tot jeugdherberg verbouwd wordt. Aan de overkant van het water strijkt The Watershed neer. Dit multi-media centrum is in eigen beheer van The Watershed Arts Trust. Het complex bestaat uit twee omgebouwde loodsen, bekroond met een klokkentoren. Ornamentele smeedijzeren hekken scheiden het geheel van de straat. Er zijn filmzalen, galeries, donkere kamers, videoproductiefaciliteiten en conferentiezalen. Ook biedt men cursussen aan in het gebruik van de diverse media. Op de begane grond bevinden zich cafés en win-

keltjes. Het centrum opent zijn deuren in 1982. De oprichting van The Watershed is mogelijk gemaakt door een combinatie van gemeentesubsidies en bijdragen van sponsors.

Aan de 'Floating Harbour', ook al niet ver van The Arnolfini staat een vrijstaand pand: The Mud Dock Café. Het herbergt een trendy fietsenwinkel annex werkplaats op de begane grond, met daarboven een, via de winkel bereikbaar, café-restaurant. Het is een initiatief van een jong echtpaar, op zoek naar een geschikte plek om een fietsenzaak op te zetten. Op sobere wijze hebben ze hun ideaal gerealiseerd. In het gebouw werken dertien jonge mensen. Verder liggen er in de haven nog verschillende aan water- en scheepsbouw gerelateerde musea, waaronder de S.S. Great Britain.

Publiek-private samenwerking: Bristol Harbourside

De ontwikkelingsmaatschappij Bristol 2000 is een voorbeeld van publiek-private samenwerking. Zij stelt zich tot taak 'Canons Marsh', het deel van de haven dat achter de Watershed ligt, te ontwikkelen. Hierbij denkt men aan woningen en een cultuurcluster in de recreatieve sfeer. Het plan is ingegeven door de Lloyds Bank; deze is het vervallen en braakliggende terrein waarop ze sedert 1990 uitkijkt al lang een doorn in het oog.

Men wil het zeer groots aanpakken. Zo komt er een science centrum in het voormalige complex van de Royal Mail dat nu zeer in trek is als overdekte parkeerplaats. In een 19de eeuwse loodfabriek, The Old Leadworks, is een virtuele dierentuin gepland en direct aan het water een Theatre for the Performing Arts. De gevestigde orde, die zelf een cultureel monument is in Engeland, zal zich aan Bristol 2000 geen buil stoten. De ontwikkelingsmaatschappij verwacht dan ook veel geld van de regering. 'Het Millennium Committee' stelt veel fondsen beschikbaar voor de ontwikkeling van onroerendgoed in de recreatieve cultuursector.

Culture as the driving force behind regeneration

It is no wonder that culture plays such an important role in Bristol. All the cultural developments in the harbour are the result of private initiatives. The City Council was only needed to provide the necessary structure.

In a partnership which includes the Chamber of Commerce, the current aim is to contain this cultural explosion within the Council's regeneration process. Here, the actors are the 'left-wing' Council and the 'right-wing' investors. Against all expectations, this collaboration has been a great success: culture has become the ideological glue that binds these two partners together despite their diametrically opposed political opinions. However, there is no overt strategy behind the way in which they are introducing culture into the regeneration process: the image that Bristol wishes to project of itself as a cultural city, remains unclear.

Nonetheless the intention is to use the city's culture to help integrate its various communities so as to repair the damage caused by increased marginalization and poverty.

The question is, of course, whether cultural projects can really bring these communities together. Yet culture certainly has been a driving force behind Bristol's regeneration. These initiatives have not been artificially imposed, rather they have occurred spontaneously and have been taken up by the City Council. However, this largely concerns the consumption of culture. Recent artists' initiatives also include the production of culture within this whole process (see Chapter Four). The artists believe that ultimately the City Council and the business world are recognizing the important role that art and culture play in society. Bristol contrasts sharply with the other cities of north-west Europe because of the extraordinary role that private initiative has played in developing Bristol Harbour and the way in which this has been taken up by the City Council.

Bristol's Narrow Quay. The buildings in this photo house cultural organizations in the private sector. The Arnolfini is in the foreground on the right-hand side. Behind it is the Architecture Museum and the Youth Hostel. The shed that houses the Watershed is on the other side of the water.

Narrow Quay in Bristol. In alle gebouwen die te zien zijn op deze foto zijn particuliere initiatieven in de culturele sector gevestigd. Op de voorgrond rechts de Arnolfini, met daarachter het Architectuurmuseum en de Jeugdherberg. Aan de overzijde van het water ligt de loods waarin de Watershed zijn onderkomen heeft.

Cultuur als motor voor regeneratie

Het is niet verwonderlijk dat cultuur in Bristol een belangrijke plaats inneemt. Alle culturele ontwikkelingen in de haven zijn ontstaan uit particuliere initiatieven. De gemeente hoeft hier slechts structuur aan te geven.

In een partnership met de Kamer van Koophandel, probeert men deze cultuurexplosie in te passen in het gemeentelijk regeneratieproces. De actoren zijn de 'linkse' gemeente en de 'rechtse' investeerders. De samenwerking verloopt boven verwachting goed: cultuur blijkt een ideologisch bindmiddel voor de beide partners die in de politieke arena lijnrecht tegenover elkaar staan.

Er zit echter geen lijn in de manier waarop zij cultuur in de regeneratie introduceren: het inhoudelijke beeld dat Bristol als culturele stad naar buiten wil projecteren, blijft onduidelijk.

Wel wil men de opleving van deze stadse cultuur gebruiken voor de integratie van verschillende bevolkingsgroepen. Daarmee zou de schade gerepareerd kunnen worden die door groeiende marginalisatie en armoede veroorzaakt is.

Of culturele projecten daadwerkelijk de verschillende bevolkingsgroepen dichter tot elkaar kunnen brengen, is nog maar de vraag. Toch wérkt cultuur als motor voor regeneratie in Bristol. De initiatieven zijn niet opgelegd, maar spontaan ontstaan en de gemeente heeft ze opgepakt. Het gaat hierbij echter grotendeels om de consumptieve, culturele beleving.

Recente initiatieven van de kunstenaars zelf, geven ook de productie van cultuur een plaats in het geheel (zie hoofdstuk 4). De kunstenaars hebben het idee dat zowel de gemeente als het bedrijfsleven eindelijk de belangrijke rol van kunst en cultuur in het maatschappelijke leven erkennen. Door het bijzondere particuliere initiatief in de haven en de manier waarop de gemeente daarop inspringt, onderscheidt Bristol zich van andere steden in Noordwest-Europa.

4. Amsterdam: the KNSM Island

In 1896, Amsterdam City Council decided to build a new quay in the middle of the waters of the IJ. This deep-sea quay was needed because the level of industry on the banks of the IJ was constantly increasing. This quay was constructed as a long and narrow island: the IJ Island.

It was linked by a causeway to the rest of the district which is known as the 'Oostelijke Havengebied', the Eastern Docklands. The Royal Dutch Steamboat Company (KNSM) began to use the eastern part of the island in 1903. This was partly because the KNSM expected to be able to prevent theft and vandalism more effectively here than along the IJ Harbour. The KNSM's area also included the Levantkade and the Surinamekade. Sheds, offices, homes and auction-rooms were built along with a modern, raised canteen that was constructed in 1961. This canteen was big enough for 3000 employees to be able to drink coffee at the same time.

In the period between the two World Wars, more and more ships had permanent berths on the KNSM Island. Ocean liners enticed their first-class passengers with swimming pools, ballrooms and luxury accommodation. But everything changed after the last war. Firstly an internment camp for collaborators was set up on the Levantkade. Then emigrants replaced the old first-class passengers who by now had discovered the advantages of air travel. Several modern statues were erected in the area but an era had ended. In 1978 the KNSM (which was now a part of the Rotterdam-based Nedlloyd group) handed over its buildings to Amsterdam City Council who in turn passed them on to the council-run Harbour Company. In the same year, the City Council decided to re-develop the Eastern Docklands. It was to become a new residential area.

The beginning of the Levantkade on the KNSM Island where it all began in September 1980.

Begin van de Levantkade op het KNSM-eiland, waar het in september 1980 allemaal begon.

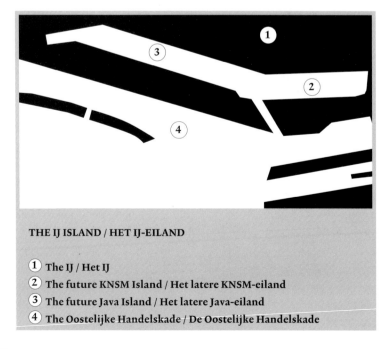

THE IJ ISLAND / HET IJ-EILAND

1. The IJ / Het IJ
2. The future KNSM Island / Het latere KNSM-eiland
3. The future Java Island / Het latere Java-eiland
4. The Oostelijke Handelskade / De Oostelijke Handelskade

4. Amsterdam: het KNSM-eiland

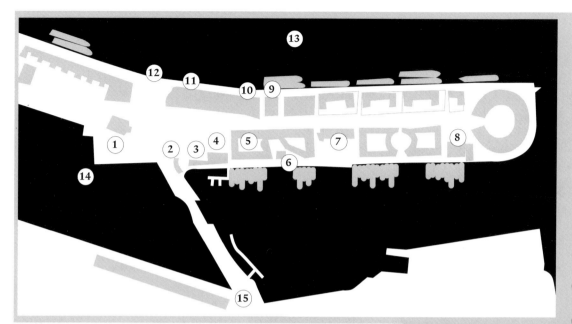

In 1896 besloten B&W van Amsterdam om midden in het IJ een nieuwe kade aan te leggen. Deze diepzeekade was nodig omdat de bedrijvigheid aan de IJ-oever toenam. Met de aanleg van die kade ontstond een langgerekt eiland, het IJ-eiland. Het werd door een dam verbonden met de rest van het Oostelijk Havengebied. In 1903 nam de Koninklijke Nederlandsche Stoomboot Maatschappij (KNSM), het oostelijk deel van het eiland in gebruik. Zij deed dit onder meer omdat ze verwachtte hier beter dan in de IJ-haven de stroperij en het vandalisme te kunnen beheersen. Het gebied van de KNSM besloeg de Levantkade en de Surinamekade. Er werden loodsen, kantoren, woningen en een veilinglokaal gebouwd en tenslotte, in 1961, een moderne kantine op palen, waarin drieduizend werknemers tegelijk een kopje koffie konden drinken.

In de periode tussen de beide wereldoorlogen kregen steeds meer lijndiensten hun plaats op het IJ-eiland. Oceaanreuzen boden de eersteklas passagiers zwembaden, ballrooms en luxe accommodaties. Na de oorlog veranderde alles. Eerst kwam er een interneringskamp voor collaborateurs op de Levantkade. Daarna namen emigranten de plaats in van de eersteklas passagiers die inmiddels het vliegtuig ontdekt hadden. In het gebied werden nog enkele moderne beelden neergezet, maar de smaak was eraf. In 1978 droeg de KNSM, inmiddels deel van Nedlloyd in Rotterdam, haar gebouwen over aan de gemeente Amsterdam die ze op haar beurt overdroeg aan het gemeentelijk Havenbedrijf. In dat zelfde jaar besloot de gemeenteraad om het Oostelijk Havengebied te gaan herbestemmen. Het moest een nieuwe woonwijk worden.

Stadsuitbreiding

In september 1980 steekt Alice Roegholt, de initiatiefnemer van het Open Haven Museum, met een aantal andere krakers uit de Oosterparkbuurt de Verbindingsdam naar het IJ-eiland over. Direct rechts van de Verbindingsdam staat een rij huizen. Daarachter markeren uitgegroeide wilgen de grens van het vroegere KNSM-terrein. Verderop liggen verroeste spoorrails en verlaten loodsen. Links rijzen bergen grijze stenen op in de zomerlucht en staan wagons geduldig te wachten op de locomotief die nooit meer zal komen. Aan de noordwest kant van het eiland ligt een vrachtschip, het dek hoog opgestapeld met gevelde tropische woudreuzen. Onbemande kranen piepen in de wind. Het grijze water klokt lui tegen de kade.

(vervolg op pagina 77)

Urban expansion

In September 1980, Alice Roegholt, the founder of the Open Harbour Museum, and a number of other squatters from the Oosterpark neighbourhood crossed the causeway that connects the Eastern Docklands to the IJ Island. Directly to the right of the causeway was a row of houses. Behind them, a group of overgrown willow trees marked the border with what was once the KNSM terrain. Beyond that were rusted rails and abandoned warehouses. To the left, mountains of grey stones rose up into the summer skies and carriages were waiting for an engine that would never arrive. A freighter was moored to the north-west side of the island, its decks piled high with the felled giants of tropical forests. Deserted cranes creaked in the wind and the grey waters lapped lazily against the quay.

This was all very different to the district of narrow streets where these explorers had set out from. There the lofty houses seemed to be doing their best to shut out the elements and seasons; but here it was the vast areas of sky, water and clouds that clearly had the upper hand. The sheer scale of the harbour signalled not only a literal broadening of horizons but also challenged the mind to 'think big!'

The first group moved into what used to be the doctor's house on the Levantkade. Two neighbouring houses (number ten and number eight) were also quickly occupied so that there were now one hundred squatters living on the island. A new district had been born, albeit one with an extremely alternative nature.

At that time the harbour had none of the usual facilities; there was no street lighting or refuse collection. Because the terrain belonged to the Harbour Company, it did not qualify for all the normal Council services.

The Harbour Company also owned all the buildings and it was not at all pleased with its new residents. To prevent further squatting, the top floor of one of the sheds, 'Loods 6' was let to artists following the mediation of the City Council's arts department.

Through living in this extraordinary location, the squatters began to create their own vision of urban planning in general and the development of the island in particular. Therefore they demanded the right to participate in this process.

However, the City Council had its own plans for the Eastern Docklands and fully intended to deny the squatters their rights. It argued that this was a matter of urban expansion rather than urban renewal. The squatters used Radio Stad, a local radio station, to try to involve other Amsterdammers in the island's cause. The KNSM canteen was taken over by the Edelweiss Foundation (see Chapter Four). All kinds of small boats descended on the area and were moored along the Levantkade. The Greenpeace ship and 'Azart', the ship of fools, both found berths on the Sumatrakade. 'City nomads', people who live in buses, caravans and tents, were also immediately attracted to this freebooters' area.

Initiative and adaptation

In 1984, a canteen was squatted which was situated in the middle of the Sumatrakade near the terminus of the number 28 bus. Because of its location, it was called 'Het Einde Van De Wereld', World's End. So as to make this building a part of the inhabited world, the initiators turned it into a restaurant. It was a meeting-place for the people who were developing the IJ Island and it became home to the newly-founded Eastern Docklands Residents' Group.

There were also many people who wanted to be involved in the island's urban development but who wished to limit their participation to the local level. It was a beautiful location and they simply wanted to live there. Sometimes there were as many as 150 people eating their meals at the long tables of World's End. The Dutch government gave the Eastern Docklands Residents' Group a subsidy so that the group could develop their ideas concerning both the island and the water. This was partly because the group's views coincided with government policy. This policy aimed at designing a combined living and social environment. For two years, residents, town planners, architects and a Council community worker collaborated on drawing up a plan. It included the canon of squatters' beliefs: self-management, voluntary and spontaneous work programs and a combination of accommodation and work spaces. This meant a mixture of functions. At the same time, all kinds of activities were initiated in order to bring the KNSM Island to the attention of politicians, the city officials and the local populace. The aim was to demonstrate that a 'city' can be built from the bottom up through the self-activation of voluntary work programs.

The Open Harbour Museum

A request was made to the Council-run Harbour Company to rent the former KNSM departures hall for the plan's presentation. This was turned down because the plan did not qualify as a 'harbour priority'. Consequently, the departures hall was squatted and there were immediate plans to give it a permanent function as the 'Open Harbour Museum'. Contact had already been made with former KNSM employees who just could not keep away from their old place of work. They were asked to help to set up the museum. Although these 'sea dogs' were at first horrified at this suggestion (they regarded squatting as 'quayside piracy'), they eventually agreed to co-operate. And it worked: the Open Harbour Museum has become a respectable, official museum, and the sea dogs are members of its board of management.

The northern side of the KNSM Island.
Shed 6 is in the foreground on the right-
hand side. The crane is a part of the collection of the Open Harbour Museum
which is located next to it.

Noordkant van het KNSM-eiland. Op
de voorgrond rechts Loods 6. De kraan
behoort tot de collectie van het Open
Haven Museum dat op diezelfde
hoogte ligt.

The development of the KNSM Island

The group presented their plan in 1986. The City Council eventually rejected the plan's urban development proposals, but did adopt many of its other ideas. Hence, the Council also demonstrated its preference for a mixture of functions, for the preservation of some of the old buildings and for stimulating the working function of both quayside and water.

However, in terms of urban development, the City Council opted for a plan drawn up by an architect called Jo Coenen. His version consisted of a central axis surrounded by apartment blocks; it was based on the KNSM Island's original design.

Discussions continued until 1989 between the squatters and the Council-run project group that was preparing the development plan. At this point, these negotiations were concluded with a compromise concerning the Edelweiss building (see Chapter Four). Although none of the existing buildings had been listed as a monument, the Council was convinced that they would provide the new area with a special social value. That consideration tipped the scales in favour of preservation.

However, this decision threw a spanner in the works of the collaboration between the public and private sectors. As a result a major Pension Fund (ABP) withdrew its support. The Council marked time; it was unaccustomed to dealing with private partners. There was no real confidence that this sector would be able to build a neighbourhood and yet collaboration was vital to the whole process. But fortunately two new partners were found just in the nick of time.

Finally all the various parties were satisfied with the result apart from one of the Island's residents. She had spent years drawing up an inventory of the IJ Island's unique flora which grew between the rails and amongst the stones. Many of these plants had been transported to the island many years ago by ships from distant lands. While she was giving a series of slide lectures about her inventory in 1993, the Council coincidentally decided to clean up the quays and make them 'weed-free'. And that was the end of a unique world.

The development of the KNSM Island had been virtually completed by 1996. It features a wide variety of architecture and provides housing for different social classes ranging from soccer stars to people on social security. Low-rent housing has been built on prime locations. The fact that there is no graffiti or vandalism suggests that the current residents and users are proud of the quality of their environment. This is illustrated by the following: on a recent TV dating show, a candidate was asked about what made him happy. Without hesitating he replied: 'The KNSM Island where I live.'

Enterprise

The ideal of people both living and working on the island has failed to materialize. The KNSM Island has become primarily a residential area with only a marginal level of commercial enterprise. The 'de Ode' undertaker's gallery is housed in the 'Kollhoff' building which has been named after its Austrian architect. It is frequented by people who want that ultimate farewell to be expressed in a unique and highly personal way. The owners feel perfectly at home between the heavens and the deep blue sea. A skipper on the quay has also provided an excellent opportunity for collaboration by allowing his boat to be used for funeral transportation.

The quay along the Levantkade on the southern side of the island has been set aside for the skippers. One of the original warehouses is now used as a work-place for small boats. There is much activity in the summer but as soon as the leaves start falling, you become all too aware that this is an island located in an harbour in north-west Europe.

With the development of the KNSM Island, the locals have proved that a 'city' can be built through personal initiative, and the self-motivation of voluntary work programs. In turn, Amsterdam City Council has shown that a piece of outside and unsolicited advice from an undesirable quarter was worthy of being taken up and used by administrators and officials.

(see page 80)

(vervolg van pagina 73)

Dit is een heel ander gebied dan de stadswijk met de nauwe straten waar dit groepje verkenners vandaan komt. Daar lijken de hoge huizen hun best te doen het weer en de seizoenen buiten te sluiten, hier overheersen de grote lucht-, water- en wolkenpartijen en de frisse wind. Het weidse havengebied verandert niet alleen de reikwijdte van het beeld, maar ook de visie van deze nieuwkomers en gaat gepaard met een schaalvergroting in het denken.

De eerste groep neemt haar intrek in het voormalige Doktershuis aan de Levantkade. Al snel daarna worden ook Levantkade nummers acht en tien betrokken, waarmee het aantal krakers op het eiland is uitgegroeid tot honderd. Er is een nieuwe stadswijk geboren, zij het van zeer alternatieve aard.

In die dagen is in de haven niets geregeld; er is geen straatverlichting en er wordt geen vuil opgehaald. Omdat het terrein van het Havenbedrijf is, valt het buiten de gemeentelijke voorzieningen. Het Havenbedrijf, de eigenaar van de opstallen, is helemaal niet blij met de nieuwe bewoners. Om verder kraken te voorkomen wordt, na bemiddeling van de afdeling kunstzaken van de gemeente, de bovenverdieping van een van de loodsen, Loods 6, verhuurd aan kunstenaars.

Door de bijzondere locatie ontwikkelen de krakers een eigen visie op stedenbouw in het algemeen en op de inrichting van het eiland in het bijzonder. Zij eisen daarom recht op inspraak.

De Gemeente heeft echter haar plannen met het Oostelijk Havengebied en wil de krakers dit recht onthouden. Het gaat hier immers, volgens de gemeente, niet om stadsvernieuwing, maar om stadsuitbreiding. Via het Amsterdamse radiostation Radio Stad, proberen de krakers de Amsterdammers te betrekken bij de gebeurtenissen op het eiland.

De KNSM-kantine is in gebruik genomen door stichting Edelweiss (zie hoofdstuk 4). Allerlei kleine boten komen naar het gebied en meren af aan de Levantkade. Het schip van Greenpeace en Azart, het narrenschip, vinden een ligplaats aan de Sumatrakade. Ook de zogenaamde 'stadsnomaden', die hun onderkomen hebben in bussen, caravans en tenten, voelen zich sterk aangetrokken tot dit vrijbuitersgebied.

left:
Levantplein. This shows how the KNSM Island has become primarily a residential area.

links:
Levantplein. Het is duidelijk te zien dat het KNSM-eiland voornamelijk een woonwijk is.

Initiatief en aanpassing

In 1984 wordt een kantinegebouw op het midden van de Sumatrakade, vlakbij het eindpunt van bus 28 gekraakt. Vanwege zijn ligging krijgt het de naam 'Het Einde van de Wereld'. Om het gebouw bij de bewoonde wereld te betrekken, vestigen de initiatiefnemers er een restaurant. Het wordt een ontmoetingsplek voor mensen die zich bezighouden met het ontwikkelen van het IJeiland: een thuis voor de inmiddels opgerichte Bewonersgroep Oostelijk Havengebied.

Er komen ook veel mensen die zich wel met de stedenbouwkundige kant van de ontwikkeling van het eiland willen bezighouden, maar niet op een stedenbouwkundig niveau. Ze vinden het een mooie plek en willen er graag komen wonen. Soms zitten er wel honderdvijftig mensen aan lange tafels in Het Einde van de Wereld te eten.

Om haar ideeën over de inrichting van het gebied en het water verder vorm te geven, krijgt de Bewonersgroep Oostelijk Havengebied van de rijksoverheid een subsidie, ook al omdat hun inzichten stroken met het overheidsbeleid. Dat beleid is erop gericht om een woon- en leefmilieu in één te ontwerpen. Gedurende twee jaar werken bewoners, stedenbouwkundigen, architecten en een opbouwwerker van de gemeente samen aan de uitwerking van het plan. Hierin geven zij gestalte aan de typische krakerscanon: zelfbeheer, zelfwerkzaamheid en de combinatie van wonen en werken. Dit houdt dus een menging van functies in. Tegelijkertijd worden er allerlei activiteiten gestart om het gebied, dat de naam KNSM-eiland krijgt, onder de aandacht van politiek, ambtenarij en bevolking te brengen. Men wil met name tonen dat van onderaf, door zelfwerkzaamheid, 'stad' gemaakt kan worden.

Open Haven Museum

Voor de presentatie van het plan, vraagt men van het gemeentelijk Havenbedrijf de vroegere KNSM-vertrekhal te huur. Dit wordt geweigerd omdat het niet om een havenprioriteit gaat. Als reactie hierop wordt de vertrekhal gekraakt en meteen zijn er plannen om het als Open Haven Museum een permanente functie te geven. Er zijn dan al contacten met oud-medewerkers van de KNSM die toch niet uit hun oude werkgebied kunnen wegblijven. Hen wordt gevraagd mee te werken aan het opzetten van het museum. Hoewel de 'zeebonken' hier eerst van schrikken - ze beschouwen kraken als 'piraterij aan de wal' - zeggen ze toch hun medewerking toe. En met succes: het Open Haven Museum wordt een respectabel en officieel museum met diezelfde oude 'zeebonken' in het bestuur.

De ontwikkeling van het KNSM-eiland

In 1986 presenteren de initiatiefnemers hun plan. De gemeente kiest uiteindelijk niet voor de stedenbouwkundige aspecten van dit plan, maar neemt er wel veel andere zaken uit over. Zo spreekt ook zij haar voorkeur uit voor menging van functies, handhaving van een deel van de oudbouw en aandacht voor de werkfunctie van kade en water.

Wat betreft het stedenbouwkundig aspect, prefereert de gemeente het plan van architect Jo Coenen. Zijn basisplan, dat bestaat uit een centrale as omgeven door woonblokken, gaat uit van de oude inrichting van het KNSM-terrein.

Het overleg tussen de krakers en de gemeentelijke projectgroep die de ontwikkeling voorbereidt, duurt tot 1989. In dat jaar worden de onderhandelingen afgesloten met een compromis over het gebouw Edelweiss (zie hoofdstuk 4). De gemeente raakt overtuigd van de maatschappelijke meerwaarde die de bestaande gebouwen, die overigens geen van allen een monumentenstatus hebben, aan de nieuwe wijk zullen geven. Die overweging geeft de doorslag tot behoud.

Deze beslissing gooit roet in het eten van de publiek-private samenwerking. Het Algemeen Burgerlijk Pensioenfonds trekt zich terug. De gemeente maakt even pas op de plaats. Zij staat nog onwennig tegenover private partners. Het vertrouwen dat de private sector een goede wijk kan realiseren is er niet echt, maar men kan ook niet zonder: er worden net op tijd twee nieuwe private partners gevonden.

Tenslotte zijn alle partijen tevreden met het resultaat, op één bewoonster na. Zij inventariseerde jarenlang de bijzondere flora die op het IJ-eiland tussen de rails en de stenen groeit. Veel van deze planten zijn in het verleden als zaden door de schepen uit verre landen meegenomen. Wanneer zij in 1993 haar inventarisatie in een serie lezingen met lichtbeelden presenteert, maakt de gemeente toevallig net de kaden schoon en 'onkruidvrij'. Dat betekent het einde van deze bijzondere groenvoorziening.

Het KNSM-eiland is in 1996 bijna voltooid. Het wordt gekenmerkt door een grote variëteit in architectuur en sociale klassen (van Ajax-voetballers tot bijstandstrekkers). De sociale woningbouw is op de goede plekken terechtgekomen. Het feit dat er geen graffiti en vandalisme voorkomen op het eiland, lijkt erop te wijzen dat de huidige bewoners en gebruikers de woonkwaliteit als goed ervaren. Ook het volgende is hier een illustratie van. Toen in een datingshow op de televisie aan een kandidaat gevraagd werd wat hem gelukkig maakte, antwoordde hij zonder aarzelen: "Het KNSM-eiland waar ik woon."

Bedrijvigheid

Het ideaal dat mensen die op het eiland wonen er ook zouden moeten kunnen werken, is bij lange na niet gehaald. Het KNSM-eiland is primair een woonwijk geworden. De bedrijvigheid is marginaal. In het markante 'Kollhoff gebouw', vernoemd naar zijn Oostenrijkse architect, is uitvaartgalerie 'de Ode' gevestigd. Mensen die een eigen vorm aan het ultieme afscheid willen geven kunnen daar terecht. De eigenaars voelen zich tussen water en hemel prima thuis. Een schipper aan de kade die met zijn boot het vervoer bij uitvaarten verzorgt, biedt een goede mogelijkheid tot samenwerking.

Op de Levantkade, die op het zuiden ligt, is de kade langs het water vrij gehouden voor de activiteiten van de schippers. Een van de vroegere loodsen is blijven staan en wordt gebruikt voor werk aan kleine boten. 's Zomers is er grote bedrijvigheid, maar als de bladeren van de bomen waaien, merkt men aan den lijve dat het eiland in een haven in Noordwest-Europa ligt.

Met de ontwikkeling van het KNSM-eiland, bewijzen stadsbewoners dat door eigen initiatief, motivatie en zelfwerkzaamheid 'stad' gemaakt kan worden. De gemeente Amsterdam bewijst vervolgens dat dit externe en ongevraagde advies uit ongewenste hoek, door bestuurders en ambtenaren opgepakt kan worden.

left:
KNSM Island. On the opposite side of the water is the 'Kollhoff' building which incorporates 8, Levantkade. The soaring 'Arets Tower' is in the background.

links:
KNSM-eiland. Aan de overzijde van het water het 'Kollhoff gebouw' waarin het behouden pand, Levantkade nummer 8, geïncorporeerd is. Daarachter rijst 'de toren van Arets' op.

5. Copenhagen: Christiania

Copenhagen is in fact just one big harbour. Its function as a port has always been important because of its 'watery' location on several of Denmark's many islands. Christiania is a part of 'Christian's Harbour' which was built in the 17th century by King Christian IV as a fortification to protect Copenhagen against attacks from the sea. Christiania is not a part of the harbour in itself, it is simply located there. Most of its buildings date from the 19th century. This military fortification was finally squatted in 1971.

The transformation of what used to be 19th century military accommodation.

Militaire onderkomens uit de 19de eeuw in hergebruik.

An appetizer

For the last 25 years, Christiania has provided the Danish government with a constant headache. Not only the local authorities but also three ministries are involved with the issue of this government property. A representative of the Ministry of Housing commented to the authors of this book that: 'Christiania is a society which is entirely unlike our own; they're not interested in outside contact and they don't even have an postal address.'
A representative of the Ministry of Defence, which owns the area, remarked: 'The Christiania district is an old military terrain which has belonged to this Ministry for centuries. We have had lengthy negotiations with the residents and in a certain sense they are legalized now but not normalized.... Christiania is actually purely a matter of politics. It was occupied 25 years ago but it was only four years ago that we reached the first 'agreement' that the residents would be legally permitted to stay there!'
The Ministry of Defence is attempting to solve these issues in cooperation with the Ministry of the Environment which has drawn up a plan for the district's future use.

Inside Christiania

Even before you enter Christiania's fenced-off terrain, you are confronted with rubbish wherever you look. It gets worse once you are inside the ramshackle wooden wall that separates the hippy city from the rest of bourgeois Copenhagen. In fact Denmark's neatness seems almost pathological by contrast. Your first impression of Christiania is of chaos and decay; it is a scene dominated by wrecked cars and wrecked people.
However, this shambles is limited to Pusher Street, where the junkies and pushers congregate, and to the area surrounding the markets and cafés. After walking for a few more minutes, you will encounter lovingly-tended flower beds and people enthusiastically applying a fresh coat of paint to the old military barracks.
The centre of Christiania is a paradise where everything is allowed that is forbidden by Danish society such as the selling of soft drugs and stolen property. This terrain belongs to the people who refuse to stick to the rules and have built their own utopia.
Beyond the centre of this 'city within a city', Christiania is an open air museum of do-it-yourself housing that is well worth visiting. These extremely diverse wood and stone structures are located on the inner and outer earthworks which are separated by a moat. These fortifications are carefully maintained and are set in well cared-for parkland with paths, steps, benches and public toilets. Here, in Christiania's suburbs, Danish neatness is once again flourishing.

5. Kopenhagen: Christiania

Kopenhagen is eigenlijk één en al haven. Door zijn 'waterige' ligging op enkele van de vele eilanden waaruit Denemarken bestaat, is de havenfunctie altijd belangrijk gebleven. Christiania is een deel van Christian's Haven dat door koning Christian IV in de 17de eeuw gebouwd werd als fortificatie die Kopenhagen tegen aanvallen vanuit zee moest beschermen. Christiania is zelf geen deel van de haven, maar ligt er wel in. De meeste gebouwen die hier staan, dateren uit de 19de eeuw. Tenslotte werd deze militaire vesting in 1971 gekraakt.

Een voorafje

De Deense overheid zit al vijfentwintig jaar met Christiania in haar maag. Naast de lokale overheid zijn er maar liefst drie ministeries bij dit rijksdomein betrokken. Een medewerker op het ministerie van Huisvesting zegt: "Christiania is een maatschappij die totaal anders is dan de onze; zij willen ook geen contacten en hebben geen postadres."
Een medewerker op het ministerie van Defensie, de eigenaar van het terrein, zegt: "Het gebied van Christiania is een oud militair terrein dat al eeuwenlang in het bezit is van dit ministerie. Wij hebben langdurige onderhandelingen gevoerd met de inwoners. In zekere zin zijn ze nu gelegaliseerd, maar niet genormaliseerd... Christiania is eigenlijk pure politiek. Het gebied is vijfentwintig jaar geleden bezet en pas vier jaar geleden hebben we de eerste 'overeenkomst' afgesloten, waardoor de bezetters er legaal mogen verblijven!"
Het ministerie van Defensie probeert de problemen op te lossen in samenwerking met het ministerie van Milieu dat een plan voor de inrichting van het gebied heeft opgesteld.

Binnen de omheining van Christiania

Nog voordat men het besloten terrein van Christiania betreedt, ziet men al overal rommel. Achter de half ingestorte houten muur die de hippiestad van de keurige burgermansbuurt scheidt, wordt het alleen nog maar erger: de netheid van de rest van Denemarken steekt er bijna pathologisch bij af. De eerste indruk die men krijgt is er een van chaos en verval; autowrakken en menselijke wrakken bepalen het aanzicht.

COPENHAGEN HARBOUR / DE HAVEN VAN KOPENHAGEN

1. Christianshavn
2. Christiania
3. Inner earthworks / Binnenste wallen
4. Outer earthworks / Buitenste wallen
5. Holmen

6. The city centre / Stadscentrum
7. Harbour / Haven
8. Facing the open sea / Naar open zee
9. Frihavnen
10. Silo Warehouse B / Silo Pakhuis B
11. Dahlerup's Warehouse / Dahlerups Pakhuis

Self-management

At present Christiania has 800 residents including 150 children. Each resident pays 880 Krone a month to a central account that covers rent, gas and electricity, renovation, the theatre and the children's house. There is no central organization rather there are a number of independent groups that are elected during a general meeting. These groups draw up their own policies and are involved in general matters such as major maintenance work, managing the central account, looking after the natural environment, and running the shops and small businesses.

Along with these groups, Christiania consists of ten to twelve neighbourhoods where everything is discussed on a small scale. A general meeting will be called if matters cannot be solved on a local level. In principle, anyone can do this on the condition that it is announced at least three days in advance. Depending on the subject, these general meetings are attended by anything between five and five hundred people. The number of people present does not affect the decision-making process. A decision is taken if everybody attending the meeting agrees with it. So there is no question of a majority vote. Hence some meetings last for just half-an-hour while others continue for up to ten hours.

Enterprise

Apart from a street market and a covered market on three floors, there are eight shops which mainly specialize in food and consumer items. There are at least twelve cafés and restaurants. Regular musical performances and cultural events are held in what used to be ammunition stores. Everything from cosmetics to stoves, bicycles to books is produced in twelve work-places and small factories. And as in any city, there are services that include information, waste processing, recycling, a post office, construction work, the maintenance of open spaces and health care. There are also all kinds of communal studios, work-places and spaces for exhibitions. Recreational facilities are provided by eight clubs including a football club, a chess club and a genuine riding academy. A weekly paper is published and there is an information centre called 'Nyt Forum'. Letters are delivered here and it houses a library; meetings are also sometimes held here.

Christiania, an old fortification located in Copenhagen's harbour. The user plays a central role in Christiania's development and in the management of this 'city within a city'.

Een wijkje in Christiania, een oude vesting in de haven van Kopenhagen. De rol van de gebruiker staat centraal in de ontwikkeling en het beheer van deze 'stad in een stad'.

De rotzooi beperkt zich echter slechts tot aan Pusherstreet waar de junks en dealers zich ophouden rond de markt en cafés. Daarbuiten vallen met liefde aangelegde perkjes op. En men ziet mensen die met enthousiasme de muren van oude militaire barakken van een nieuwe laag verf voorzien.

Het centrum van Christiania is het paradijs waar veel mag dat in de Deense maatschappij verboden is, zoals de verkoop van soft drugs en het helen van goederen. Het terrein behoort toe aan mensen die zich niet aan de geldende regels willen houden en hun eigen utopia hebben gebouwd.

Buiten het centrum van deze 'stad in de stad', is Christiania een openluchtmuseum van eigengemaakte huizen en de moeite van een bezoek méér dan waard. Houten en stenen bouwsels van allerlei aard en maat staan verspreid op de binnenste en de buitenste wallen die door een singel van elkaar gescheiden zijn. Deze verdedigingswallen liggen er verzorgd bij, met goed onderhouden, parkachtige begroeiingen, paden, trappen, zitjes en openbare toiletten. Hier in de 'suburbs' van Christiania herleeft de Deense netheid.

Zelfbeheer

Christiania telt momenteel achthonderd bewoners waaronder honderdvijftig kinderen. De bewoners betalen 880 Krone per maand aan de centrale kas voor huur, gas, elektra, renovatie, theater, het kinderhuis en dergelijke. Er is géén bestuursorgaan. Wel zijn er een aantal onafhankelijke groepen die tijdens een algemene vergadering gekozen worden. Deze groepen bepalen zelf hun beleid en houden zich bezig met algemene zaken als groot onderhoud, het beheer van de centrale kas, de groenvoorziening, de neringdoenden, de bedrijfjes enzovoort.

Naast deze groepen, zijn er tien à twaalf buurten in Christiania, waarin op kleine schaal wordt gediscussieerd over de gang van zaken. Als men er lokaal niet uitkomt, kan men een algemene vergadering bijeenroepen. Dat kan in principe iedereen doen, op voorwaarde dat het drie dagen van tevoren aangekondigd wordt. Op zo'n algemene vergadering komen, afhankelijk van het onderwerp, tussen de vijf en vijfhonderd mensen. Het aantal mensen is niet van invloed op de beslissingsbevoegdheid. Men besluit pas tot iets als iedereen ter vergadering het eens is. Dus geen 'meeste stemmen gelden'. Daardoor duren sommige vergaderingen een half uur en andere tien uur of meer.

Drugs

Soft drugs are illegal in Denmark. This law also officially applies to Christiania but the residents are willing to accept their use. However, this tolerance does not extend to hard drugs which cause the residents considerable inconvenience. In fact they sometimes take action against pushers and junkies. There is also resentment against Christiania's soft drugs dealers because they often refuse to pay the 880 Krone tax.

Enterprise in Christiania is both small-scale and diverse.

Kleinschaligheid en diversiteit kenmerken de bedrijvigheid in Christiania

Meeting Thorkild

In the middle of Pusher Street is a large, yellow building built in the 'King Christian IV style' of military accommodation which can be found throughout Copenhagen's harbour area. The ground floor is occupied by shabby bars where both drinks and drugs are available. A door in the centre of the facade leads to a worn staircase. 'Nyt Forum' is housed on the first floor and it is here that Thorkild Weiss Madsen receives guests although mostly with great reluctance. Thorkild is about fifty and his bright red face is a surrounded by a mop of unruly grey hair. He was not involved with Christiania right at the very beginning but joined the community within its first year. There is much that he has seen and he has become wiser and more cynical but still refuses to compromise. Thorkild is neither cunning nor calculating, rather he has remained touchingly open and vulnerable.

His office is strewn with the memorabilia of a 25-year struggle against the establishment. Hidden amongst the posters, pamphlets and piles of papers are empty beer crates and a coffee machine. The typewriter and stencil machine have been traded in for an ancient computer. This is definitely the 'North-West Frontier' of all the many revolutionary movements of the sixties and seventies. And the struggle still continues, as is explained by Thorkild's story.

A 25-year struggle to exist

A small group first broke into the terrain in 1971. Shortly afterwards Christiania was overrun by hippies following an article in the Danish press. In the same year, Thorkild moved into a building next to one of the enclosure's entrance gates. He opened a flea market there and some of the profit went to the theatre and to street theatre, his two great passions.

For the residents, this was the beginning of a long and vehement struggle with the authorities. Christiania has a colourful history full of battlefields, victories and defeats. Many of the people who founded Christiania no longer live here or are dead but the ideal of living in freedom remains. The residents were initially politically active and Thorkild has been a councillor for many years. Yet the community's willingness to fight for its ideals seems now to be a thing of the past. Christiania celebrated its 25th anniversary on 26 September 1996 but Thorkild is pessimistic about the future. The present residents are primarily involved with their jobs, their children and their own survival; the original ideals have been diluted. 'There's not much political awareness anymore. But that's the way it is throughout the world and Christiania is no exception.'

this photo and the next three photos:
Various examples of the controversial new buildings that have been built by Christiania residents despite the authority's plans. A rural atmosphere is maintained by not allowing cars within Christiania's enclosure. This causes considerable friction with those living in the surrounding neighbourhoods.

deze foto en de drie volgende:
Verschillende voorbeelden van de fel omstreden nieuwbouw die tegen de zin van de overheid door de gebruikers in Christiania is gebouwd. Het landelijke karakter blijft hier gehandhaafd omdat auto's buiten de omheining van Christiania worden gehouden, tot grote ergernis van de bewoners in de omliggende buurten.

Bedrijvigheid

Buiten een straatmarkt en een overdekte markt van drie verdiepingen zijn er acht winkels, met name voor etenswaren en gebruiksartikelen. Er zijn maar liefst twaalf cafés en restaurants. In de voormalige kruithuizen vinden regelmatig muzikale optredens en culturele evenementen plaats. In twaalf werkplaatsen en fabriekjes wordt van alles geproduceerd, van cosmetica tot kachels, van fietsen tot boeken. En zoals in iedere stad zijn er diensten, waaronder informatie,

vuilverwerking, recycling, de posterijen, de bouw, de groenvoorziening en de gezondheidszorg. Er zijn ook allerlei gemeenschappelijke ateliers, werkplaatsen en ruimten voor exposities. De vrije tijd kan men doorbrengen in acht verschillende clubs, waaronder een voetbalclub, een schaakclub en een heuse manege. Er wordt ook een weekblad uitgegeven en er is een voorlichtingscentrum, 'Nyt Forum'. Hier komt de post binnen en is een bibliotheek gehuisvest; soms vinden er ook vergaderingen plaats.

What are the ministries up to?

The Ministry of Defence wants to get rid of its properties in the harbour. For that reason, it recently handed over to the public the Holmen marine base which is next to Christiania. Prestigious institutions such as the Ballet School, the Film Academy and the School for Architecture have moved into Holmen's newly renovated buildings.

In 1989, the Danish parliament decided that Christiania would be allowed to stay under certain conditions such as the legalization of its bars and restaurants. However, the most important point of disagreement concerns the building of new housing especially along the earthworks surrounding the moat. A department has been set up at the Ministry of Defence that was initially solely concerned with Christiania but is now responsible for other tasks as well.

In fact the Ministry of the Environment had come up with a plan for the area's development in 1991. The earthworks were to become a park and, according to the Ministry's guidelines, there would be no place for houses. The plan announced that 60 of the DIY houses were to be demolished. Hence, all these houses have been registered. When any of the occupiers move, the empty houses are immediately demolished. At present there are only thirty left. However, the Ministry of the Environment's plan has stipulated that residents would be permitted both to live and to work in Christiania's centre.

The Christiania group submitted its plan which included the maintenance of the existing houses on the earthworks. This plan was turned down in 1993.

Negotiations led to a comprise between the two plans and, in the summer of 1996, an agreement was reached about the fate of most of these houses.

This agreement was at variance with all kinds of legal stipulations and did not tally with the existing plans for the area. Exemptions needed to be requested. But these exemptions cannot be implemented before this compromise has been presented to residents from the surrounding neighbourhoods. These people object to Christiania because of problems concerning drugs and traffic. There is a constant stream of cars and taxis both to and from Christiania where cars are banned. This means that both visitors and Christiania's residents are parking their vehicles outside of the walls. At present it is unclear how the residents of these neighbourhoods will react to the compromise and to the necessary exemptions.

To conclude

It is unfortunate that Christiania is cut off from the rest of Copenhagen so that it has literally become a city within a city. In Denmark, where architecture receives so much attention and respect, it must be possible to allow a place to survive where housing, the re-use of existing buildings and the environment have been approached in an alternative fashion. Hopefully the authorities will recognize the value of Christiania before it is too late and while there are still DIY houses left standing. Sadly Thorkild will not see that day. He died in the summer of 1996 of a heart attack. Thorkild Weiss Madsen was an extraordinary man who tackled life in his own way and remained true to his ideals.

Drugs

In Denemarken zijn softdrugs illegaal. Dit wettelijk verbod is officieel ook van kracht binnen Christiania, maar de inwoners accepteren het gebruik van soft drugs. Dat geldt niet voor harddrugs waarvan de inwoners overlast ondervinden. Daarom wordt vanuit de gemeenschap zelf zo nu en dan opgetreden tegen pushers en junks. Ook tegen de dealers van softdrugs die hun vaste stek in Christiania gevonden hebben, bestaat rancune omdat ze vaak de 880 Krone 'belasting' niet willen betalen.

Ontmoeting met Thorkild

Midden in Pusherstreet staat een groot, geel gebouw in de 'koning Christiaan IV stijl' van militaire onderkomens die her en der in de Kopenhaagse havengebieden terug te vinden zijn. De benedenverdieping wordt ingenomen door louche drank- en drugslokalen. Een deur in het midden van de gevel geeft toegang tot een uitgesleten trap. Op de eerste verdieping is het 'Nyt Forum' gevestigd. Daar ontvangt Thorkild Weiss Madsen bezoekers, meestal met grote tegenzin. Thorkild is een jaar of vijftig. Zijn knalrode kop wordt omringd door boos uitwaaierend grijs haar. Hij is geen Christianiër van het eerste uur, maar wel van het eerste jaar. Hij heeft veel gezien en is wijzer en cynischer geworden, maar hij heeft niets ingeleverd. Hij is geen sluwe, oude vos integendeel, hij is aandoenlijk open en kwetsbaar.

Zijn kantoor is volgestouwd met memorabilia van vijfentwintig jaar strijd tegen de gevestigde orde. Tussen de affiches, pamfletten en stapels papier staan lege bierkratten en een koffiezetapparaat. De type- en stencilmachine zijn ingeruild voor een oude computer. Dit moet de 'North-West Frontier' zijn van alle revolutionaire bewegingen uit de jaren zestig en zeventig. En de strijd gaat nog steeds door, zoals duidelijk wordt uit Thorkilds verhaal.

Vijfentwintig jaar strijd om het bestaan

In 1971 dringt een groepje mensen het gebied binnen en, na een artikel in de pers, overspoelt een vloedgolf van hippies Christiania. In datzelfde jaar betrekt Thorkild een huisje bij één van de toegangspoorten in de omheiningsmuur. Hij opent er een rommelmarkt. De opbrengst gaat onder meer naar het (straat)theater, zijn grote passie.

Voor de bewoners begint een lange heftige strijd met de gevestigde orde. De geschiedenis van Christiania is kleurrijk, en vol veldslagen, overwinningen en nederlagen. Veel van de mensen die hier begonnen, wonen er niet meer of zijn dood, maar het ideaal om in vrijheid te wonen en te leven blijft. Vooral op politiek gebied zijn de Christianiërs aanvankelijk actief. Thorkild zelf is jarenlang gemeenteraadslid. Toch lijkt de bereidheid onder de inwoners om te vechten voor hun ideaal langzaam weg te ebben.

Op 26 september 1996 viert Christiania haar vijfentwintigjarig bestaan. Thorkild ziet de situatie somber in. De huidige bewoners zijn bezig met een baan, kinderen en overleven en de idealen zijn verwaterd. "Het politiek bewustzijn is niet groot meer. Dat is wereldwijd zo en óók in Christiania."

Wat bezielt de ministeries?

Het ministerie van Defensie wil zijn bezittingen in de haven kwijt. Zo is onlangs de naast Christiania gelegen marinebasis Holmen overgedragen aan de gemeenschap. Prestigieuze kunstinstellingen, zoals de Balletschool, de Filmacademie en de School voor Architectuur hebben er gerenoveerde gebouwen betrokken.
In 1989 besluit het parlement dat Christiania, onder bepaalde voorwaarden, zoals legalisering van horecagelegenheden, mag blijven bestaan. Maar het belangrijkste strijdpunt is de nieuwbouw op de oude stadswallen. Op het ministerie van Defensie wordt een afdeling opgericht die zich aanvankelijk speciaal met Christiania gaat bezighouden, maar er later ook andere taken bij krijgt.

Onderwijl maakt het ministerie van Milieu in 1991 een plan voor de inrichting van het gebied. De wallen moeten een park worden en volgens de richtlijnen van het ministerie passen daarin geen huizen. Zestig van de zelfgebouwde huisjes op de verdedigingswallen moeten volgens dit plan worden afgebroken. Daartoe zijn deze huisjes allemaal geregistreerd. Zodra de bewoners verhuizen, worden de leeggekomen huizen afgebroken. Op dit moment staan er nog dertig. Het plan van het ministerie van Milieu bepaalt verder dat er in het centrum van Christiania wèl gewoond en gewerkt mag worden.
De groep uit Christiania dient haar eigen plan in waarin de nieuwbouw op de wallen behouden blijft. Dit plan uit 1993 is niet geaccepteerd.
Er wordt onderhandeld over een compromis tussen de twee plannen en in de zomer van 1996 wordt overeenstemming bereikt over het lot van de meeste huisjes.
Deze overeenkomst strookt niet met allerlei wettelijke bepalingen en ook niet met de plannen die voor het gebied gemaakt zijn. Er moeten ontheffingen worden aangevraagd, maar die kunnen niet worden doorgevoerd voordat het bereikte compromis aan de buurtbewoners is voorgelegd.
De buurt staat niet erg positief tegenover Christiania vanwege de drugsoverlast en het verkeersprobleem dat ontstaan is in de aanpalende wijk. Het is een komen en gaan van auto's en taxi's van en naar Christiania, dat echter zelf geen auto's toelaat. Niet alleen de bezoekers, maar ook de inwoners zelf parkeren buiten de muren. Hoe de buurt derhalve op het compromis en de ontheffingen die daarvoor nodig zijn zal reageren, is momenteel nog onzeker.

Tot slot

Het is jammer dat Christiania zo afgesloten is van de rest van Kopenhagen dat het letterlijk een stad in een stad is geworden. In Denemarken, waar zoveel aandacht en waarde aan architectuur wordt geschonken, moet het toch mogelijk zijn om een plek te laten bestaan waar alternatieve woningbouw, alternatief hergebruik van bestaande panden en alternatieve ruimtelijke ordening gerealiseerd is? Als de overheid de waarde van Christiania erkent, is het hopelijk niet te laat en staan er nog zelfgemaakte gebouwtjes. Helaas zal Thorkild dat niet meer meemaken. Hij is in de zomer van 1996 aan een hartaanval overleden. Een bijzonder man die het anders heeft gedaan en zijn idealen trouw is gebleven.

GENERAL SOURCES

LITERATURE
Meyer, H. (1990) in: *'Antwerpen Ontwerpen'*, Antwerp

LIVERPOOL SOURCES

INFORMATION WAS PROVIDED BY:
Chris Farrow, MDC Chief Executive
David Sibeon, the MDC's head of urban design and
      the project manager of the Albert Dock contracts
Diana Day, Public Affairs Officer to the MDC
Nigel Millor, Liverpool City Council
Pro Torkington, member of the Merseyside Development
      Corporation Board of Directors

LITERATURE
M.D.C. (1994). *Financial information*, Liverpool
M.D.C. (1995). *South Liverpool Area Strategy*, Liverpool
M.D.C. (1995). *The 1994/1995 Annual Report of the M.D.C.*,
      Liverpool
Newell, E. (--). *Albert Dock Liverpool*, Liverpool

DUBLIN SOURCES

INFORMATION WAS PROVIDED BY:
Terry Durney, architect and urban planner for the
      Custom House Docks Development Authority
Carmel Smith, contact person for the CHDDA
Valerie Mulvin, architect and member of
      the Board of Directors (CHDDA)

LITERATURE
C.H.D.D.A. (1989). *Planning Scheme*, Dublin
C.H.D.D.A. (1994). *Annual Reports and Accounts*, Dublin
C.H.D.D.A. (1994). *Planning Scheme*, Dublin
C.H.D.D.A. (1994-1996). *Updates and Special Supplements*,
      Dublin
Culliton, G. (1996), *'Financial Services A Key to Prosperity'* in:
      The Irish Times, 16-07-1996
Fagan, J. (1996), *'750 Apartments for Custom House Docks'* in:
      The Irish Times, 29-02-1996
O'Shea, J. (1996) *'Theatre's Treat'* in: The Sun, mei 1996
O'Toole, Fintan (1996) *'Walking A Fine Line between
    Anarchy and Inertia'* in: The Irish Times, september 1996

ALGEMENE BRONNEN

LITERATUUR
Meyer, H. (1990) in: *Antwerpen Ontwerpen*, Antwerpen

BRONNEN LIVERPOOL

INFORMANTEN
Chris Farrow, directeur van de M.D.C.
David Sibeon, M.D.C.'s hoofd van de stedenbouwkundige
    planning en projectmanager van de Albert Dock contracten
Diana Day, M.D.C.'s contactpersoon voor externe zaken
Nigel Millor, gemeente Liverpool
Pro Torkington, lid van de raad van bestuur van de
                        Merseyside Development Corporation

LITERATUUR
M.D.C. (1994). *Financial information*, Liverpool
M.D.C. (1995). *South Liverpool Area Strategy*, Liverpool
M.D.C. (1995). *The 1994/1995 Annual Report of the M.D.C.*,
                        Liverpool
Newell, E. (--). *Albert Dock Liverpool*, Liverpool

BRONNEN DUBLIN

INFORMANTEN
Terry Durney, architect en stedenbouwkundige van de
                        Custom House Docks Development Authority
Carmel Smith, contactpersoon voor de C.H.D.D.A.
Valerie Mulvin, architect,
                        lid van de raad van bestuur van de C.H.D.D.A.

LITERATUUR
C.H.D.D.A. (1989). *Planning Scheme*, Dublin
C.H.D.D.A. (1994). *Annual Reports and Accounts*, Dublin
C.H.D.D.A. (1994). *Planning Scheme*, Dublin
C.H.D.D.A. (1994-1996). *Updates and Special Supplements*,
                        Dublin
Culliton, G. (1996), *'Financial Services A Key to Prosperity'* in:
                        The Irish Times, 16-07-1996
Fagan, J. (1996), *'750 Apartments for Custom House Docks'* in:
                        The Irish Times, 29-02-1996
O'Shea, J. (1996) *'Theatre's Treat'* in: The Sun, mei 1996
O'Toole, Fintan (1996) *'Walking A Fine Line between
    Anarchy and Inertia'* in: The Irish Times, september 1996

BRISTOL SOURCES

INFORMATION WAS PROVIDED BY:

Caroline Thomas, co-ordinating contact person
John O'Connor, sculptor and Artspace chairperson
Jerry Evans, the architect responsible for the renovation
    of Bristol's Youth Hostel and the Redcliffe Warehouse
Sandie Macrae, an artist with a studio
                      in the Cheese Warehouse

LITERATURE

Griffiths, R. (1995). *'Cultural strategies and new modes of
    urban intervention',* in: Cities, Vol. 12, No.4 (1995), pp. 253-265
'Harbour Asides', Newsletter for Bristol Harbourside
'Information Pack', Bristol City Docks

KNSM ISLAND SOURCES

INFORMATION WAS PROVIDED BY:

Alice Roegholt, veteran squatter and founder of the
        Open Harbour Museum, in an interview in July 1996
Vincent Kuilboer in an interview in October 1996.
    As an official for the Zeeburg district, he was responsible
        for the development of the Eastern Docklands
Founders of the 'de Ode' undertakers' shop and gallery
    on the Levantkade, during a conversation in November 1996

LITERATURE

Heijdra, T. (1993). *Kadraaiers & Zeekastelen Amsterdam,*
                Het Open Haven Museum
'Water/Kade Project', description of points of departure, 1986

CHRISTIANIA SOURCES

INFORMATION WAS PROVIDED BY:

Bjo Chaistensen, Ministry of Defence
Laila Reenberg, Christiania contact person at the
                Ministry of Defence
Per Lidell, journalist
Thorkild Weiss Madsen, 'Nyt Forum'

LITERATURE

Jæger, B. et.al. (1993). *'De offentlige myndedigheder og
              Christiania',* Amternes og kommunernes
        Forskningsinstitut (AFK), with English translation,
                Copenhagen
'Lokalplan for Christiania',
        the Ministry for the Environment, January 1991
'Nitten', Christiania Tourist Guide

BRONNEN BRISTOL

INFORMANTEN

Caroline Thomas, coördinerend contactpersoon
Jerry Evans, architect (renovatie Youth Hostel en
                            Redcliff Warehouse in Bristol)
John O'Connor, beeldhouwer en voorzitter van Artspace
Sandie Macrae, kunstenaar met een atelier in Cheese Warehouse

LITERATUUR

Griffiths, R. (1995). *'Cultural strategies and
               new modes of urban intervention'* in: Cities,
                       Vol.12, No.4 (1995), pp. 253-265
'Harbour Asides', Newsletter for Bristol Harbourside
'Information Pack', Bristol City Docks

BRONNEN KNSM-EILAND

INFORMANTEN

Alice Roegholt, initiatiefnemer van Open Haven Museum
                      en oerkraker, interview, juli 1996
Vincent Kuilboer, als ambtenaar van Stadsdeel Zeeburg
                    verantwoordelijk voor de ontwikkeling van het
                    Oostelijk Havengebied, interview oktober 1996
Initiatiefnemers van de uitvaartwinkel en -galerie 'de Ode',
                      gesprek november 1996

LITERATUUR

Heijdra, T. (1993). *Kadraaiers & Zeekastelen*, Amsterdam,
                      Het Open Haven Museum
Water/Kade Project, *Nota van uitgangspunten*, 1986

BRONNEN CHRISTIANIA

INFORMANTEN

Bjo Chaistensen, Ministerie van Defensie
Laila Reenberg, contactpersoon voor Christiania
                      op het ministerie van Defensie
Per Lidell, journalist
Thorkild Weiss Madsen van het 'Nyt Forum'

LITERATUUR

Jæger. B. et. al. (1993). *'De offentlige myndigheder og
    Christiania'*, Amternes og kommunernes Forskningsinstitut
                 (AKF), met Engelse vertaling. Kopenhagen
Ministerie van Milieu (1991). *'Lokalplan for Christiania'*,
                         København
'Nitten' (1994). Christiania Tourist Guide, Kopenhagen

CHAPTER 4

Some examples of the re-use of harbour buildings

Silos

Landscape with silos in Odense harbour, Denmark. Concrete silos in an exclusively industrial environment possess a charm all of their own.

The typical internal structure of a silo includes a number of vertical shafts. The structure has been specifically designed for storing grain and other bulk goods. These vertical shafts facilitate the grain's flow. A silo's windowless facade also has a practical function: to increase both the storage capacity and the goods' life-span.

There were small-scale grain silos with vertical compartments in Ancient Egypt. However, in North-West Europe, warehouses were mainly used for the large-scale storage of grain until the beginning of the 20th century. But these warehouses' horizontal construction meant that this means of storage involved an extensive and inefficient use of space. This only changed in the late 19th century when large, vertical silo constructions came into vogue. Initially the silos were built from bricks or wood but these materials were intrinsically incapable of withstanding the grain's horizontal pressure. The construction of large silos took off in the early 20th century with the invention of reinforced concrete. Therefore silos are relatively young as buildings and as such can only achieve a limited status as listed buildings.

HOOFDSTUK 4

Enkele voorbeelden van havenpanden in hergebruik

Silo's

voornamelijk plaats in pakhuizen. Door de horizontale constructie van deze pakhuizen betekende deze manier van opslag een extensief en inefficiënt gebruik van ruimte. Daaraan kwam pas een einde toen grote, verticale siloconstructies aan het eind van de 19de eeuw in zwang raakten. In eerste instantie werden deze silo's in baksteen of hout uitgevoerd, maar deze materialen bleken niet zonder meer geschikt om de zijwaartse druk van het graan te weerstaan. Door de ontwikkeling van gewapend beton, in het eerste decennium van de 20ste eeuw, nam de bouw van grote silo's een hoge vlucht. Silo's zijn derhalve vrij jonge gebouwen die in het beste geval een beperkte monumentale status kunnen krijgen.

Vanwege de grotendeels verticale structuur en de vrijwel geheel gesloten buitengevels kan men een silo slechts een andere bestemming geven door radicaal in te grijpen in zijn constructie. Om het gebouw voor conventioneel hergebruik als kantoren, woningen of werkplaatsen ge-

Silolandschap in de haven van Odense, Denemarken. Betonnen silo's in een louter industriële omgeving hebben hun eigen charme.

schikt te maken, moet niet alleen de verticale constructie omgebouwd worden tot een horizontale, maar moeten ook de gesloten gevels worden opengewerkt. Dit betekent hoe dan ook een aantasting van het karakter van de silo, zowel aan de buitenkant als aan de binnenkant. Sterker nog, het hergebruik zal in zo'n sterke mate de nieuwe structuur en het uiterlijk van het gebouw dicteren dat het pand na de verbouwing niet meer als silo herkenbaar is. Bovendien is de ingreep kostbaar waardoor een dure commerciële ontwikkeling de enig haalbare methode lijkt. Men kan daarom een vraagteken zetten bij het nut van behoud. Wanneer men toch daartoe besluit, komt dat voort uit de behoefte aan historische continuïteit in de gebouwde omgeving. De paradox van deze aanpak is dat met de radicale aantasting van het originele karakter van een

Silo's worden gekenmerkt door een inwendige structuur van verticale schachten. Deze structuur is specifiek ontworpen voor de opslag van stortgoederen, met name van graan. De verticale schachten bevorderen de doorstromingscapaciteit van het graan. Eveneens om functionele redenen zijn de gevels van silo's gesloten: hierdoor worden zowel de opslagcapaciteit als de levensduur van de stortgoederen vergroot.
Kleinschalige graansilo's met verticale compartimenten kende men al in het Oude Egypte. In Noord-West Europa echter vond tot het begin van de 20ste eeuw de grootschalige opslag van graan

Because of their largely vertical structure and almost completely closed exterior, it is only possible to put silos to an alternative use by radically changing their construction. The conventional re-use of these buildings (for offices, accommodation or work places) involves not only the transformation of their vertical construction but also the need to open up their blank facades. This inevitably means damaging the silo's intrinsic character, both externally and internally. Worse still, re-use dictates the new structure and the building's appearance to such an extent that, once renovation has been completed, these premises will no longer be recognizable as a silo. Moreover, the cost of these changes is high so that the only viable method is at present based on an expensive commercial development. Hence, one may wonder about the value of preservation. But when this option is taken, it stems from the need for historical continuity in the built environment. The paradox of this approach is that the radical alteration of a silo's original character also undermines its historical continuity. What remains is merely a clue.

In fact, the reason for re-use is frequently found in the original architects' facade designs. Silos can roughly be divided into two types: silos with facades that emphasize their function and silos with facades that obscure their function. The concrete silo in Amsterdam is an example of the first type. This kind of functional facade is generally perceived as being ugly, inaccessible and threatening. Examples of the second type include the brick Korthals Altes silo in Amsterdam and the silos in Rostock and Copenhagen which will also be covered in this chapter. While the Korthals Altes silo refers to a Gothic cathedral, the Copenhagen silo is locally known as 'the church' and the silos in Rostock resemble the old houses of the Hanseatic League. In these cases, the facades refer to a comfortable-looking building that is suitable for people. By evoking these emotions, the architects have unconsciously created the impetus for these buildings' possible re-use.

Copenhagen: Silo Warehouse B

The silo warehouse in about 1950. This grain silo was built in 1903 and is located on the Amerikakaj in Frihavnen, Copenhagen. The ground floor and the twin towers that house the staircases and the hoisting apparatus are made of brick. The silo section with its vertical shafts is lodged between the towers and is made of wood. A wooden transit shed is located on the quay next to the silo. It formed the terminus for the loading or unloading of trains which were used to transport grain.
(copyright Amtsrådsforeningen 1996)

Silo pakhuis B rond 1950. Deze graansilo, gelegen aan de Amerikakaj in Frihavnen, Kopenhagen, stamt uit 1903. De begane grond en de twee torens die de trappen en de hijsinstallatie herbergen, zijn van baksteen. Het silogedeelte met zijn verticale schachten zit tussen de torens ingeklemd en is van hout. Aan de kadekant staat een houten loods tegen de silo aan. Hier rijden de treinen met graan binnen om te worden geladen of gelost.
(copyright Amtsrådsforeningen 1996)

silo ook het tapijt onder de historische continuïteit wordt uitge-trokken. Wat overblijft is slechts een vingerwijzing.

In feite ligt de aanleiding tot hergebruik veelal besloten in het gevelontwerp van de oorspronkelijke architecten. Men kan silo's ruwweg indelen in twee typen: silo's waarvan het uiterlijk de func-tie onderschrijft, en silo's waarvan het uiterlijk de functie verdoe-zelt. Een voorbeeld van het eerste type is de betonnen silo in Am-sterdam. Dergelijke functionele gevels worden doorgaans als lelijk, ongenaakbaar en bedreigend ervaren.

Voorbeelden van het tweede type zijn de bakstenen silo Korthals Altes in Amsterdam en de hieronder behandelde silo's in Rostock en Kopenhagen. Terwijl de silo Korthals Altes verwijst naar een gotische kathedraal, heet de silo van Kopenhagen in de volksmond 'de kerk' en doen de silo's van Rostock denken aan oude Hanze-huizen. In deze gevallen refereren de gevels aan een leefbaar ge-bouw dat voor mensen geschikt zou zijn. Door het oproepen van dergelijke emoties hebben de architecten onbewust de aanzet gegeven tot de mogelijkheid van hergebruik door mensen.

Kopenhagen: Silopakhuis B

An historical photo of Silo Warehouse B following the demolition of the wooden silo section and the wooden transit shed. The buil-ding's 48 shafts flow into chutes which are clearly visible on this photograph. The demolition of the wooden middle section caus-ed considerable commotion amongst concerned residents in Copenhagen who feared that the entire building was about to be razed to the ground. (photo: copyright Amstrådsforeningen 1996)

Historische foto van Silopakhuis B na de sloop van het hou-ten silogedeelte en de houten loods. Duidelijk zichtbaar zijn de trechters waarin de achtenveertig schachten uitmondden. De sloop van het houten middendeel zorgde voor opschud-ding bij verontruste Kopenhagenaren die vreesden dat het hele gebouw tegen de vlakte zou gaan. (foto: copyright Amtsrådsforeningen 1996)

left:

The Silo Warehouse after re-development. Although this building is not officially listed, a strict condition was attached to its transformation into an office block: it was to look as much like the original silo as possible. The towers and the ground floor have been renovated. The roof is a replica of the original and includes the same number of identically located windows. The silo section has been completely replaced by a modern office structure. The colour is the only reference to the original. Concrete slabs were used because they most resemble the wooden construction's weather-beaten grey colour. The wooden shed has been completely replaced by an extension made of red bricks and glass.

links:

Silopakhuis B na de wederopbouw. Hoewel het gebouw geen officieel monument is, werd aan de herontwikkeling van deze silo tot kantoor een stringente eis gesteld: hij moest zo veel mogelijk lijken op de oorspronkelijke silo. De torens en de begane grond zijn gerenoveerd. De kap is een replica van de oude kap, tot aan het aantal ramen en de positie ervan toe. Het silogedeelte, dat in zijn geheel is vervangen door een moderne kantoorstructuur, verwijst slechts met zijn kleur naar het origineel. Men heeft gekozen voor betonnen gevelplaten die de verweerde, grijze kleur van de houten constructie zo dicht mogelijk benaderen. De houten loods is geheel vervangen door een uitbouw van rode baksteen en glas.

right:

The interior of the attic in Silo Warehouse B. Following tradition, this catwalk connects the two towers. After standing empty for thirty years, this silo was acquired for re-use in 1996 by a national association for council organizations. The building now contains 210 office spaces and offers employment and conference facilities for between 150 and 200 people.

rechts:

Interieur van de vliering in Silopakhuis B. Als vanouds is deze loopbrug een verbindingsgang tussen de beide torens. Na dertig jaar leegstand is de silo in 1996 in hergebruik genomen door een landelijke vereniging van gemeentelijke instanties. Het gebouw telt 210 kantoorruimten en biedt werk- en vergadermogelijkheden aan honderdvijftig tot tweehonderd mensen.

above:
The entrance hall on the ground floor of Silo Warehouse B. The work of 22 modern artists is being exhibited in the building's public spaces. The pillars are made of yellow brick and used to bear the weight of thousands of tons of grain. The stones still reek of the same penetrating smell.

boven:
Toegangshal op de begane grond in Silopakhuis B. In de openbare ruimten van het gebouw hangt werk van tweeëntwintig hedendaagse kunstenaars. De pilaren van gele baksteen droegen vroeger duizenden tonnen graan en nog steeds wasemen de stenen een penetrante graangeur uit.

below:
Silo Warehouse B: the covered patio between the extension and the silo building. The extension's modern construction is at odds with the rest of the silo but contributes to the required surface area so that it encompasses a total of 9200 square metres.

onder:
Silopakhuis B: overdekte patio tussen de uitbouw en het silogebouw. De moderne constructie van de uitbouw valt uit de toon bij de rest van de silo, maar draagt bij aan het vereiste oppervlak dat hiermee is uitgekomen op een totaal van 9200 vierkante meter.

Rostock: vijf silo's

left:

Rostock's old harbour is located within a stone's throw of the historic city centre. Five grain silos are situated along the water and were built between 1932 and 1936. The unwary visitor may well mistake the silos for Hanseatic warehouses. In fact, modern concrete silos lurk behind these brick facades with their characteristic roof frames and windows set into the facades. The buildings have been given numbers rather than names. Silo One is closest to the city centre and Silo Five is the furthest. Silo Two distinguishes itself from the other four by its size, roof construction and facade openings. Next to Silo One, and just visible behind the Russian boat, is what used to be a maintenance shed for locomotives called the 'Lokschuppen.' Cultural events are periodically held here such as plays, dances and international exhibitions of art.

links:

De oude haven van Rostock ligt op een steenworp afstand van het historische stadscentrum. Langs het water liggen vijf graansilo's die gebouwd zijn in de periode 1932-1936. De argeloze bezoeker zal de silo's gemakkelijk aanzien voor Hanzepakhuizen. Maar achter de bakstenen façaden met hun karakteristieke daklijsten en gevelramen gaan moderne, betonnen silo's schuil. De gebouwen worden niet aangeduid met namen, maar door middel van nummers. Silo één ligt het dichtst bij het centrum en Silo vijf ligt er het verst vandaan. Silo twee onderscheidt zich van de andere vier door zijn grootte, kapconstructie en gevelopeningen. Naast Silo één, die nog net zichtbaar is achter de Russische boot, ligt een voormalige onderhoudsloods voor locomotieven, de 'Lokschuppen' genaamd. Hierin vinden periodiek culturele evenementen plaats zoals theatervoorstellingen, dansparty's en internationale kunsttentoonstellingen.

above:

The attic floor of Silo Five. This photo clearly shows that the concrete interior structure includes the roof construction. The holes in the floor are the openings through which the grain was poured into the shafts. The two figures demonstrate that the total surface area of each storey is in fact fairly modest. (photo by the authors)

boven: De zolderverdieping van Silo vijf. Duidelijk is te zien dat de betonnen binnenstructuur zich tot in de dakconstructie voortzet. De gaten in de vloer zijn de openingen waardoor het graan in de schachten werd gestort. De twee menselijke figuren geven aan dat het totale vloeroppervlak van een verdieping helemaal niet zo groot is. (foto van de auteurs)

Getreide AG owns both Silo Two and the smaller Silo One which is hidden behind it. Neither building has been used as a grain silo since the beginning of 1997. Silo Two has been partially developed. Along with a bank and other service sector companies, it also houses a disco on a temporary basis. The modern extension imitates the form of the old silo.

The quay juts out here so that, because the five silos are all located at the same distance to the water, Silos Three and Four are situated next to each other rather than behind each other. Initially it looks as if something has gone wrong in the planning. A new extension has been built onto the side facade of Silo Three which has not yet been renovated. Nearby are a row of dilapidated sheds. Although the public space has been completely ignored, the development is being approached in a logical way and the companies, restaurants and cafés that are already housed in these extensions have all proved to be successful.

Silo Three is owned by the Hanseatic Centre. The extension includes a bank, a congress centre and a popular restaurant. It not only replicates the silo's contours but also relates to Silo Two's extension.

Silo twee is, evenals de kleinere Silo één die erachter verscholen ligt, eigendom van Getreide AG. Beide silo's zijn sedert het begin van 1997 niet meer in gebruik als graansilo. Silo twee is gedeeltelijk ontwikkeld. Naast een bank en andere dienstverlenende bedrijven is er een tijdelijke disco in gevestigd. De vorm van de moderne aanbouw imiteert de oude silo.

De kade springt hier uit en omdat de vijf silo's overal dezelfde afstand tot het water hebben, staan Silo drie en vier hier naast elkaar in plaats van achter elkaar. Op het eerste gezicht lijkt het op een ongeplande ontwikkeling. Een nieuwe aanbouw is opgetrokken tegen de zijgevel van Silo drie die zelf nog niet verbouwd is. Even verderop staat een rij vervallen schuren. Hoewel aan de openbare ruimte in het geheel nog geen aandacht is besteed, zit er structuur in de ontwikkeling en lopen de bedrijven en de horeca, die reeds in de aanbouw zijn gevestigd, goed.

Silo drie is in handen van het Hanzeatisch Centrum. De aanbouw herbergt onder meer een bank, een congrescentrum en een populair restaurant. De aanbouw is niet alleen door de contourlijnen een replica van de silo zelf, maar relateert ook aan de aanbouw van Silo twee.

The Deutsche See Rederei (DSR) has elaborate plans for Silos Four and Five. The idea is to create a link between the two silos that naturally form an extension of each other. This would consist of building two floors in the form of a thematic winter garden. The actual development still has to take place but DSR has no intention of letting itself be browbeaten by these silos' concrete structure. The shafts are to be combined by removing the dividing walls.; this will create larger spaces in which floors can be suspended. Windows are going to be mercilessly cut into the blank facades. In terms of use, the aim is that each building should achieve a mixture of functions: cafés, restaurants and entertainment on the ground floor, accommodation on the upper floors and a layer of offices as a sound buffer in the middle.

Voor Silo vier en vijf heeft de Deutsche See Rederei (DSR) uitgewerkte plannen. Tussen de beide silo's die in elkaars verlengde liggen, wil men een verbinding creëren van twee verdiepingen hoog in de vorm van een thematische wintertuin. De daadwerkelijke ontwikkeling laat op zich wachten, maar DSR is niet van zins zich te laten ringeloren door de betonnen silostructuur. De schachten worden samengevoegd door tussenwanden weg te halen; zo ontstaan grotere ruimten waarin men vloeren kan hangen. In de blinde gevels worden zonder pardon ramen uitgezaagd. Wat betreft gebruik streeft men naar een menging van functies per gebouw: horeca en entertainment op de begane grond, woningen op de bovenste etages en daartussenin een laag kantoren als geluidsbuffer.

Warehouses and offices

A warehouse is a building with windows, stairs and floors that is constructed for the safe storage of various forms of merchandise. Because a warehouse is a status symbol representing the prosperity of a merchant or company, it is often built to last. In addition, in order to function successfully as a storage space, it must be solidly built so that it can allow for an enormous carrying capacity. The internal structure must be open with as few supports as possible. Conversely, the size of this open span is proportional to the weight that has to be supported and this also depends on the technical possibilities. But the size of the land on which the premises are built inevitably defines the warehouse's surface area. When space is at a premium, warehouses are constructed to be high and narrow. For economic reasons, they generally consist of more than two floors, The fact that a floor's height is sometimes determined both by the goods that are stored there and by the means of storage can ultimately limit a building's potential for adaptation. But warehouses are generally suitable for all kinds of re-use. What's more, the process of transformation does not necessarily have to be an expensive one because these buildings are generally in a good state although they have been officially written off. During the 20th century, the increased and more rapid turnover of goods and buildings along with the advent of other forms of storage have meant that warehouses have ceased to be built and the existing examples have fallen into disuse.

An office building is related to a warehouse in terms of the character of its construction. The need to create a cluster of office spaces began in the late 19th century. To fulfill this, offices (like warehouses) require large surface areas, a minimum of support and the stacking of floors. However, offices are not built to last. On the contrary, the office building mirrors the fleetingness of the 20th century: in 1997 an office is considered to have become obsolete 15 years after its construction. Yet, if it is solidly built, its simple basic construction means that an office is ideally suited for re-use.

Bristol: The Cheese Warehouse

The Cheese Warehouse is an artists' initiative that is housed in two warehouses which are located in the 'Floating Harbour' next to Bristol city centre. The concrete section (on the right of the photo) is known as The Cheese Warehouse and the brick section (on the left) is called Huller House. Despite these buildings' contradictory appearance, inside they are connected on each floor and have always been linked together.

When the lease ran out in 1994, the city council rented out both warehouses to a fruit machine concern. This company was only using the ground floor as a storage space. Slowly but surely, it began to sublet the rest of the warehouses to local artists and craftspeople so that within 18 months the buildings were full.

Pakhuizen en kantoren

Een pakhuis is een gebouw met ramen, trappen en vloeren, dat gebouwd is voor een veilige opslag van koopwaar van uiteenlopende aard. Omdat een pakhuis ook een statussymbool is dat de voorspoed van een koopman of een bedrijf moet uitstralen, gaat het vaak om duurzame bouw. Ook de opslagfunctie vereist een degelijke constructie met een groot draagvermogen. Het streven naar een zo open mogelijke binnenbouw vraagt om grote overspanningen. De grootte van de overspanning is omgekeerd evenredig aan het te dragen gewicht en is tevens afhankelijk van de technische mogelijkheden. Maar uiteraard bepaalt ook de grootte van het perceel het vloeroppervlak van het pakhuis. Is de ruimte beperkt dan bouwt men hoog en smal. Over het algemeen hebben pakhuizen, om economische redenen, méér dan twee verdiepingen. Omdat de hoogte van een verdieping soms wordt ingegeven door de goederen en de manier van stouwen die daarbij past, kan dat een beperkende factor blijken bij een wisseling van functie. Maar doorgaans leent een pakhuis zich voor hergebruik van gevarieerde aard. Hergebruik hoeft ook niet kostbaar te zijn omdat het gebouw meestal nog in goede staat verkeert, ook al is het officieel al afgeschreven. Vanwege de steeds grotere en snellere omzet van goederen en gebouwen en door andere manieren van stouwen, komt in de loop van de 20ste eeuw een einde aan de bouw van pakhuizen en raken de bestaande pakhuizen in onbruik.

Een kantoorgebouw is, wat betreft het karakter van de constructie, verwant aan het pakhuis. De behoefte aan clustering van meerdere kantoorruimten ontstaat aan het eind van de 19de eeuw. Om in die behoefte te voorzien zijn, evenals bij pakhuizen, grote vloeroppervlakken, een minimum aan dragende constructies en een stapeling van verdiepingen gewenst. Kantoren daarentegen worden niet op duurzaamheid gebouwd. In tegendeel! In de kantoorbouw weerspiegelt zich de vluchtigheid van de 20ste eeuw: de afschrijvingsduur voor een kantoor bedraagt in 1997 nog maar vijftien jaar. Toch zijn kantoren, wanneer hun eenvoudige basisconstructie solide is uitgevoerd, eveneens uitermate geschikt voor hergebruik.

Bristol: Cheese Warehouse

links:

Het kunstenaarsinitiatief Cheese Warehouse is gevestigd in twee pakhuizen die midden in Bristol aan de 'Floating Harbour' staan. Het betonnen deel, rechts op de foto, staat bekend als The Cheese Warehouse. Het bakstenen deel, links, heet Huller House. Hoezeer de beide panden uiterlijk ook verschillen, van binnen zijn ze met elkaar verbonden: op iedere verdieping bevindt zich van oudsher een doorgang van het ene naar het andere pakhuis.
Bij het aflopen van de erfpacht in 1994, verhuurt de gemeente de beide pakhuizen aan een bedrijf van speelautomaten. Deze firma gebruikt slechts de begane grond voor opslag. Stukje bij beetje verhuren zij vervolgens de rest van de pakhuizen dóór aan kunstenaars en ambachtslieden. Binnen anderhalf jaar zijn de gebouwen vol.

right:

A rear view of the Cheese Warehouse. These premises date from 1918. Apart from the steel windows, they were built using what was for then a revolutionary construction technique: reinforced concrete. This early example of functional concrete construction was used to store grain, potatoes and eventually cheese (hence the name). Although the artists called their initiative the Cheese Warehouse, the official name of these buildings is Huller House, after the older of the two. Goods were originally brought in through the bay window high up in the facade. (photo by Sandie Macrae)

onder:

Achterkant van het Cheese Warehouse. Dit pand stamt uit 1918 en is, met uitzondering van de stalen ramen, geheel opgetrokken uit een voor die tijd revolutionaire constructie van gewapend beton. Dit vroege voorbeeld van functionele betonbouw diende voor de opslag van graan en aardappels, en later voor kaas (vandaar de naam). Hoewel de kunstenaars hun initiatief The Cheese Warehouse noemen, dragen de beide gebouwen officieel de naam van het oudste van de twee, het Huller House. De erker boven aan de gevel diende oorspronkelijk voor het binnenhalen van goederen. (foto van Sandie Macrae)

right above:
A rare, English example of a living and working space in the Cheese Warehouse. It is a studio of an artist who staked out and renovated the space in 1995. This heralded the advent of sweat equity in the warehouses. Up till then these premises had been the domain of pigeons who had covered everything in a thick layer of droppings. Broken pieces of expanded polystyrene were strewn throughout the building along with the original machinery. All the subsequent tenants were forced to spend their days painstakingly scraping away the pigeon shit and removing the machines before they were able to start work on their spaces. Although the building already had electricity and water, these facilities had to be extended to serve the individual studios. There was no heating and in winter this meant either working in freezing conditions or messing around with calor gas stoves. At first there was no real sense of solidarity but mutual contact grew as the building filled up. When the lease expired in 1996, an uncertain future brought the users still closer together. A developer who wanted to replace the premises with a new building had the first option on the contract for the new lease. The users united in an effort to get the Cheese Warehouse granted the status of a listed building so as to guarantee its preservation. (photo by the authors)

rechtsboven:
Zeldzaam Engels voorbeeld van een woon-werkruimte in The Cheese Warehouse. Het is een atelier van een kunstenaar die in 1995 in de lege ruimte zelf een stukje afpaalt en verbouwt. Daarmee wordt voor deze pakhuizen een trend ingezet van zelfwerkzaamheid. De panden zijn dan nog het domein van de duiven die alles hebben bedolven onder een dikke poeplaag. Er ligt veel gebroken piepschuim en er staan her en der oude machines. Ook alle huurders die volgen, moeten eerst dagenlang duivenpoep scheppen en machines verwijderen, voordat ze met hun inbouw kunnen beginnen. Elektriciteit en water zijn wel aanwezig, maar moeten door de nieuwkomers zelf worden afgetapt en doorgetrokken. Verwarming is er niet. Het is blauwbekken of met butagaskacheltjes klungelen. Van een hecht groepsverband is aanvankelijk geen sprake. Naarmate het gebouw volloopt, groeit het onderling contact. Wanneer de erfpacht in maart 1996 afloopt, brengt de onzekere toekomst de gebruikers nog dichter tot elkaar. Een ontwikkelaar die het pand wil vervangen door nieuwbouw heeft de eerste optie op het nieuwe erfpachtcontract. De gebruikers verenigen zich en streven naar een monumentenstatus als middel tot behoud. (foto van de auteurs)

obove:
A rear view of Huller House. The name refers to the warehouse's previous function and is derived from the verb 'to hull' meaning to separate the wheat from the chaff. This building probably dates from the beginning of the 19th century and is built of brick. The wooden floors are supported by cast-iron pillars with grooves. From the outside the building can easily be recognized by its green painted rosettes that anchor the facades to the floors. The short distance separating the second from the third row of rosettes marks a storey with a very low ceiling which the users refer to as the 'dwarf's floor.' (photo by the authors)

boven:
Achterkant van het Huller House. De benaming verwijst naar de voormalige functie van het pakhuis en is ontleend aan het Engelse woord 'to hull' dat in het Nederlands 'wannen' betekent, dat wil zeggen het kaf van het koren scheiden. Het gebouw stamt waarschijnlijk uit het begin van de 19de eeuw en is opgetrokken uit baksteen. De houten vloeren worden gedragen door gietijzeren pilaren met cannelures. Het gebouw is aan de buitenkant gemakkelijk herkenbaar aan de groengeverfde rozetten die gevels en vloeren verankeren. De kortere afstand tussen de tweede en de derde rij rozetten verraadt een verdieping van geringe hoogte die de gebruikers de 'dwergen etage' noemen. (foto van de auteurs)

below:

Sandie Macrae's installation in Huller House: giant dresses hang from the ceiling of the 'dwarf's floor.' Right from the beginning, the artists organized exhibitions in order to draw attention to their work. This led to the founding of Konicus, a semi-permanent gallery that drifts around the building depending on the landlord's whims. The grooves of the cast-iron pillars are just visible on this photograph. (copyright Sandie Macrae)

links:

Installatie van Sandie Macrae in het Huller House: reuzenjurken hangen aan het plafond van de 'dwergen etage'. Vanaf het prille begin organiseren de kunstenaars tentoonstellingen om hun werk onder de aandacht te brengen. Zo is men gestart met de semi-permanente galerie Konicus die door de gebouwen zwerft, overgeleverd aan de luimen van de verhuurder. Op de foto zijn vaag de cannelures van de gietijzeren pilaren te zien. (copyright Sandie Macrae)

above:

Business Incubator 2 is located opposite the Central Station in Szczecin and right next to the River Oder. It is the largest non-commercial small business centre in Poland and supports new enterprise in the production sector. It is managed by an independent agency, the Szczecin Centre for Economic Initiatives (SCP) which was set up by the local city council. The Business Incubator 2 and its manager, the SCP, is housed in what used to be a tram depot.

The main building dates from 1879 and sets the tone for the entire complex. In terms of style, these premises display an extraordinary affinity with the architecture of Dutch public buildings in around 1900. In the middle of the front facade, a broad gateway opens out onto a bridge that leads to a small island in the river. During this century, a cluster of extensions has risen up both behind and around this office building.

links:

Tegenover het Centraal Station van Szczecin en pal aan de rivier de Oder ligt de Business Incubator 2. Het is het grootste niet-commerciële bedrijfsverzamelge-bouw in Polen voor startende ondernemers in de productiesector. Het beheer is in handen van een onafhankelijke instelling, het Szczecin Centrum voor Economi-sche Initiatieven (SCP), dat door de gemeente is opgericht. De Business Incubator 2 is, samen met de beheerder (SCP), ondergebracht in een voormalige tramremise. Het hoofdgebouw stamt uit 1879 en is gezichtsbepalend voor het hele complex. De stijl van het pand vertoont opvallend veel verwantschap met de architectuur van publieke gebouwen in Nederland van rond 1900. Midden in de voorgevel geeft een brede poort toegang tot een brug die naar een klein eiland in de rivier leidt. Achter en naast dit kantoorgebouw is in de loop van de eeuw een conglo-meraat van aanbouwsels opgetrokken.

right:

The interior of one of the transit sheds. The roof construction in the foreground at the top, has already been renovated. On the left, a temporary staircase leads to an open-ing in the roof of the adjacent transit shed which is under repair. Only the most urgent work can be completed using a minimum of financial resources. The develop-ment for re-use is carried out in phases and with an endless supply of boundless enthusiasm. The fact that both the cobbles and the tram lines are listed as monu-ments is viewed as being the only obstacle. The nature of their construction means that these transit sheds are ideal showrooms. These facilities are much needed; they also stimulate the process of cross-fertilization.

rechts:

Interieur van één van de loodsen. De dakconstructie op de voorgrond, bovenaan, is al vernieuwd. Aan de linkerkant leidt een tijdelijke trap naar een opening in het dak van de belendende loods die men aan het repareren is. Met een mini-mum aan financiële middelen wordt het hoogstnoodzakelijke gedaan. De ont-wikkeling voor hergebruik wordt in fasen uitgevoerd en gedragen door een niet te stuiten enthousiasme. Slechts de monumentenstatus van de kinderkopjes en de tramrails in de vloer van de loodsen wordt als een belemmering ervaren. Door de aard van hun constructie zijn de loodsen ideale ruimten voor toonzalen. Daaraan bestaat grote behoefte en zij zullen bovendien de kruisbestuiving ver-der stimuleren.

The Business Incubator 2 as seen by the water. All the buildings from the high Hanseatic house on the left belong to this small businesses centre. They are built on poles in the water. Intensive use and poor maintenance have left their mark on these sheds, work places and offices. Only a half of a total surface area of 6000 square metres has actually been developed. Renovation of the shed's casco is still in progress as can be seen on the left-hand side of these photos. The small-scale enterprise that is currently developing in the Business Incubator 2 should strengthen the local economy and the city council has provided both buildings and financial backing to achieve this aim.

When the SCP and the new entrepreneurs first moved into these buildings in 1993, what they found was virtually a ruin. The SCP used money provided by the city council to renovate the facade and the roof. This money was also used for installing plumbing, gas, electricity and heating. Each business was required to re-build and pay for the costs of its own space. Entrepreneurs who were able to contribute directly to the renovation process were brought in on a professional basis. Here, setting up a business first meant clearing away the rubble. The first winter is remembered as being bitterly cold and for the constant racket of construction work.

However, beginning a business in the Incubator also meant free help from a team of lawyers, accountants and a business advisor whose services were paid for by the SCP. The SCP also provided free equipment such as computers, photocopy machines and fax machines. A wide variety of businesses resulted in a high level of cross fertilization. People provided each other with work and the large number of outside clients seems to have benefitted the entire centre. These businesses are given three years to find their feet after which they must leave the Incubator.

The success of the SCP's approach is demonstrated by the fact that businesses often leave before their three years are up. At a certain point the Incubator cannot contain them anymore because they have grown so fast and have taken on so many new employees that they have simply outgrown their space. These departures are regarded as unfortunate by all concerned: suddenly your colleagues in the world of new businesses have vanished. Although the sheds are still being renovated, the adjacent island is already being considered as a possible area for expansion. This island was once a place where tram horses grazed and is now used to keep maladjusted boys in line; in the future it may well be destined to glow with prosperity.

Waterkant van de Business Incubator 2. Gerekend vanaf het hoge Hanzehuis links behoren alle panden toe aan dit bedrijfsverza-melgebouw. Zij staan op palen in het water. Intensief gebruik en gebrekkig onderhoud hebben hun sporen nagelaten op de loodsen, werkplaatsen en kantoren. Nog maar de helft van het totale oppervlak van 6000 vierkante meter is ontwikkeld. Men is nog bezig met het opknappen van de casco van de loodsen die te zien zijn op de linkerhelft van de foto's. De kleinschalige bedrijvigheid in Business Incubator 2 dient ter versterking van de lokale economie. Met het oog daarop heeft de gemeente de gebouwen en financiële middelen ter beschikking gesteld.

Wanneer het SCP in 1993 met een aantal starters de gebouwen betrekt, treffen ze één grote bouwval aan. De SCP begint met geld van de gemeente aan de vernieuwing van de gevel en het dak. Ook alle leidingen moeten nog worden aangelegd en verwarming ont-breekt. De startende bedrijven die een bijdrage kunnen leveren aan de verbouwing worden meteen door het SCP ingehuurd. Tegelijkertijd beginnen de starters aan hun eigen inbouw die ze zelf moeten verzorgen en betalen. Een bedrijf starten betekent, noodgedwongen, éérst puin ruimen. Bouwherrie en bittere koude kenmerken de eerste winter.

Tijdens hun verblijf in de Incubator kunnen de starters gratis gebruik maken van de diensten van advocaten, boekhouders en een bedrijfsadviseur die ook in het gebouw gevestigd zijn en die door de SCP betaald worden. Verder stelt de SCP gratis apparatuur ter beschikking, zoals computers en kopieer- en faxmachines. Dankzij de grote diversiteit in bedrijfstakken is de kruisbestuiving enorm. Niet alleen helpt men elkaar aan opdrachten, maar ook het grote aantal bezoekende klanten van buitenaf blijkt gunstig te werken. Na drie jaar worden de starters geacht op eigen benen te kunnen staan en moeten ze de Incubator verlaten.

Hoe succesvol de aanpak van de SCP is, blijkt uit het feit dat veel bedrijven al vóórdat de termijn van drie jaar is verstreken het pand verlaten. Door voorspoe-dige groei en de daarmee gepaard gaande personeelsuitbreiding is er voor hen geen plaats meer in de Incubator. Het vertrek wordt door alle partijen als een nadeel ervaren omdat men de collega-starters moet missen. Terwijl de loodsen nog verbouwd worden, heeft men daarom het oog al laten vallen op het aangren-zende eiland als mogelijk expansiegebied. Dit eiland, waar voorheen de paarden van de tram graasden en waar nu moeilijk opvoedbare jongens in het gareel gebracht worden, zal in de toekomst wellicht blaken van welvaart.

Odense: The Old Shipyard

GROUND PLAN OF THE OLD SHIPYARD IN ODENSE /
PLATTEGROND VAN DE OUDE SCHEEPSWERF IN ODENSE

1. Main entrance / Hoofdingang
2. Car park / Parkeren
3. Grass / Perkje
4. Slipway / Scheepshelling
5. Odense Canal / Het Odense Kanaal
6. Bridge between C and D / Brug tussen C en D
A B Offices, comercial spaces and studios /
Kantoren, bedrijfsruimten en ateliers
C D Studios and work places / Studio's, werkplaatsen en ateliers
F Studios / Ateliers
G Work and storage places beneath the slipway /
Werk- en opslagplaatsen onder de scheepshelling

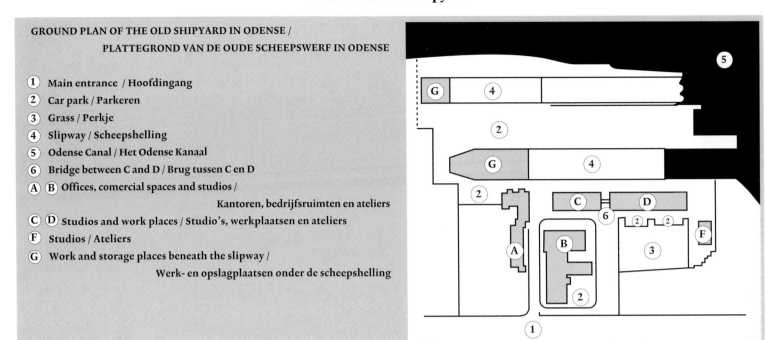

above:

After Copenhagen and Århus, Odense is the third largest city in Denmark; it is located at a distance of 25 kilometres from the open sea. Its elongated inland harbour adjoins a deep canal that extends to the city centre. This harbour is still extremely active and is constantly developing. For instance: a new shipyard has just been built near the sea for the construction of large, ocean-going vessels. The Old Shipyard is stashed away between a factory for recycling paper and the local power station; it is considered to be of little historical or architectural importance. Five buildings and two concrete wharfs dating from various periods of the 20th century surround a lawn with flower beds and a car park. The buildings are officially designated with the letters A to D and F. However, thanks to a group of artists, this isolated area has been turned within a year into a focus for small-scale enterprise that has not required any major investment.

right:

Building D is in the foreground. Building C is located in the extension of Building D and has been built in the same style. Building A can be seen in the distance on the left. The canal is immediately on the right. 'Les Magasins du Nord', a French chain of shops, took over the Old Shipyard in 1988. It wanted to attract small-scale business that did not require investment so that the shipyard could again be a part of Odense's commercial world. The aim was to create the basis for future development. Rents were kept low and artists were brought in as 'taste-makers' so as to turn the Old Shipyard into an attractive location for businesses. On the first floor of Building D, painters now work at their easels where marine engineers once designed their ships. The ground floor now includes a garage where mechanics used to work. In this way, the original functions are reflected in the building's current use.

linksboven:

Odense is de derde stad in Denemarken na Kopenhagen en Århus en ligt vijfentwintig kilometer van open zee verwijderd. De langgerekte binnenhaven strekt zich uit langs een diep kanaal dat tot bij het stadscentrum doorloopt. De haven is nog volop in bedrijf en de bedrijvigheid groeit nog steeds. Zo is vlakbij zee een nieuwe werf in gebruik genomen voor de bouw van grote zeeschepen.

Weggemoffeld tussen een fabriek voor de verwerking van oud papier en de elektriciteitscentrale, ligt de oude scheepswerf waaraan weinig historische of architectonische waarde wordt gehecht. Rond een gazon met bloemperken en een parkeerterrein staan vijf gebouwen en twee betonnen scheepshellingen uit verschillende perioden van de 20ste eeuw. De gebouwen worden officieel aangeduid met de letters A, B, C, D en F. Dit afgelegen terrein is vooral dankzij een groep kunstenaars, binnen één jaar en zonder grote investeringen een brandpunt van kleinschalig hergebruik geworden.

links:

Op de voorgrond gebouw D. In het verlengde van D ligt gebouw C dat in dezelfde stijl gebouwd is. In de verte links ziet men gebouw A. Direct rechts loopt het kanaal. Sedert 1988 is de scheepswerf in bezit van de Franse winkelketen 'Les Magasins du Nord'. Zij wil zonder investeringen kleinschalige bedrijvigheid aantrekken om zo de oude werf weer op de economische kaart van Odense te zetten. Daarmee hoopt men alvast een basis te leggen voor een toekomstige ontwikkeling.

Om de locatie voor bedrijven aantrekkelijk te maken, houdt men de huren laag en worden kunstenaars gebruikt als smaakmakers. Op de eerste verdieping van gebouw D, waar ooit de ingenieurs en scheepswerktuigbouwkundigen schepen ontwierpen, zitten nu schilders achter hun ezel. Op de begane grond, waar voorheen monteurs werkten, is nu onder meer een garage gevestigd. Zo lopen de vroegere functies min of meer dóór in het huidige hergebruik.

The artists who took over the attic of Building D found that it fitted them like a glove. Its open space and excellent light provided them with the perfect location for the practice of their profession.

At the same time, another group of Odense artists was broaching the subject of cheap studios with the local city council. They pointed out that although the council had invested in the consumption of art (for instance: by transforming a textile factory into a cultural centre), it had done little to create the space needed for the production of art. Ultimately the council proved receptive to the argument that it is impossible to create a flourishing cultural climate in a city where artists are being forced to move elsewhere because of a lack of working space. The group then presented the policy-makers with an in-depth plan for a studio project that had been brewing for years. The council was easily persuaded to adopt the project as an experiment. The artists proposed that the Old Shipyard should be the location and the council agreed. The financial backing was provided by funding bodies that specialize in combating unem-

right:

The shipyard's owner rented out the smallest building, Building F, to the city council for the studio project. Ten artists moved into seven studios. This entailed no radical transformation of the existing structure that consists of two floors and a cellar. Right from the beginning, the artists made use of every inch of space. The 'poky' structure and limited light meant that this building was in fact not at all suited to its new function. Along with the communal entrance, kitchen and office, a number of artists even had to share the same room as a studio.

During the first few months, there were so many public activities that the number of visitors soared beyond the 45,000 mark. The ten artists also set up an association in conjunction with the artists of Building D.

A year later, the studio project was hailed as a successful experiment. The city council agreed to continue and even to expand the project. But unfortunately there were financial problems. So in 1997, the council decided to split the project into two sections: one for artists and the other for the unemployed. Consequently the artists are still housed in Buildings D and F and are being 'made independent.' Although they do receive some support from the city council's department of culture, the conditions have been changed so that they can now sell their work without endangering their position at the shipyard. In addition, the internal structure of Building F has been radically altered to allow for more space and better light. Four studios are being built for five artists and the cellar is being turned into a workshop for paper. (photo by the authors)

ployment and this money was used to rent spaces, to employ an administrator and to cover the artists' materials. The basic condition was that the project's participants had to be unemployed and to have no income which meant that they would not be allowed to sell their work. The artists were also allowed just one year 'to make a go of it'.

Een aantal kunstenaars vindt op de zolderverdieping van gebouw D een kant en klare handschoen om aan te trekken. De grote overspanning en de gunstige lichtinval creëren ideale omstandigheden voor het uitoefenen van hun beroep. Tezelfdertijd kaart een andere groep kunstenaars uit Odense het structurele gebrek aan betaalbare atelierruimten bij de gemeente aan. Men stelt dat de gemeente weliswaar geld stopt in de consumptie van cultuur - in het stadscentrum wordt een textielfabriek omgebouwd tot een ambitieuze cultuurcluster - maar dat ze ernstig tekort schiet in het scheppen van ruimte voor de productie van kunst.

De gemeente toont zich gevoelig voor het argument dat er geen bloeiend cultureel klimaat in een stad kan ontstaan wanneer de kunstenaars door gebrek aan werkruimten de stad uitgejaagd worden. Hierop presenteert de groep aan de beleidsmakers een gedegen plan voor een atelierproject waar jarenlang op gebroed is. Er is dan ook weinig voor nodig om de gemeente over te halen om het project te adopteren als een experiment. De kunstenaars stellen de oude scheepswerf voor als locatie en de gemeente stemt ermee in. In 1996 gaat het project van start. De financiële middelen komen uit fondsen ter bestrijding van de werkeloosheid: daarmee worden ruimten gehuurd, een organisatorische kracht aangesteld en een maandelijkse vergoeding voor kunstenaarsbenodigdheden verstrekt. Daar staat tegenover dat werkeloosheid een voorwaarde is voor deelname aan het project en dat men geen inkomsten mag hebben. (In feite mag men dus ook geen werk verkopen). Ook krijgen de kunstenaars maar één jaar de tijd 'om er wat van te maken.'

onder:
De eigenaar van de werf verhuurt het kleinste gebouw van de scheepswerf, gebouw F, aan de gemeente ten behoeve van het atelierproject.
Tien kunstenaars gaan van start in zeven kamers die zonder grote ingrepen gerealiseerd worden binnen de bestaande structuur van gebouw F dat twee verdiepingen en een kelder telt. Van meet af aan woekert men met ruimte. Door zijn 'hokkerige' structuur en geringe lichtinval is het gebouw helemaal niet geschikt voor de nieuwe functie.

Naast een gemeenschappelijke toegang, keuken en kantoor delen enkele kunstenaars hier zelfs één kamer als atelier.
In de eerste paar maanden worden er zoveel publieke activiteiten ontplooid dat het bezoekersaantal oploopt tot boven de 45.000. Ook organiseren de tien kunstenaars zich samen met de kunstenaars van gebouw D in een vereniging.
Het atelierproject wordt een jaar later als een geslaagd experiment gevierd. De gemeente wil het project daarom voortzetten en zelfs uitbreiden. Het probleem is de financiering. De gemeenteraad besluit in 1997 om het project te splitsen in een afdeling voor kunstenaars en een afdeling voor werkelozen. De kunstenaars blijven in gebouw D en F en worden 'verzelfstandigd': zij vallen onder de afdeling cultuur van de gemeente en de voorwaarden zijn veranderd. Zij kunnen nu inkomsten genereren, zonder dat hun positie op de scheepswerf in gevaar komt. Bovendien wordt de inbouw van gebouw F radicaal veranderd ten behoeve van ruimte en lichtinval. Er komen vier ateliers voor vijf kunstenaars en de kelder wordt ingericht als papierwerkplaats. (foto van de auteurs)

above:

The light on the top floor of Building B surpasses that of all the other buildings in the shipyard. In fact, it used to be the place where ships' engines and steering-gear were designed. In 1997, the helm was taken over by a project for the unemployed called 'Good Enough Art.' This project has certainly benefited from the cross-fertilization with the shipyard's professional artists. For between 15 and 25 of the 'unemployable' (which includes immigrants and refugees) are currently participating in 'Art Attacks', a project that is directed at all parts of the city. With their 'decoration' of youth clubs, churches and public toilets, they have not only left their mark on the city, the news of their activities has also reached as far as Copenhagen and Århus. These cities have immediately shown interest in a project that is unique in Denmark. (photo by Steen Pensdal)

boven:

De lichtinval op de bovenste verdieping van gebouw B overtreft die van alle andere gebouwen op de werf, omdat hier vroeger de motoren en de stuurinrichting van de schepen werden ontworpen. Met ingang van 1997 neemt het werkelozenproject 'Good Enough Art' hier het roer over. Het gunstige effect van de kruisbestuiving met de professionele kunstenaars op de werf blijft niet uit. Vijftien tot vijfentwintig niet-bemiddelbare werkelozen, onder wie migranten en vluchtelingen, werken er aan 'Art Attacks', projecten die verspreid over de stad worden uitgevoerd. Met hun 'decoratie' van jeugdclubs, kerken en openbare toiletten drukken zij niet alleen een stempel op de stad, de uitstraling reikt tot in Kopenhagen en Århus. Deze steden tonen onmiddellijk belangstelling voor het project dat uniek is in Denemarken. (foto van Steen Pensdal)

right:

The repository of the 'Tidens Samling' museum is located on the first floor of Building C which, like Building D, is a large and impressive structure. It houses the obsession of Annette Hage, the museum's initiator, curator and director. Her collection covers the paraphernalia of 20th century bourgeois life in Denmark: from clothes to furniture; from cooking utensils to popular magazines. The actual museum is located in the middle of Odense and is a part of the cultural centre. But it is here in the Old Shipyard that this phenomenal collection is managed and restored. People from the worlds of theatre, film and television come here to hire authentic props. And meanwhile the shipyard is also becoming increasingly popular. It has re-entered Odense's commercial world and has even become a part of Denmark's cultural life.

During the first year, a part of Building A was let out to a number of independent artists and small companies in the cultural sector including a radio station. Ultimately the owner's ambitions have been amply satisfied and it also seems that the 'tastemakers' have succeeded in creating a definite place for themselves.

rechts:

Op de eerste verdieping van gebouw C, dat evenals gebouw D ruim van opzet is, bevindt zich het magazijn van het museum 'Tidens Samling'. Het herbergt de grote passie van initiatiefnemer, conservator èn directeur, Annette Hage. De collectie omvat de parafernalia van het burgerlijk bestaan in het Denemarken van de 20ste eeuw, van kleding tot meubilair en van keukengerei tot populaire tijdschriften. Het museum zelf ligt in het centrum van Odense en maakt onderdeel uit van de cultuurcluster. Maar hier in de scheepswerf wordt de fenomenale collectie beheerd en gerestaureerd. De theater- film- en televisiewereld komt hier om authentieke rekwisieten te huren.

Sedert de komst van de kunstenaars verheugt de scheepswerf zich in een groeiende populariteit. Zij staat nu niet alleen op de economische kaart van Odense, maar op de culturele kaart van heel Denemarken. Een deel van gebouw A wordt nog in het eerste jaar verhuurd aan zelfstandige kunstenaars en kleine bedrijfjes in de culturele sector, waaronder een radiostation. Niet alleen de ambitie van de eigenaar van de werf is ruimschoots in vervulling gegaan, het ziet ernaar uit dat ook 'de smaakmakers' er definitief een plaats hebben veroverd.

Transit sheds

A transit shed is an elongated building consisting of one or two floors that is used for goods in transit. In fact, a transit shed's only function is to protect goods during transportation from the elements, theft and vandalism. The particular form of transportation and transfer determines the building's construction. A transit shed has an elongated form and has loading platforms on both sides because the goods are delivered and collected by boat and train. High spaces and vast doors in the front and back facades are needed for the rapid transfer of large quantities of goods. Hence, the space inside is open and has the minimum of supporting walls and pillars. This in turn means that a transit shed can naturally adapt to an alternative function. Dividing walls can be introduced so that it can easily be separated into living and working spaces with their own entrances.

The disadvantage of a transit shed is that its low, horizontal character means that it occupies a considerable space while providing relatively little surface area. Because its construction emphasizes speed rather soundness, preserving a transit shed may prove to be financially unfeasible.

In contrast to warehouses, transit sheds are still being built and used for their original function. The advent of the fork-lift truck has made the loading platform obsolete. A transit shed can serve many different purposes and is currently used for more than simply the transfer of goods. Consequently, in architectural terms, garages, canteens and factories are also transit sheds.

Loodsen

Een loods is een langgerekt gebouw van één of twee verdiepingen dat voor overslag van goederen dient. In feite is de enige functie van een loods bescherming van goederen tijdens het transport tegen de natuurelementen, roof en vandalisme. De aard van het transport en de overslag bepaalt de constructie van het gebouw. Aangezien de goederen per boot en trein aan- en afgevoerd worden is een loods langgerekt en aan beide kanten voorzien van laadperrons. Om snel grote hoeveelheden goederen te kunnen overslaan zijn, naast grote deuren in vóór- en achtergevels, hoge ruimten een vereiste. Het interieur wordt daarom gekenmerkt door vrije overspanningen. Dit laatste maakt de loods van nature geschikt voor flexibele functiewisselingen. Zij biedt immers de mogelijkheid om niet-dragende, maar wel scheidende wanden te construeren en is zo gemakkelijk op te delen in woon- en werkruimten, met ieder een eigen ingang.

Het nadeel van een loods is dat ze door haar lage, horizontale karakter veel ruimte inneemt, maar relatief weinig vloeroppervlak heeft. Omdat niet degelijkheid, maar snelheid de constructie dicteert, kan het instandhouden van een loods financieel onhaalbaar zijn.

In tegenstelling tot pakhuizen worden loodsen nog steeds gebouwd en als zodanig gebruikt. Hefboomtrucks hebben de laadperrons echter overbodig gemaakt. Een loods is voor vele doeleinden bruikbaar en wordt tegenwoordig ook voor méér dan alleen overslag gebouwd. Garages, kantines en fabriekshallen kan men, in architectonisch opzicht, tot de loodsen rekenen.

left:

The roof construction of Stack A, a transit shed dating from 1819 and located in the Custom House Docks, Dublin. Cast-iron support and roof constructions came into vogue in the late 18th century and early 19th century. The photo clearly shows the horizontal, cast-iron bars that hold Stack A's roof together. Reinforced concrete and steel were introduced to the building industry at the end of the 19th century and the beginning of the 20th century. These new materials replaced cast iron and were used in support and roof constructions.

links:

Dakconstructie van Stack A, een loods uit 1819 in Custom House Docks, Dublin. Bij de overgang van de 18de naar de 19de eeuw raken draag- en dakconstructies van gietijzer in zwang. Op de foto zijn duidelijk de horizontale, gietijzeren staven te zien die het dak van Stack A bijeenhouden. Bij de overgang van de 19de naar de 20ste eeuw doet gewapend beton en staal zijn intrede in de bouw. Deze nieuwe materialen vervangen het gietijzer en worden toegepast in draag- en dakconstructies.

above:

The Customs Shed as seen from its southern side. This transit shed is located in the Westerdok, on the Westerdokseiland. It was built for the Hollandsche IJzeren Spoorweg for the clearance of goods in 1922. The Custom Shed is 239 metres long which makes it one of the longest buildings in Amsterdam. Starting in 1978, it was gradually squatted. The house boats along the quay and the city nomads' caravans and home-made houses have created an intimate public space between the building and the water. Over the years the users have cultivated a safe oasis by consciously allowing the open and barren railway yard to become overgrown. Prompted by the redevelopment of the Westerdokseiland, the city council bought the building and its land in 1996 from the Dutch railways.

boven:

De Douaneloods gezien vanuit het zuiden. De loods staat aan het Westerdok, op het Westerdokseiland. Zij is in 1922 in opdracht van de Hollandsche IJzeren Spoorweg Maatschappij gebouwd voor de klaring van goederen. Met een lengte van 239 meter is de Douaneloods één van de langste gebouwen in Amsterdam. Vanaf 1978 wordt ze stukje bij beetje gekraakt. Met de woonboten langs de kade en de stadsnomaden in hun caravans en eigen gebouwde huisjes, ontstaat er tussen de loods en het water een intieme, openbare ruimte. Door het open en kale spoorwegemplacement bewust te laten overgroeien, scheppen de gebruikers hier mettertijd een veilige oase. Eind 1996 heeft de gemeente het gebouw en de daarbij behorende terreinen van de Nederlandse Spoorwegen gekocht, vanwege de ophanden zijnde herontwikkeling van het Westerdokseiland.

right:

The Customs Shed as seen from a south-easterly direction. This transit shed covers a total surface area of 1600 square metres, of which a quarter is still being used commercially as a storage space. The building is flanked both here and on its western side by a loading platform that measures 1.5 metres above ground level. The roof frame reaches a height of 4.5 metres above the loading platform. A maximum indoor height of seven metres and a depth of ten metres means that this is a relatively low and shallow transit shed. The roof is supported by trusses that rest on narrow sections of the brick facade. There are a total of 52 loading doors in the front and rear facades. The street side still has its original roll-down shutters. The users have consciously turned their backs on the street. This is partly because of the constant racket and the stench of diesel locomotives being shunted in the yard but it is more especially due to the railway staff's hostile attitude towards squatting.

rechts:

Douaneloods gezien vanuit het zuidoosten. Het totale oppervlak van de loods bedraagt 1600 vierkante meter, waarvan éénvierde deel nog in commercieel gebruik is voor opslag. Evenals op de westzijde wordt het gebouw hier geflankeerd door een laadperron dat op 1.50 meter hoogte boven het maaiveld ligt. De daklijst loopt 4.50 meter boven het laadperron. Met een maximale binnenhoogte van zeven meter en een diepte van tien meter gaat het om een relatief lage en ondiepe loods. Het dak wordt gedragen door spanten die rusten op smalle stukken gevel van baksteen. In de voor- en achtergevels bevinden zich in totaal 52 laaddeuren. Aan de straatzijde zitten de rolluiken nog allemaal op hun plaats. De gebruikers hebben zich bewust van de straat afgekeerd. Niet alleen vanwege het voortdurende lawaai en de stank van rangerende diesellocomotieven op het spoorwegemplacement, maar ook vanwege de antikrakersstemming onder het NS-personeel.

below:

The Customs Shed is the only one of the squatted premises in the harbour with activities that directly relate to the water. There is much cross-fertilization between the boats and the transit shed. Some people work in the transit shed and live on a boat while others live in the building and use a boat or barge as their place of work. The pipes and cables that run between the transit shed and the boats emphasize this mutual connection. The public space simultaneously functions as a back garden, a front garden and a meeting place. The communal management of the public space compensates for the lack of internal organization. And, just as in every small village, there are complex emotional relationships between the various residents. So it is no wonder that this alternative village has proved to be a fertile breeding ground for children. In fact, this is yet another way in which the Customs Shed differs from the other Guild premises. It is currently home to around 35 kids.

onder:

De Douaneloods is het enige kraakpand in de haven dat in een directe relatie tot het water staat door activiteiten. Tussen de boten en de loods vindt een intensieve kruisbestuiving plaats. Sommige mensen werken in de loods en wonen op een boot. Anderen wonen in de loods en gebruiken een boot of schuit als werkplaats. Waterleidingen en elektriciteitskabels die van de loods naar de boten lopen, bevestigen de onderlinge samenhang. De openbare ruimte is tegelijkertijd achtertuin, voortuin èn ontmoetingsplaats. Het gezamenlijk beheer van de openbare ruimte compenseert het gebrek aan interne organisatie. En net zoals in ieder klein dorp zijn ook hier de emotionele banden tussen de bewoners van een complexe aard. Het is dan ook geen wonder dat dit alternatieve dorp dat rond de Loods is ontstaan een vruchtbare bodem is gebleken voor kinderen. Ook hierin onderscheidt het pand zich van de andere Gildepanden. Er wonen momenteel ongeveer vijfendertig kinderen in het gebied.

above:

The Customs Shed as seen from a north-westerly direction. The Municipal Housing Department has investigated the building's current condition and has concluded that it is in a good state of repair. Its elongated form is interrupted by the inclusion of a customs office and a house consisting of several floors. The customs office was the first section to be squatted and was slowly followed by the rest of the building. Some people immediately staked out their claim with walls, while others considered the building to be a public space in which they built their own small houses. But ultimately they too succumbed to the need for privacy and closed off parts of the Customs Shed so that their houses have become more like rooms. Originally this transit shed had plenty of space for a second floor which over the years has led to the building of extra storeys, staircases and rooms. Ultimately this has resulted in 23 spaces of different sizes, each with its own entrance. Like the residents of a row of houses beneath a single roof, there is little sense of communal responsibility for the transit shed's management.

boven:

Douaneloods gezien vanuit het noordwesten. De bouwkundige staat van de Douaneloods is goed volgens een onderzoek van de Stedelijke Woningdienst. De langgerekte vorm van het gebouw wordt onderbroken door een woonhuis van meerdere verdiepingen en een douanekantoor. Dit douanekantoor wordt als eerste gekraakt, waarna de rest langzaam volgt. Sommigen bakenen onmiddellijk een deel van de loods af met muren, anderen beschouwen haar als een openbare binnenruimte, waarin zij zelfstandige huisjes bouwen. Maar tenslotte zwichten óók zij voor het verlangen naar meer privacy en sluiten delen van de loods af, waardoor de huisjes op kamers gaan lijken. Omdat de loods met gemak ruimte biedt aan een tweede verdieping, zijn er in de loop van de tijd steeds meer vloeren, trappen en extra vertrekken bijgekomen. Dit resulteert uiteindelijk in drieëntwintig eenheden van verschillende grootte, met ieder een eigen ingang. Net zoals bij de bewoners van een rij huizen onder één kap, is er bij de gebruikers nauwelijks sprake van een gezamenlijk verantwoordelijkheidsgevoel voor het beheer van de loods.

above:

The council's project group had such difficulties with the city nomads' home-made houses that it referred to them as the 'knocked-together structures.' This Dutch juridical term was used in the hope of facilitating their future demolition. This photo shows the interior of one of these 'knocked-together structures.' (photo David Carr-Smith)

boven:

De gemeentelijke projectgroep die de ontwikkeling van het Westerdokseiland voorbereidt, heeft zo'n moeite met de eigen gebouwde huisjes van de stadsnomaden dat men ze aanduidt met: 'het getimmerde'. Door deze officiële juridische term te gebruiken, hoopt men de huisjes in de toekomst gemakkelijker te kunnen opruimen. Op de foto ziet men 'een getimmerde' van binnen. (foto David Carr-Smith)

right:

In its preparations for the development of the Westerdokseiland, the project group has made it clear that, in its view, there is no place for the Customs Shed. Fortunately the users of this transit shed had already set up an association to represent their interests in the outside world. They consider the whole area to be both their home and, more especially, their place of work. It encompasses an extraordinary diversity of small-scale commerce and includes ship repairing, a carpentry business, a furniture maker, an eel fisher with his own smokehouse and various studios used by artists and musicians. Their re-development plans would replace the roll-down shutters with shop frontage. For instance, this would make an excellent location for an alternative furniture centre. The users would also like to transform the southern end of the transit shed into a tea pavilion with a view of the water. They would like to become a part of the new Westerdokseiland provided that this does not mean losing their identity, rather they would like to share their 'joie-de-vivre' with the rest of this area.

rechts:

Als het aan de gemeentelijke projectgroep ligt mag de loods verdwijnen. Om de gemeenschappelijke belangen naar buiten toe te behartigen, hebben de gebruikers van de loods een vereniging opgericht. Voor hen is het totale gebied naast een woonplaats vooral een werkplek. Men treft er een opmerkelijke verscheidenheid in kleine bedrijvigheid aan, waaronder scheepsreparatie, een timmerbedrijf, een meubelmakerij, een palingvisser met een eigen rokerij en diverse studio's van beeldend kunstenaars en musici. In hun plannen voor herontwikkeling worden de rolluiken aan de straatkant vervangen door winkelpuien. Hier zou bijvoorbeeld heel goed een alternatieve meubelboulevard kunnen opbloeien. De zuidelijke kop van de loods zouden ze willen transformeren tot een theepaviljoen met uitzicht op het water. Men wil deel worden van het nieuwe Westerdokseiland, zonder verlies van identiteit. Hún 'carpe diem' zouden ze aan het hele Westerdokseiland willen schenken.

Liverpool: Brunswick Business Park

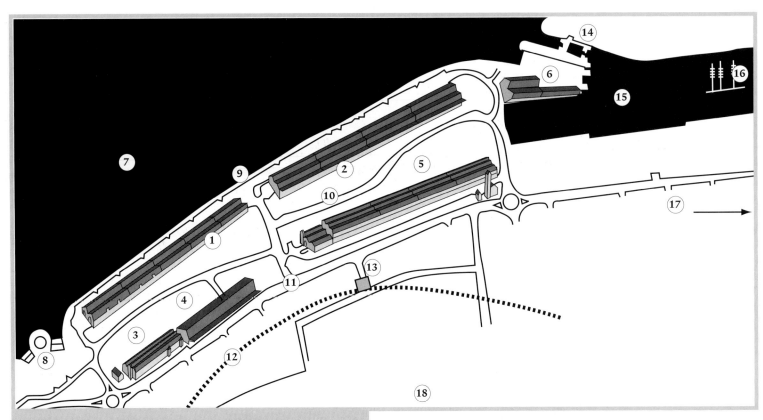

BRUNSWICK BUSINESS PARK

1. West Harrington Building / West Harrington Gebouw
2. Dempster Building / Dempster gebouw
3. South Harrington Building / South Harrington Gebouw
4. North Harrington Building / North Harrington Gebouw
5. Century Building / Century Gebouw
6. Brunswick Enterprise Centre / Brunswick Bedrijvencentrum
7. The River Mersey / Rivier De Mersey
8. Former lock / Voormalige sluis
9. Riverside Walk
10. Filled-in Toxteth Dock / Gedempte Toxteth Dock
11. Sefton Street/ Sefton straat
12. Metro
13. Planned metro / Gepland metrostation
14. Lock / Sluis
15. Brunswick Dock
16. Marina
17. Liverpool city centre / Centrum van Liverpool
18. Toxteth

The southern part of Liverpool's harbour. Six transit sheds dating from the period 1875-1878 are located around the filled-in Toxteth Dock. They were built at a time when the Albert Dock had become too small. These transit sheds are large and have a number of roofs. Two of the six buildings consist of two floors. The most important starting point for the transit sheds' re-development was the creation of cheap, commercial space for small-scale and medium-sized businesses. To guarantee low rents, the project's initiator, Merseyside Development Corporation (see Chapter Three), assumed responsibility both for the complex's development and for its management. It is now known as Brunswick Business Park. A total surface area of 70,000 square metres provides space for one hundred diverse companies and small concerns. This has also created employment for 2500 people. The public space between the transit sheds was originally created by filling in Toxteth Dock; it has now been turned into a gigantic car park. The MDC is also partly responsible for the cost of developing public transport. Consequently there is now a bus and a station is being built on the Metro.

links:

Zuidelijk deel van de haven van Liverpool. Rond het gedempte Toxteth Dock staan zes voormalige overslagloodsen uit de periode 1875-1878. Zij werden opgetrokken toen het Albert Dock te klein werd. De loodsen zijn groot en hebben meerdere overkappingen. Twee van de zes loodsen hebben twee verdiepingen. Het belangrijkste uitgangspunt bij de herontwikkeling van de loodsen was het creëren van goedkope bedrijfsruimten voor het midden- en kleinbedrijf. Om de lage huurprijzen te waarborgen, hield de initiatiefnemer, de Merseyside Development Corporation (zie hoofdstuk 3) de ontwikkeling en het beheer in eigen hand. Het geheel staat nu bekend onder de naam Brunswick Business Park. Een totaal vloeroppervlak van 70.000 vierkante meter biedt plaats aan honderd bedrijven en bedrijfjes van gemengde aard. Momenteel werken er 2500 mensen. De openbare ruimte die tussen de loodsen is ontstaan door het dempen van het Toxteth Dock is ingericht als een gigantische parkeerplaats. De M.D.C. heeft ook een deel van de kosten voor het openbaar vervoer op zich genomen. Zo rijdt er nu een stadsbus en wordt er een station gebouwd voor de metrolijn.

left and above:

Dempster Building in Brunswick Business Park. The development of this transit shed is typical of all the transit sheds in this complex that consist of one floor. The side facades have been preserved to give a sense of historical continuity but effectively a completely new building has been constructed on the site of the old transit shed. Demolishing the roof and the internal structure has disturbed the balance of the facades; they are now supported by buttresses. The photo also reveals other changes such as are shown by the light coloured bricks. This transit shed's original function has influenced its present activities. In fact, the same applies to all the transit sheds in this complex: they are currently used by businesses whose activities suit these spaces and include small factories, mail-order companies and garages. By maintaining the concept and construction of these transit sheds, they remain naturally geared towards flexible re-use. (photo by the authors)

links en boven:

Dempster Building in Brunswick Business Park. De ontwikkeling van deze loods is kenmerkend voor alle loodsen met één verdieping op het terrein. Vooral de zij-gevels zijn bewaard als een historische vingerwijzing, maar op de plek van de oude loods is een geheel nieuw gebouw verrezen. Door het slopen van het dak en de inwendige structuur raakten de gevels uit balans. Daarom worden ze nu gestut door steunberen. Verdere veranderingen aan de gevel kan men op de foto's aflezen aan de lichtere toon van de baksteen. Ook de oude functie van de overslagloods heeft zijn invloed op de nieuwe bedrijvigheid. Hetzelfde geldt voor alle andere loodsen op het terrein: zij worden gebruikt door bedrijven wier activiteiten passen bij de ruimte, zoals kleine fabriekjes, postorderbedrijven, garages e.d.. Door het concept en de constructie van de loodsen te handhaven, blijven de ruimten uitermate geschikt voor flexibel hergebruik. (foto's auteurs)

The *Century Building in Brunswick Business Park has a clock tower; this is typical of English transit sheds consisting of two floors. In fact, the other two-storey transit shed in this complex also has a clock tower.*

Century Building in Brunswick Business Park heeft een klokkentoren die in Engeland typisch lijkt voor loodsen met twee verdiepingen. Zo bezit ook de andere loods met twee verdiepingen op het terrein er een.

The Century Building in Brunswick Business Park. Re-use has transformed the facade of this transit shed into a patchwork quilt of windows and doors. The hydraulic crane on the facade is a thing of the past and is no longer in use.

Century Building in Brunswick Business Park. Hergebruik heeft de gevel van deze loods veranderd in een lappendeken van ramen en deuren. De hydraulische kraan aan de gevel verwijst naar het verleden, maar is niet meer in gebruik.

left:
The interior of the Century Building in Brunswick Business Park. The second floor also used to function as a transit shed and has now been turned into a number of offices. Hence, the space which used to be open, has now been divided up into entrance halls, staircases and corridors leading to the offices. Once the basic construction work has been completed, the companies become responsible for any further alterations to their office spaces.
The photo shows a cast-iron pillar that has been insulated; this is probably for reasons of fire safety.

links:
Interieur van The Century Building in Brunswick Business Park. De tweede verdieping die vroeger óók loodsruimte was, is nu omgebouwd tot meerdere kantoorruimten. Daartoe is de voormalige open binnenruimte onderverdeeld in toegangshallen, trappenhuizen en gangen waarop de kantoorruimten uitkomen. Voor de verdere inrichting en inbouw van de kantoorruimten zorgen de bedrijven zelf.
Op de foto is te zien hoe een gietijzeren pilaar is ingepakt, waarschijnlijk vanwege de brandveiligheid.

rechts:
Trappenhuis in The Century Building, Brunswick Business Park. De verbouwing is simpel en goedkoop gehouden. De combinatie van oud (bakstenen) en nieuw (betonnen bouwblokken) is op de foto duidelijk te zien. Naast de structuur van de oorspronkelijke loods draagt ook de eenvoudige inbouw bij aan flexibel hergebruik in de toekomst.

left below:
The staircase in the Century Building, Brunswick Business Park. The renovations
have been kept simple and have involved a minimum of financial outlay. The photo
clearly shows the combination of the old (brick) and the new (concrete construction
blocks). Both the structure of the original transit shed and its simple interior will
contribute to its flexible re-use in the future.

right:
The interior of the Brunswick Enterprise Centre. This transit shed with its twin roofs
contains business spaces that have been built as separate units. A service road runs
through the middle of the complex for the collection and delivery of goods and serv-
ices. A two-floor reception hall has been built in the centre of this building and inc-
ludes a communal canteen and a kiosk. The management is a part of a government
agency that is responsible for allocating the spaces and for assisting the 80, often tiny,
businesses which are housed in the transit shed. Their activities are very varied and
there are butchers, metal workers and administrative companies. The idea is that,
after a fixed period of time, these businesses should be able to find their feet and must
move elsewhere. Leases are extremely short and even exist on a monthly basis.
Hence, there is a rapid turnover and only a limited cohesion exists between the
various concerns.

rechts:
Interieur van het Brunswick Enterprise Centre. In deze loods, met twee overkap-
pingen, zijn de bedrijfsruimten als losse eenheden ingebouwd. Door het midden
loopt een ventweg ten behoeve van de aan- en afvoer van goederen en diensten.
Centraal in de loods heeft men een receptiehal van twee verdiepingen gebouwd
waarin onder meer een gemeenschappelijke kantine en een kiosk zitten. Het
beheer is ondergebracht bij een overheidsinstantie die de ruimten toewijst en de
tachtig, vaak piepkleine bedrijfjes die in de loods gevestigd zijn, begeleidt. Er
bestaat een grote variatie aan bedrijvigheid, van slagers tot fijnmetaalbewer-
kers en administratieve bedrijven. Het is de bedoeling dat de bedrijven na een
bepaalde periode op eigen benen kunnen staan en naar elders vertrekken. De
huurcontracten zijn erg kort, sommigen zijn afgesloten op maandbasis. Het ver-
loop is daarom groot en de cohesie tussen de bedrijven onderling gering.

Bristol: Artspace

The Artspace Foundation was set up in 1976 by six artists with the aim of acquiring cheap studio spaces in Bristol. Initially they rented the attic of McArthur Warehouse, a Victorian building located between the shipyards of Spike Island (The photo shows a row of bollards that mark the site of the old shipyard. McArthur Warehouse is right above the left-hand bollard). The Foundation functions as the building's manager. The number of artists rapidly increased and within a year Artspace was acting as an umbrella organization for six groups and an exhibitions committee. This initiative expanded to include two other buildings in the immediate neighbourhood. By 1980, the search was underway for a larger building that could house all these artists' groups beneath a single roof. The city council was approached but the request fell on deaf ears. In fact, serious negotiations with the city valuers did not begin until the late 1980s. Six possible buildings including the Cheese Warehouse came up for consideration but none of them fulfilled Artspace's wishes or requirements.

De Stichting Artspace is in 1976 door zes kunstenaars opgericht om betaalbare atelierruimten in Bristol mogelijk te maken. Aanvankelijk huren zij de zolder van het McArthur Warehouse, een Victoriaans pakhuis tussen de scheepswerven op Spike Island. (Op de foto ziet men in de voorgrond nog een rij bolders die de plaats van een oude scheepswerf markeren. Recht boven de linker bolder staat het McArthur Warehouse). De Stichting treedt op als beheerder van het gebouw. Het aantal kunstenaars groeit snel aan. Binnen een paar jaar opereren onder de paraplu van Artspace zes verschillende groepen en een organisatiecomité voor tentoonstellingen. Het initiatief breidt zich verder uit over twee gebouwen in de directe nabijheid. Vanaf 1980 begint men al om te zien naar een groter pand dat plaats kan bieden aan alle betrokken kunstenaarsgroepen samen. Men went zich tot de gemeente, maar het verzoek stuit hier op dovemansoren. Pas in de tweede helft van de jaren tachtig komen er serieuze onderhandelingen met het gemeentelijk grondbedrijf op gang. Zes mogelijke, nieuwe onderkomens, waaronder The Cheese Warehouse, passeren de revue. Geen van alle voldoen aan de wensen en behoeften van Artspace.

right:

The staircase leading to the attic of McArthur Ware-house. The attic floor was difficult to reach and it was dilapidated and damp. When it rained, it was a question of putting up your umbrella and working away regard-less. There was no heating but these English artists regarded their studio as being purely a working space so that warmth was not essential. The same applied to other of life's little luxuries such as a bed and cooking facilities. For English artists, the idea of an intensive mixture of functions that combines working with living is simply unimaginable.

The limit had finally been reached when a shortage of space drove the artists to seek elsewhere and, in 1993, the fire brigade banned all public activities for safety reas-ons. That meant an end to the exhibitions and open stu-dios. Consequently there were no regrets when McArthur Warehouse was sold to a project developer who planned to build houses.

rechts:

Trap naar de zolder van het McArthur Warehouse. De moeilijk toegankelijke zolderverdieping is vervallen en vochtig. Wanneer het buiten regent, steekt men binnen de paraplu op en werkt rustig door. Verwarming ontbreekt, maar de Engelse kunstenaars zien hun atelier puur als werkruimte en een verwar-ming is daarin niet essentieel, laat staan andere geneugten, zoals een bed of een kookgelegenheid. Bij intensieve functiemenging, die werken met wonen combineert, kan men zich niets voorstellen. De maat is pas vol wanneer de kunstenaars door ruimtegebrek verspreid raken over meerdere gebou-wen. De brandweer doet er nog een schepje bovenop door in 1993, uit veiligheidsoverwegingen, alle publieke activiteiten te verbieden. Dat betekent het einde voor tentoonstellingen en open ateliers. Wanneer het McArthur Warehouse tenslotte verkocht wordt aan een projectontwikkelaar die er huizen wil bouwen, is daar niemand rouwig om.

The Brooke Bond Tea Packing Factory on the left with its transit shed on the right. This factory is located around the corner from the McArthur Warehouse and dates from 1958. The city council had stipulated that the building could only be used for its original function. Therefore Artspace was able to buy the 10,800 square-metre factory for a favourable price in 1995. Of course, it was gambling on the assumption that the council would subsequently abolish the condition and fortunately this was exactly what happened. It meant that the artists could easily re-sell the adjoining transit shed (on the right of the photo) so that the Tea Packing Factory could change hands without any money being exchanged. Artspace had found its ideal building. The design was perfect: no pillars and ample indirect light through skylight windows and the roof's transparent covering. The large number of doors provided easy access to all parts of the building. The basic structure required no alteration. The space simply needed to be divided up into separate studios so that the artists could move in. (photo by the authors)

Brooke Bond Tea Packing Factory links, met bijbehorende loods rechts. Om de hoek van het McArthur Warehouse staat een voormalige verpakkingsfabriek voor thee uit 1958. Volgens een gemeentelijke voorwaarde mag het gebouw slechts in die functie door het leven gaan. Hierdoor kan Artspace deze fabriekshal van 10.800 vierkante meter in 1995 tegen een zacht prijsje verwerven. Zij gokken erop dat de gemeente de ongunstige voorwaarde opheft, hetgeen inderdaad gebeurt. Hierdoor kunnen de kunstenaars de belendende loods (rechts op de foto) doorverkopen zodat de Tea Packing Factory, met gesloten beurzen, van eigenaar kan wisselen. Artspace heeft het ideale gebouw gevonden. Men had het zelf niet beter kunnen ontwerpen: geen pilaren, veel indirect licht via het dak en door de vele toegangen zeer goed toegankelijk aan alle kanten. De structuur zelf kan ongewijzigd blijven. Er is slechts extra inbouw nodig om het pand gebruiksklaar te maken. (foto van de auteurs)

The Brooke Bond Tea Packing Factory. The roof of the central production hall resembles the swell of an ocean. This theme is repeated throughout the building's interior. Waves feature in all the spaces that were not used for production or storage and include the reception and the offices downstairs and the former canteen upstairs. This canteen is a gem of interior decoration with its gentle wave motif. However, the form of the work spaces is prosaic and purely functional. They surround the production hall along with the storage spaces and loading platforms. It is a feast of wide, open spaces.

The factory hall evokes a sense of endless potential and growing ambition. And finally dream became reality with a subsidy of £1,500,000 which was provided by the National Lottery. This meant that the building could be renovated in 1997. Work spaces were created for one hundred artists along with studios that included accommodation for foreign artists. In the future, Artspace intends to house galleries, an art supplier and many other public facilities. And there is still space left over that will be leased on a commercial basis to the local art school and to a film studio.

(photo copyright Artspace, Bristol 1996)

Brooke Bond Tea Packing Factory. De centrale productiehal heeft een dak als een golfslag van de oceaan. Dit thema zet zich in de binnenbouw voort. In alle ruimten die niet voor productie of opslag bestemd zijn, zoals de receptie en kantoren beneden en de kantine boven, vindt men de deining terug. Vooral de voormalige kantine is een juweel van slappe golflijnen. De werkruimten zijn echter prozaïsch en functioneel van vorm. Zij liggen samen met opslagruimten en laadperrons om de productiehal heen gegroepeerd. Het is een feest van grote overspanningen.

De fabriekshal leidt tot een gevoel van onbegrensde mogelijkheden en groeiende ambitie. En tenslotte worden de wildste dromen werkelijkheid door een subsidie van £ 1.500.000 van de Nationale Loterij. Men kan de fabriek in 1997 gaan verbouwen. Er worden werkruimten voor honderd kunstenaars gerealiseerd evenals verblijfstudio's voor buitenlandse kunstenaars. Ook galeries, een kunstenaarsbenodigdhedenwinkel, en vele andere openbare gelegenheden zullen een plaats vinden onder het dak van Artspace. En dan blijft er nog genoeg ruimte over om commercieel te verhuren aan de kunstacademie en aan een filmstudio.

(foto copyright Artspace, Bristol 1996)

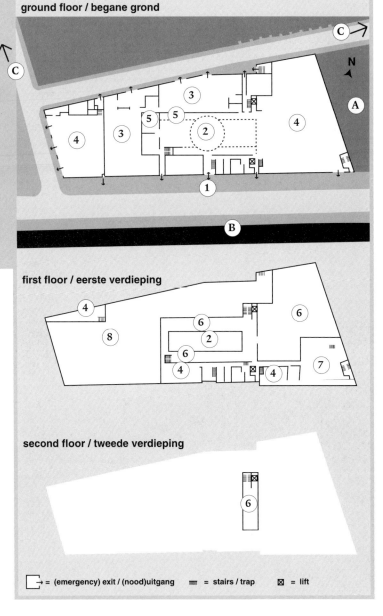

ARTSPACE IN BROOKE BOND TEA PACKING FACTORY

1. Main entrance / Hoofdingang
2. Galleries (height: two floors) / Galeries (hoogte: twee verdiepingen)
3. Sculptors' studios and work places /
   Beeldhouwersateliers en -werkplaatsen
4. Sub-tenants / Onderhuurders
5. Guest studios / Gastenstudio's
6. Painters' studios / Schilderateliers
7. Work places for graphic artists and printers /
   Grafici- en drukkerswerkplaatsen
8. Roof / Dak
A. Re-sold Transit Shed / Doorverkochte loods
B. The River Avon / Rivier de Avon
C. Towards the Floating Harbour / Naar de Floating Harbour

ground floor / begane grond

first floor / eerste verdieping

second floor / tweede verdieping

→ = (emergency) exit / (nood)uitgang   ▬ = stairs / trap   ⊠ = lift

The ground plan of the Brooke Bond Tea Packing Factory: the ground floor and the first floor. Artspace concentrates primarily on production and not on consumption. The aim is to achieve a thorough mixture of artists representing the various disciplines, each of which is assigned its own department. Special attention is paid to guest studios as a part of an international artists' exchange scheme. This is reflected both in the building and in Artspace's program. The production hall has a flexible structure so that it can accommodate exhibitions. A permanent part of the space is reserved for the work of foreign artists. In addition, the building's public spaces are geared to stimulate cross-fertilization.

Artspace is the first initiative in England where artists develop, manage and utilize a building. It means that Artspace has provided many artists with a good and cheap basis so that they are able to practise their profession.

(ground plan copyright Niall Phillips Architects, Bristol 1995)

Amsterdam: Edelweiss

right:

The former KNSM canteen in Amsterdam dates from 1961. In 1982 it was squatted by a group of women artists and was completely rejuvenated. This group called themselves 'Edelweiss' after a small, Swiss resistance group that was active in the past. In the early 1980s, the canteen was still located in a deserted harbour landscape of transit sheds and train rails. Apart from a couple of squatters, the KNSM Island was completely uninhabited (see Chapter Three). Edelweiss is now a part of a modern

housing estate. Urban development has provided it with a square that separates it from the water. Edelweiss has been transformed from an ugly duckling into a vision of enchantment. This transparent box on the Levantplein has a surface area of 1540 square metres and hovers some 4.5 square metres above ground level. Originally the only access to the canteen were two staircases in the brick extensions on the sides of the building.

links:

Plattegrond van het Brooke Bond Tea Packing Factory: begane grond en de eerste verdieping. Artspace richt zich vooral op productie, niet op consumptie. Men streeft naar een goede menging van kunstenaars, evenredig verspreid over de verschillende disciplines die ieder hun eigen afdeling krijgen. Gastenstudio's ten behoeve van een internationaal uitwisselingsprogramma voor kunstenaars gaan een centrale plaats innemen, zowel in het gebouw als in het programma van Artspace. De productiehal wordt flexibel ingericht ten behoeve van tentoon-

stellingen. Voor het werk van de buitenlandse gasten wordt een permanent deel van de ruimte gereserveerd. Verder moeten de openbare ruimten binnen het gebouw de kruisbestuiving bevorderen.

Artspace is het eerste initiatief in Engeland waarin kunstenaars zelf een gebouw ontwikkelen, beheren en exploiteren. Op deze manier verzekert Artspace veel kunstenaars van een goede en goedkope basis om hun beroep uit te oefenen. (plattegronden copyright Niall Phillips Architects, Bristol 1995)

Amsterdam: Edelweiss

boven:

In 1982 werd in Amsterdam de voormalige kantine van de KNSM (bouwjaar 1961) gekraakt door een groepje vrouwelijke kunstenaars. Zij noemden zichzelf Edelweiss, naar een kleine Zwitserse verzetsgroep uit het verleden. De kantine stond destijds in een verlaten havenlandschap met loodsen en spoorrails. Op enkele andere krakers na was het KNSM-eiland onbewoond (zie hoofdstuk 3). Inmiddels is Edelweiss deel van een nieuwbouwwijk. Tussen het water en het

gebouw is een plein aangelegd. Hierdoor is Edelweiss van een lelijk eendje een betoverende verschijning geworden aan het Levantplein. De transparante doos heeft een oppervlak van 1540 vierkante meter en zweeft op 4,5 meter hoogte boven het maaiveld. Oorspronkelijk was de kantine slechts bereikbaar via de twee trappenhuizen die in de bakstenen uitbouwen op de flanken van het gebouw zitten.

above:

Edelweiss's interior in 1990: the staircase in the extension on the west side. For nine years this was the general entrance to the open canteen space. A temporary bedroom has been suspended against the facade and above the stairs. Individual spaces have also been marked out in the rest of the building by means of partitions yet the image of a single, open space remains. The internal division of the building has been dictated by a strong, collective approach. This led to a collaboration that ultimately inspired the organization of an annual art event called 'Edelweiss Presents.' It successfully focused attention on the squatters' initiatives in general and on the canteen in particular. It allowed the squatters to demonstrate their value and finally they were able to purchase the building from the city council. (photo David Carr-Smith)

right:

Edelweiss's interior in 1994: an individual casco. Following the building's purchase, its users undertook the large-scale conversion of its interior. The link between the various studios was broken for once and for all. The need for privacy and the possibility to concentrate on work left its mark on these renovations: eight individual casco spaces were created. The building was divided up like slices of a loaf. Despite being physically divided, the users' common history means that they still form a close-knit group. Social circumstance has dictated the way in which each casco has been designed and constructed. For by now traditional families have developed and most of these users have opted for a domestic approach to their living and working spaces. However, the photo shows an exception to this rule: a re-modelled casco in which the space has remained intact. It was designed by a student of architecture in consultation with the user. This design maintains the atmosphere of the open canteen: here, the user is living in a work space.(photo David Carr-Smith)

links:

Interieur Edelweiss, in 1990: trappenhuis in de uitbouw op de westzijde. Negen jaar lang is dit de gemeenschappelijke entree tot de open kantineruimte. Tegen de gevel boven de trap is een provisorische slaapkamer gehangen. Ook verder in het gebouw worden meteen individuele ruimten afgezet door middel van schotten, maar het beeld van één enkele open ruimte blijft intact. De inbouw wordt gedicteerd door een sterk collectief bewustzijn. Dit mondt uit in een onderlinge samenwerking die inspireert tot de organisatie van de jaarlijkse kunstmanifestatie 'Edelweiss presenteert'. Daarmee vestigt men met succes de aandacht op de krakersinitiatieven op het eiland en op de kantine in het bijzonder. Op deze manier bewijzen de gebruikers hun maatschappelijke meerwaarde en zo kunnen ze het gebouw tenslotte van de gemeente aankopen. (foto David Carr-Smith)

onder:

Interieur Edelweiss, in 1994: individueel casco. Na de aankoop van het pand pakt men op grote schaal de inbouw aan. De verbinding tussen de verschillende ateliers wordt definitief verbroken. De behoefte aan privacy en concentratie op het eigen werk drukken hun stempel op de verbouwing: er worden acht individuele casco-ruimten gecreëerd. Het gebouw wordt als een cake opgedeeld in plakken. Ondanks deze fysieke scheiding blijft er een hechte band tussen de gebruikers bestaan dankzij het gemeenschappelijk verleden.

De sociale leefomstandigheden binnen ieder individueel casco dicteren echter opnieuw de interne verbouwing. De inmiddels ontstane, traditionele gezinsverbanden leiden bij de meesten tot een huiselijke opdeling van de woonwerkruimte. De foto toont een uitzondering op de regel; in dit verbouwde casco is de ruimte één geheel gelaten. De inbouw is, in overleg met de gebruiker, door een studente bouwkunde ontworpen. In het ontwerp is de sfeer van de open kantine behouden: hier wordt gewoond in een werkruimte. (foto David Carr-Smith)

The underside of the Edelweiss building. Its utilitarian function is reflected in its construction. These premises consist of a steel skeleton of columns and H-shaped beams that has been covered with pre-fab concrete plates and glass. The columns extend to the roof where they support its frame. The stairs beneath the building are the only addition to the original design. These separate entrances mean that users can only reach each other by going outside or by phoning. The essence of the building has been changed by the dividing walls and the individual entrances. A collective approach, which is so characteristic of a warehouse-type building, has made way for the casual cohesion of a transit shed.

Onderkant van Edelweiss. De utiliteitsfunctie van het gebouw vindt haar weerslag in de constructie. Het pand bestaat uit een stalen skelet van kolommen en H-balken, bekleed met prefab betonnen platen en glas. De kolommen lopen door tot het dak waarvan ze de vakwerkspanten dragen. De trappen onder het gebouw zijn de enige toevoeging aan het oorspronkelijke ontwerp. Door deze afzonderlijke ontsluitingen kunnen de gebruikers elkaar alleen nog maar buitenom bereiken of via de telefoon. Het wezen van het gebouw is door de scheidsmuren en de individuele ontsluitingen veranderd. Het collectivistisch gebruik - dat ook zo kenmerkend is voor een veemachtig gebouw - heeft plaatsgemaakt voor het losse verband van een loods.

The KNSM Island as seen from the Verbindingsdam during the winter of 1996 and 1997. Edelweiss features on the right-hand photo and is jammed between two modern apartment blocks. During the notorious period after Edelweiss was first squatted in 1982, people tried to brave the rigours of winter by donning costumes made of electric blankets. Following the building's purchase in 1991, the interior was converted and individual central heating units were installed. However, these premises are still difficult to heat because of the high windows and concrete facing. In the early days, the squatters were enthralled by the boundless potential of a disused harbour. They fought to preserve their building and for an urban environment. Ultimately, converting Edelweiss's interior mirrors the island's development into a new urban district. Yet Edelweiss's structure as a casco means that it is still a place of boundless potential.

Het KNSM-eiland, gezien vanaf de Verbindingsdam, in de winter van 1996-1997. Edelweiss ligt op de rechterfoto inge-
klemd tussen twee nieuwbouwblokken. In de beruchte beginperiode, toen het gebouw net gekraakt was, trachtte men de
winterse ontberingen te weerstaan door zich te hullen in een pak gemaakt uit elektrische dekens. Pas na de aankoop in
1991 zijn er tijdens de interne verbouwing ook individuele verwarmingsinstallaties aangelegd, maar door de grote
raampartijen en betonnen bekleding blijft het pand moeilijk te verwarmen.
In het begin hebben de krakers gekozen voor de onbegrensde mogelijkheden die een in onbruik geraakte haven biedt.
Men heeft gevochten voor het behoud van het gebouw en een stedelijke omgeving. De realisatie van de inbouw van
Edelweiss weerspiegelt in een notendop de ontwikkeling van het eiland tot een nieuwe stadswijk, maar door de struc-
tuur van het casco blijft Edelweiss een plek van onbegrensde mogelijkheden.

SOURCE MATERIAL

COPENHAGEN: SILO WAREHOUSE B

INFORMATION WAS PROVIDED BY

Werner Nesjt, civil engineer and project leader
of the 'Silo Warehouse B' development company

LITARATURE

Amtsrådsforeningen folder (1996).
Amternes Hus, Copenhagen

ROSTOCK: FIVE SILOS

INFORMATION WAS PROVIDED BY

Wolf-Dieter Menkhaus, project manager of
the Deutsche See Rederei (DSR) Immobilien
Karl-Otto Richter, INURA Rostock

BRISTOL: THE CHEESE WAREHOUSE AND ARTSPACE

INFORMATION WAS PROVIDED BY

Sandie Macrae, an artist
with a studio in the Cheese Warehouse
Caroline Thomas, co-ordinating contact person for Bristol
John O'Connor, sculptor and Artspace chairperson
Julian Mellor, Bristol City Council official,
co-ordinator of Economic Development and Regeneration

LITERATURE

Crossingham, C. (1996).
South Warehouse, Redcliffe Backs, Bristol BS1 6LY
Research pamphlet concerning the architect and con-
struction date of the Cheese Warehouse
Artspace Bristol Ltd. (1997).
Spike Island Launch and Symposium, Bristol

SZCZECIN: THE BUSINESS INCUBATOR 2

INFORMATION WAS PROVIDED BY

Dorota Prszestalska, co-ordinator of the
Foreign Relations Department of the
Szczecin Centre for Economic Initiatives (SCP)

BRONNEN

KOPENHAGEN: SILOPAKHUIS B

INFORMANTEN
Werner Nesjt, projectleider civ.ing.
ontwikkelingsmaatschappij 'Silopakhuis B'

LITERATUUR
Folder Amtsrådsforeningen (1996).
Amternes Hus, Kopenhagen

ROSTOCK: VIJF SILO'S

INFORMANTEN
Wolf-Dieter Menkhaus, projectmanager van de
Deutsche See Rederei (DSR) Immobilien
Karl-Otto Richter, INURA Rostock

BRISTOL: CHEESE WAREHOUSE EN ARTSPACE

INFORMANTEN
Sandie Macrae, kunstenaar uit Cheese Warehouse
Caroline Thomas, coördinerend contactpersoon voor Bristol
John O'Connor, beeldhouwer en voorzitter van
de beheerstichting van Artspace LTD.
Julian Mellor, ambtenaar gemeente Bristol,
coördinator Economische Ontwikkeling en Regeneratie

LITERATUUR
Crossingham, C. (1996).
South Warehouse, Redcliffe Backs, Bristol BS1 6LY.
Onderzoekspamflet naar de architect en de
constructiedatum van The Cheese Warehouse
Artspace Bristol Ltd. (1997). Spike Island Launch
and Symposium, Bristol

SZCZECIN: BUSINESS INCUBATOR 2

INFORMANTEN
Dorota Prszestalska, coördinatrice Buitenlandse Betrekkingen
van het Szczecin Centrum voor Economische
Initiatieven (SCP)

ODENSE: THE OLD SHIPYARD

INFORMATION WAS PROVIDED BY
Annette Hage, curator and director of
                    the 'Tidens Samling' Museum, Odense
Jørgen Raft, developer of the Old Shipyard
                    for Les Magasins du Nord
Karen Nielsen, organizer of the artists' project and
        the project for the unemployed, the Old Shipyard, Odense
Marinus Jensen, Odense City Council Planning Department
Peter Ørting, Odense City Council Department of Culture
Pia Løye. artist and initiator of the artists' project,
                        the Old Shipyard, Odense

LIVERPOOL: BRUNSWICK BUSINESS PARK

INFORMATION WAS PROVIDED BY
Chris Farrow, MDC Chief Executive
David Sibeon, the MDC's head of urban design and
                    the project manager of the Albert Dock contracts

litarature
MDC (1995). *South Liverpool Area Strategy - Summary Plan*

AMSTERDAM: THE CUSTOMS SHED

INFORMATION WAS PROVIDED BY
Alma Langeveld, ceramist and user of the Customs Shed,
                    member of the Transit Shed Association
Rob Brilman, antiques dealer, restorer and
                    user of the Customs Shed, member of the
                    Transit Shed Association
Raoul van der Weide, musician and user of the
        Customs Shed, member of the Transit Shed Association

LITERATURE
Keizer, G.R. and Korthals Altes H.-J. (1996)
                'Guild Inventory, deelonderzoek Binnenland',
                    Dutch research commissioned by
                The IJ Industrial Buildings Guild, Amsterdam
Projectgroep zuidelijke IJ-oever (1997).
                *'De ontwerpopgave voor stedenbouwkundige en
                architectonische beelden' (Westerdok)*, Amsterdam

AMSTERDAM: EDELWEISS

INFORMATION WAS PROVIDED BY
Edelweiss' users

LITERATURE
Keizer, G.R. and Korthals Altes H.-J. (1996)
                'Guild Inventory, deelonderzoek Binnenland',
                    Dutch research commissioned by
                The IJ Industrial Buildings Guild, Amsterdam

ODENSE: DE OUDE SCHEEPSWERF

INFORMANTEN

Annette Hage, conservatrice en directrice van
het museum 'Tidens Samling', Odense
Jørgen Raft, ontwikkelaar van de oude Scheepswerf
ten behoeve van Les Magasins du Nord
Karen Nielsen, organisatorisch medewerker ten behoeve van
het kunstenaarsproject en het werkelozenproject
op de oude Scheepswerf te Odense
Marinus Jensen, ambtenaar Dienst Ruimtelijke Ordening,
gemeente Odense
Peter Ørting, ambtenaar afdeling cultuur, gemeente Odense
Pia Løye, kunstenaar en initiatiefnemer van het
kunstenaarsproject op de oude Scheepswerf te Odense

LIVERPOOL: BRUNSWICK BUSINESS PARK

INFORMANTEN

Chris Farrow, directeur van de
Merseyside Development Corporation (M.D.C.)
David Sibeon, M.D.C.'s hoofd van de stedenbouwkundige
planning en projectmanager van de Albert Dock contracten

LITERATUUR

M.D.C. (1995). *South Liverpool Area Strategy - Summary Plan*

AMSTERDAM: DOUANELOODS

INFORMANTEN

Alma Langeveld, ceramiste en gebruiker van de Douaneloods,
lid van Vereniging De Loods
Rob Brilman, antiekhandelaar/restaurateur en gebruiker
van de Douaneloods, lid van Vereniging De Loods
Raoul van der Weide, musicus en gebruiker van de
Douaneloods en lid van Vereniging De Loods

LITERATUUR

Keizer, G.R. en Korthals Altes, H.J. (1996).
'Guild Inventory, deelonderzoek Binnenland',
in opdracht van Het Gilde van
Werkgebouwen aan het IJ, Amsterdam
Projectgroep zuidelijke IJ-oever (1997).
*De ontwerpopgave voor stedenbouwkundige en
architectonische beelden (Westerdok)*, Amsterdam

AMSTERDAM: EDELWEISS

INFORMANTEN

Gebruiker van Edelweiss

LITERATUUR

Keizer, G.R. en Korthals Altes, H.J. (1996).
'Guild Inventory, deelonderzoek Binnenland',
in opdracht van Het Gilde van
Werkgebouwen aan het IJ, Amsterdam

CHAPTER 5

The user's role

Most people are overcome by the desire to change and personalize their homes. This is an act of silent anarchy against accommodation that is as impersonal as a pair of blue jeans. Designing your own nest entails a high level of inspiration, transpiration and financial sacrifice. Using building kit dormer windows, kitchen extensions and sun lounges, the user leaves an indelible impression on the building and therefore is partly responsible for the appearance of the city itself. Yet this need to create a personal home environment is rarely taken into consideration during the building of houses and the planning of urban areas. The construction process quite simply ignores the user and the possibilities for his or her personal contribution are strictly limited. Building in the 20th century has been hermetically boarded up with standards, rules and regulations.

The Dutch state stipulates all the basic requirements that housing projects must fulfill. In addition, it used to determine the location of these projects and for whom they were intended, a role which has largely been taken over by city councils. Their aims are included in 'Requirements Programs' which areas under development must adhere to. When setting up a construction project, a city council first seeks co-operation with housing corporations and private partners. Initially town planners are commissioned to design the area concerned. It is their task to integrate the various functions (such as accommodation, parking, recreation, shops and infrastructure) according to the conditions drawn up in the Requirement Program. Architects are then commissioned to design the buildings that have been planned for this space. Finally contractors are brought in for their

HOOFDSTUK 5

De rol van de gebruiker

above: A block of flats designed by Bruno Albert on the KNSM Island. Despite its unusual form, this structure adheres to the Netherlands' strict building regulations The users had no influence on this design.

boven: Woonblok van Bruno Albert op het KNSM-eiland. Ondanks de bijzondere vorm voldoet het gebouw aan de strenge regelgeving waaraan de woningbouw in Nederland gebonden is. De gebruikers hebben geen invloed gehad op het ontwerp.

left: The Banana House in Christiania, Copenhagen. This illegal home was built by the owner to his own specifications.

links: Het Bananenhuis in Christiania, Kopenhagen. Deze illegale woning is door de gebruiker naar eigen inzicht gebouwd.

Bijna iedereen die een woning betrekt, heeft de onweerstaanbare neiging om haar te veranderen en haar zich zo eigen te maken. Dit is de stille anarchie van de gebruiker tegen een woning die zo onpersoonlijk is als een blauwe spijkerbroek. De vindingrijkheid, de zelfwerkzaamheid en de financiële offers die de gebruiker zich getroost, zijn groot als het gaat om het vormgeven van het nest. Met dakkapellen, aanbouwkeukens en serres uit een bouwpakket, drukt de gebruiker onverbiddelijk zijn stempel op de woonomgeving en bepaalt daardoor mede het uiterlijk van de stad.

Toch wordt bij het bouwen van huizen en het plannen van stedelijke gebieden zelden rekening gehouden met deze behoefte om een persoonlijke woonomgeving te creëren. Er is in het bouwproces geen rol weggelegd voor de gebruiker en er wordt nauwelijks ruimte gelaten voor een eigen invulling. De woningbouw is in de twintigste eeuw hermetisch dichtgetimmerd met verordeningen, eisen en regels.

In het Bouwbesluit van de Rijksoverheid zijn alle basiseisen vervat waaraan woningbouwprojecten moeten voldoen. In het verleden bepaalde de rijksoverheid waar en voor wie er gebouwd werd, momenteel heeft de gemeente daar meer zeggenschap over. Zij vervat haar doelstellingen in Programma's van Eisen waaraan voldaan moet worden in het te ontwikkelen gebied. Voor het opzetten van het bouwproject vormt ze samenwerkingsverbanden met woningbouwcorporaties en marktpartijen. Om te beginnen verstrekt men aan stedenbouwkundigen de opdracht om vorm te geven aan het gebied. Zij integreren de verschillende functies, zoals wonen, parkeren, recreëren, winkelen en de infrastructuur binnen het kader van de gestelde voorwaarden in het Programma van Eisen. Vervolgens krijgen architecten de opdracht om ontwerpen te maken voor de invulling van de ruimte. Aannemers en bouwondernemers zorgen tenslotte voor de uitvoering. De gebruikers, de laatste schakel in het bouwproces, mogen de gordijnen ophangen. De gebruikers zijn anoniem: er wordt weliswaar voor hen gebouwd, maar zij hebben geen eigen inbreng. Dat zou immers het hele bouwproces te duur maken. Bovendien moet de gebruiker anoniem blijven teneinde de kwaliteit van gebouwen en onpartijdigheid in het toewijzingsproces te waarborgen. Desalniettemin wordt er wel gebouwd met geld dat de anonieme gebruiker opbrengt door huur of aankoop, belastingen en investeringen, zoals pensioenen. (In Nederland zijn de grootste investeerders in de bouw de pensioenfondsen). Ook tellen gebruikers niet mee voor marktpartijen, enkele woningbouwcorporaties daargelaten.

construction. The users, the final link in this process, are simply allowed to hang up the curtains. These users are anonymous: although the buildings are built for them, they do not contribute to their construction. That would make the process too expensive. Moreover, the user must remain anonymous so as to ensure the buildings' quality and to guarantee impartiality in their subsequent allocation. Nonetheless they are built with money that the user provides through renting or purchasing. What 's more, he or she also contributes financially by paying taxes and through investments made (for instance) on the basis of individual pension plans. In fact, pension funds are the largest investors in the construction industry in the Netherlands. Similarly, apart from a few housing corporations, private partners do not take users into consideration.

Although the users are effectively silenced by regulations and the construction hierarchy, officially they do have several ways in which they can influence the planning process in Holland. The Dutch government has set up various agencies and procedures to fulfill this role. These include community centres, 'sounding board groups' and public enquiries.

At a basic level, the community centre forms an official link between the local population and the government. It is to a certain extent autonomous. Hence, community centres are able to develop their own initiatives depending on the budgets allocated to them by the city council. Theoretically they must also ensure a liaison between the government and the users. However, these centres do differ in practice: some work with the users while others merely fulfill a bureaucratic function and act as an extension of the local council.

If a project is expected to have a radical effect on the surrounding neighbourhood, the city council will organize meetings where all those involved will be kept informed of the planning process by a group of officials including the project manager. These meetings are known as sounding board groups because the people who are directly involved must function as sounding boards vis-à-vis the proposed plans. This means that they will subsequently react in 'an informed way.'

right:

A view of the Levantkade on the KNSM Island. Some of the original buildings have been preserved thanks to the pressure that squatters exerted on the development process by means of both official and unofficial channels.

rechts:

Zicht op de Levantkade, KNSM-eiland. Een deel van de oorspronkelijke bebouwing is behouden dankzij de druk die krakers op het ontwikkelsproces hebben uitgeoefend via officiële en onofficiële kanalen.

A public enquiry is also a standard and legally stipulated part of the planning process. It provides the public with the opportunity to react to the plans. However, by the time these plans reach the sounding board group or public enquiry stage, it is usually too late for the public to make any significant contribution. The plans have already been drawn up without their involvement. Hence, these procedures generally turn into rancorous evenings of discontent for all concerned. As a matter of course, all public reactions are added to the report produced by the project manager. It will eventually be presented (with possible adjustments) to the members of the city council. And they will have the last word.

The user can attempt, however marginally, to exert influence through these official channels. Unfortunately it is only possible to use them under certain conditions. For instance, they do not apply in cases of urban expansion because it is assumed that there are no users who live or work in these areas who will remain a part of their subsequent structure. The users cannot as yet 'squat' the planning and building process. However, they can try to influence the developments in their area in ways other than by using the official channels. These include squatting buildings and influencing both public opinion and the views of politicians who are the watchdogs of government policy. But, because squatters operate in the margins of forbearance, this strategy can be counter-productive.

148

Hoewel de gebruikers door de regelgeving en de bouworganisatie effectief monddood zijn gemaakt, hebben zij officieel een paar mogelijkheden om invloed op het planproces uit te oefenen. De overheid heeft hiervoor organen en procedures in het leven geroepen, waaronder het wijkcentrum, de klankbordgroep en de inspraakprocedure.

Het wijkcentrum vormt op basisniveau een officiële verbinding tussen de bevolking en de overheid en kent een zekere mate van autonomie. Zo kunnen de wijkcentra hun eigen initiatieven ontplooien, maar zijn daarbij wel gebonden aan het budget dat de gemeente hen toekent. Idealiter zorgen zij voor een dialoog tussen overheid en gebruikers. De aanpak van deze instellingen kan verschillen: sommige centra denken mee met de gebruikers, anderen hebben slechts een loketfunctie en zijn niet méér dan een verlengstuk van de lokale overheid.

Bij projecten die een ingrijpend effect hebben op een wijk, organiseren B&W bijeenkomsten waarin direct betrokkenen door ambtenaren, onder wie de projectmanager, op de hoogte worden gehouden van de planvorming. Deze bijeenkomsten noemt men 'klankbordgroepen' omdat de direct betrokkenen als klankbord dienen voor de plannen. De betrokkenen kunnen vervolgens 'geïnformeerd' reageren.

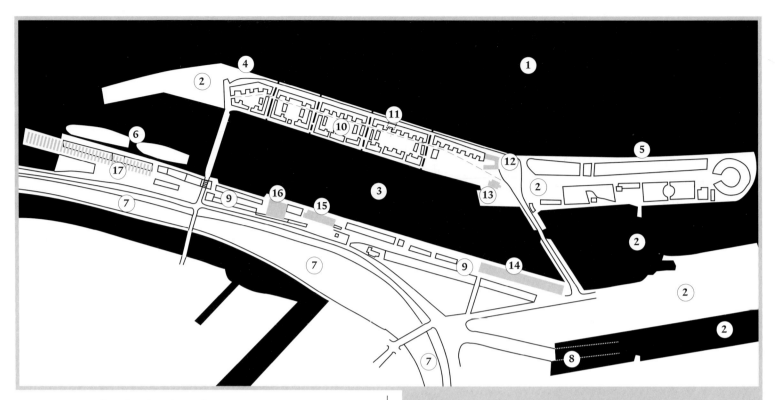

Two examples in Amsterdam

The Java Island and the Oostelijke Handelskade face each other
on opposite sides of the Amsterdam IJ Harbour. Although they
are being developed at approximately the same time, these two
areas are otherwise totally unalike. The Java Island is located in
the Eastern Docklands area of Amsterdam and falls under the
jurisdiction of the Zeeburg district. By contrast, the regeneration of the Oostelijke Handelskade is a separate section in the
development of the banks of the IJ; it falls under the jurisdiction
of the Amsterdam City Council. Each area involves a different
kind of property development.
The Java Island has adopted a radical approach with major
investment. Its basis is a total concept with no relation to the
Island's original infrastructure. Because the island is an area of
urban expansion, it is possible to build a large and cohesive residential district here. The Oostelijke Handelskade is due for
'restructuring' meaning that, as much as possible, the existing
area will be incorporated into the rest of the development.
What has been the user's role in the planning of these two separate areas?

THE JAVA ISLAND AND THE OOSTELIJKE HANDELSKADE /
HET JAVA-EILAND EN DE OOSTELIJKE HANDELSKADE

① The IJ / Het IJ
② The Eastern Docklands area / Het Oostelijk Havengebied
③ IJ Harbour / IJ-Haven
④ Java Island / Java-eiland
⑤ KNSM Island / KNSM-eiland
⑥ Berths for ocean liners / Ligplaatsen voor grote cruiseschepen
⑦ Railway embankment / Spoordijk
⑧ Piet Hein Tunnel
⑨ The Oostelijke Handelskade / De Oostelijke Handelskade
⑩ Flats divided by small canals /
                    Woonblokken gescheiden door grachtjes
⑪ World's End / Locatie Het Einde van de Wereld
⑫ Vladivostok / Wladiwostok
⑬ The Co-operative Harbour Companies building /
                    Het SHB-gebouw
⑭ The Brazil Shed / Voormalige Loods Brazilië
⑮ The Wilhelmina warehouse / Pakhuis Wilhelmina
⑯ Vrieshuis Amerika
⑰ The planned cluster of cultural facilities including a centre for
    modern music, a hotel, offices and the new
    International Passengers Terminal Amsterdam (IPTA) /
                    Geplande Cultuurcluster met eencentrum
                    voor moderne muziek, een hotel, kantoren en de
                    Internationale Passagiersterminal Amsterdam: IPTA

De inspraakprocedure is een vast onderdeel van iedere planvorming en is in de wet verankerd. Inspraak biedt het publiek de gelegenheid om te reageren op de plannen.

Zowel in de klankbordgroep als tijdens de inspraakprocedure is in de meeste gevallen voor de gebruikers het station voor een zinvolle bijdrage al gepasseerd. De plannen komen buiten hen om tot stand. Daarom resulteren deze procedures doorgaans in conflictueuze avonden waar niemand - vóór of achter de tafel - gelukkig van wordt.

Alle publieke reacties worden ter kennisname toegevoegd aan het advies dat de projectmanager opstelt voor de wethouder. Deze legt het advies, voorzien van eventuele aanpassingen, voor aan de gemeenteraadsleden. En zij hebben het laatste woord.

De gebruiker kan, hoe marginaal ook, middels deze officiële kanalen proberen invloed uit te oefenen. Helaas kan men van deze officiële kanalen alleen onder bepaalde voorwaarden gebruik maken. Zo gelden deze mogelijkheden bijvoorbeeld niet in stadsuitbreidingsgebieden, omdat men ervan uitgaat dat daar geen gebruikers wonen of werken die in de nieuwe structuur van het gebied zullen passen. De gebruikers kunnen het plan- en bouwproces nog niet 'kraken'. Wel kunnen zij, buiten de officiële kanalen om, proberen druk uit te oefenen op ontwikkelingen in het gebied; zij kunnen dit doen door gebouwen te kraken en door de publieke opinie en de politici, de waakhonden van het overheidsbeleid, te bespelen. Maar omdat krakers zich bewegen in het schemergebied van het gedogen, kan deze strategie zich tegen hen keren.

Twee Amsterdamse voorbeelden

Het Java-eiland en de Oostelijke Handelskade liggen tegenover elkaar in de Amsterdamse IJ-Haven. Zij worden vrijwel tegelijkertijd ontwikkeld, maar dat is dan ook de enige overeenkomst tussen de twee gebieden. In de stedelijke indeling van Amsterdam ligt het Java-eiland in het Oostelijk Havengebied en valt onder de verantwoordelijkheid van het Stadsdeel Zeeburg. De ontwikkeling van de Oostelijke Handelskade daarentegen is een apart onderdeel van de IJ-Oeverontwikkeling en valt onder de verantwoordelijkheid van de centrale stad. Voor beiden wordt een andere vorm van moderne vastgoedontwikkeling nagestreefd.

Op het Java-eiland pakt men het fors aan met flinke investeringen. Er is een totaalconcept als uitgangspunt genomen, geheel los van de oorspronkelijke infrastructuur van het eiland. Omdat het een stadsuitbreidingsgebied is, kan men hier in één keer een groot, aaneengesloten woongebied realiseren. De Oostelijke Handelskade is een herstructureringsgebied. Hier gaat men zo veel mogelijk uit van wat er al staat en incorporeert dat in de rest van de ontwikkeling.

Welke rol speelt de gebruiker bij de planvorming voor deze verschillende gebieden?

1. The Java Island

A modern residential block on the Java Island. Despite a conscious effort to achieve differentiation, the facades of the buildings along the quays look much the same as those elsewhere.

Nieuwbouw op het Java-eiland. Ondanks het bewust streven naar differentiatie, verschilt het uiterlijk van de bebouwing op de kaden niet van de doorsnee nieuwbouw elders.

The Java Island is the extension of the KNSM Island (see Chapter Three). Here too, passengers would board the great ocean liners of the twenties and thirties. And when there were no more passengers, the shipping companies' quayside buildings were replaced by large sheds and the offices of stevedores' companies. By the early 1980s, these sheds were no longer being used for their original purpose.

The most westerly part of the Java Island was used as a harbour right up to the last moment. Ships from Malaysia would pump latex, a product of the rubber tree, into tanks. Streetwalkers serviced their clients and, in the shelter of the quay, grebes built their nests from used condoms. What went around, came around in the world between the grey heavens and the deep, grey sea.

The marking of the user

The first sketches for the area were made by the City Council's planning department in 1991. With one exception, all the existing buildings were to be demolished and the area was to be restructured according to the latest market-oriented principles. Investors do not like 'ramshackle buildings'. Fortunately for them (and unlike the KNSM Island), there were hardly any users here with ideas about town planning. What's more, because this was an area of urban expansion, the users were excluded from the Java Island's development right from the beginning.

The only people who were involved with the development process were the users of two squats: World's End (see Chapter Three) and the Co-operative Harbour Companies office. They worked through the urban planning group of the Eastern Harbour Community Centre. The Vladivostok Association, which consisted of interested future users, lobbied for a new apartment block with an internal structure designed according to their demands.

Amsterdam City Council approached the Java Island as being a place for accommodation. Because the Council emphasized this development in terms of market interests, accommodation became a product and the user was its consumer. Strategies from the commercial world which stress differentiation were adopted so as to discover what the consumer wanted while not allowing him or her the chance to participate in the planning and building process.

An 'Amsterdam Accommodation Atlas' was published in 1991 by the city housing department. In it, department representatives, town planners, sociologists and project backers defined, for the benefit of property developers, the intended target groups and the user's demands vis-à-vis accommodation. Residents were not consulted. Architects transformed these demands into standard models. This matrix can yield a large number of possible choices

1. Het Java-eiland

Het Java-eiland ligt in het verlengde van het KNSM-eiland (zie hoofdstuk 3). Ook hier legden in het interbellum de oceaanreuzen aan om hun passagiers aan boord te nemen. Toen de passagiers verdwenen, werden de gebouwen van de rederijen op de kade vervangen door grote overslagloodsen en bijbehorende kantoren van stuwadoorsbedrijven. In het begin van de jaren tachtig liep ook deze overslagfunctie ten einde.

Het meest westelijk deel van het Java-eiland werd nog tot het laatste moment gebruikt voor havenactiviteiten. Schepen uit Maleisië pompten er latex, een product van de rubberboom, over in een tankhuis. Straathoeren werkten er hun klanten af en in de beschutting van de kade bouwden futen nesten van de gebruikte condooms. Tussen de grijze lucht en het grijze water was de wereld nog rond.

De bestempeling van de gebruiker

In 1991 maakt de dienst Ruimtelijke Ordening de eerste schetsen voor het gebied. De bestaande bebouwing verdwijnt op één gebouw na, en het gebied wordt heringericht volgens de nieuwste marktconforme principes. Beleggers houden immers niet van 'oude troep'. Gelukkig voor hen kent het gebied nauwelijks gebruikers met eigen ideeën over stedelijkheid, zoals op het KNSM-eiland wel het geval was. Omdat het een stadsuitbreidingsgebied is, worden de gebruikers van meet af aan buiten de ontwikkeling van het Java-eiland gehouden.

Slechts via de stedenbouwkundige werkgroep van het Wijkcentrum Oostelijke Havens bemoeien de gebruikers van twee kraakpanden, Het Einde van de Wereld en het oude kantoor van de Samenwerkende Havenbedrijven (het SHB-gebouw), zich nog met het ontwikkelingsproces. De vereniging Wladiwostok, die voornamelijk bestaat uit geïnteresseerde toekomstige gebruikers, ijvert voor een nieuwbouwblok, ingericht naar hun wensen.

Het gemeentelijk uitgangspunt voor het Java-eiland is wonen. Door de zwaardere rol die zij bij de ontwikkeling aan de markt toedicht, benadert men het wonen als een product en de gebruiker als consument. Om toch te weten wat de consument wil, zonder dat deze op een of andere manier deelneemt aan het plan- en bouwproces, gebruikt men strategieën uit de productmarkt, waarin differentiatie voorop staat.

In 1991 ziet een Woonatlas voor Amsterdam het licht. In deze uitgave van de Bouw- en Woningdienst van de gemeente worden ten behoeve van ontwikkelaars, doelgroepen en woonwensen gedefinieerd in samenwerking met volkshuisvesters, stedenbouwkundigen, sociale wetenschappers en opdrachtgevers in de woningbouw. Bewoners worden niet geraadpleegd. Architecten vertalen deze wensen naar gestandaardiseerde modellen. Uit deze matrix kan een groot aantal keuzerichtingen worden afgeleid naargelang de marktwens voor het product. De woonwens is daarmee uitgedrukt in geprogrammeerde differentiatie voor anonieme gebruikers.

De enige eigen inbreng van de gebruikers bestaat uit het toekennen van functies aan de ruimten in hun woning. In een enkel geval kunnen zij een tussenwand (ver)plaatsen. In het laatste geval wordt zo'n ruimte, door de verhuurder of verkoper, betiteld als casco of super studio.

Men onderscheidt in de Woonatlas veertien doelgroepen met bijbehorende woontypes en prijsklassen. Voor de tweeverdieners is de duo-woning bedacht, waarin twee multifunctionele ruimten zijn gereserveerd; voor senioren en uitkeringsgerechtigden zijn er zelfstandige eenheden in groepswoningen. Voor ontwerpers en kunstenaars, of iedereen die wel eens wat wil doen, zijn er werkwoningen of super studio's. Voor de gezinnen en alleenstaanden zijn er de gebruikelijke twee- tot vijfkamer appartementen, eventueel verdeeld over twee woonlagen.

Bij de planvorming voor het Java-eiland is de Woonatlas ingezet als hulpmiddel om te komen tot een gestructureerde differentiatie.

De bebouwing

Om de bebouwing te realiseren sluit de gemeente een convenant af met de marktpartners die de ontwikkeling gaan financieren, te weten twee woningbouwcorporaties, een pensioenfonds en een bouwbedrijfontwikkelaar. In dit convenant vindt het Programma van Eisen zijn beslag. Het voorziet in een hoge bouwdichtheid van honderd woningen per hectare en een sterke verscheidenheid in woningen, zowel wat betreft prijsklasse als type.

Het stedenbouwkundige plan dat daarna opgesteld wordt, is van de gemeentelijke dienst Ruimtelijke Ordening en van de architect Sjoerd Soeters. In het plan liggen de gebouwen van de verschillende marktpartners verspreid door het gebied om een menging van woningen in verschillende prijsklassen te waarborgen.

Het smalle Java-eiland wordt verdeeld in vijf ongelijke blokken, van elkaar gescheiden door grachtjes met bruggetjes die het stedelijke karakter moeten stimuleren.

Ieder blok heeft naast een grachtzijde ook twee zijden aan het open water. Een heterogene architectuur bepaalt de bebouwing. Onder enkele blokken zijn bedrijfsruimten gereserveerd, voor ondermeer horecagelegenheden. Per opgang wordt gestreefd naar een homogene verdeling van gebruikers, dat wil zeggen dat in ieder trappenhuis hetzelfde soort mensen moet komen te wonen. Om de verschillende doelgroepen visueel te onderscheiden, zijn vier architectonische 'stempels' ontwikkeld. Deze stempels komen in alle vijf de blokken regelmatig terug als basisontwerpen en hebben steeds weer andere productnamen als 'werk/hobby', 'low budget', 'senioren', 'representatief' en 'gezinnen'.

according to whether or not the product proves to be popular. Hence, specific demands concerning accommodation are catered to through programmed differentiation for anonymous users.

The users' sole contribution consists of ascribing functions to the various spaces in their homes. They are occasionally allowed to locate or relocate a dividing wall. Here, the landlord or seller refers to the space as a 'casco' or 'super studio.'

The Accommodation Atlas defines 14 target groups with corresponding types of accommodation and price classes. Duo accommodation (designed for double-income couples) provides two multi-functional spaces. Group accommodation includes independent units for senior citizens and people on social security, and there are also super studios or accommodation with working spaces for designers, artists and others with similar aspirations. In addition, there are the usual two to five room apartments spread over one or two floors for families and single people.

During the Java Island's planning process, the Accommodation Atlas was used as a means to achieve a structured differentiation.

The build environment

In order to achieve the Java Island's construction, the City Council drew up an agreement with a number of private partners who were to finance its development. These partners included two housing corporations, a pension fund and a construction company developer.

A Requirement Program was included in this agreement. It stipulated a high construction density of one hundred homes per hectare and a wide variety of accommodation both in terms of price and type.

The urban development plan was subsequently drawn up by the Council's planning department and by the architect Sjoerd Soeters. It included the buildings commissioned by the various private partners. These were spread throughout the area so as to ensure a mixture of accommodation in the various price categories.

The narrow Java Island was to be divided into five unequal blocks to be separated from each other by small canals and bridges which were intended to imbue the area with an urban character. Each block was to be located alongside a canal and would also face the open water on two sides. Heterogeneous architecture would define the whole construction. Some of these blocks would include commercial premises such as cafés and restaurants. In principle, each staircase would cater to a homogeneous division of people. In other words: the same kind of people would be expected to live together. Four architectural 'stamps' were developed so as to distinguish visually between the various target groups. These stamps recur regularly throughout all the five blocks as basic designs with constantly changing names such as 'work/hobby', 'low budget', 'senior citizens', 'affluent', and 'families.'

The desire for heterogeneity in accommodation ultimately produced a monotonous group of five, roughly equal blocks of approximately the same height with slightly higher buildings on each of the island's ends.

Hence, the wider variety of types of accommodation has not provided the user with more choice because the reality of today's housing market is that demand far outstrips supply and users must accept whatever they can get.

People who wanted to buy a house on the Java Island regularly complained to the Zeeburg district about the restricted range of choice. They asked the project developers not to complete the internal structure because they preferred to do that according to their own tastes. The developers stuck to their guns and said: "We don't do that. We produce ready-made homes that look just the way they do on the architect's drawing board. If you want to make changes, you'll have to ask for planning permission once you've moved in."

With its canals and its high and narrow houses, the Java Island's urban development plan refers to the design and construction of Amsterdam's central canals. Yet it remains merely a visual reference.

In the 17th century, the merchants played an active role in commissioning the process of construction. They purchased ground that had been sold in lots by the City Council and built great houses with enclosed gardens and even warehouses. The canals were consciously designed as an inland harbour and the owners of the adjoining premises paid for broad quays to be built. Goods were transferred on shore and were stored in these premises that also included offices and which were hives of activity. Amsterdam's central ring of canals became known as the 'clean hands neighbourhood'. The noise and smell of manufacturing trades was banished to the 'Jordaan' which was known as the 'dirty nails district'. But as yet, today's Java Island resembles a neighbourhood of 'anonymous sleepers.'

Despite architectural masterpieces such as duo-accommodation and the super studio, the Java Island has failed to attract new entrepreneurs. Self-employed people who work on a small-scale project basis and who combine a work space with residential accommodation need a considerable amount of capital to set up business on the Java Island. A 'rags to riches' story simply cannot happen here. In fact, the Java Island is yet another district that houses people who earn their money elsewhere.

the conscious user

There were already two well-established squats in this area when the development of the Java Island was first embarked upon in the early 1990s. These were the Co-operative Harbour Companies building and World's End, and they functioned both as living and working spaces. The hallmark of living and working spaces

De drang naar heterogeniteit in het woningtype leidt tenslotte tot een eentonig totaalbeeld van ongeveer gelijke blokken van ongeveer gelijke hoogte, met aan de uiteinden van het eiland een zwak accent door een hogere bebouwing.

Het uitgebreidere aanbod in soorten woningen heeft uiteindelijk geen grotere keuzemogelijkheid voor de gebruiker tot gevolg. Op de overspannen woningmarkt holt het aanbod ver achter de vraag aan en nemen de gebruikers wat ze kunnen krijgen.

Belangstellenden die een huis op het Java-eiland willen kopen, klagen bij het Stadsdeel Zeeburg over de geringe keuzemogelijkheid. Zij vragen de projectontwikkelaars delen van de inbouw niet uit te voeren omdat ze dat liever naar eigen inzicht doen. Het antwoord van de ontwikkelaars hierop luidt consequent: "Dat doen wij nooit. We bouwen altijd kant en klare woningen, zoals ze op de tekeningen staan. Als u dat weer wilt veranderen, dient u na oplevering van de woning maar een bouwaanvraag in."

Het stedenbouwkundige plan voor het Java-eiland verwijst met zijn grachten en hoge, smalle stadshuizen naar de inrichting en bebouwing van de Amsterdamse grachtengordel, maar het blijft bij een visuele verwijzing. Immers in de zeventiende eeuw speelden de kooplieden een actieve rol als opdrachtgevers in het bouwproces. Zo lieten zij op de grond die de gemeente in percelen te koop aanbood grote woningen bouwen, binnentuinen aanleggen en soms ook pakhuizen optrekken. De grachten werden bewust als binnenhaven ontworpen en de eigenaren van de panden bekostigden zelf de brede grachtenkaden. Er werden goederen overgeslagen en de bedrijvigheid zette zich voort in de panden waar opslag van waren plaatsvond en men kantoor hield. De grachtengordel werd de wijk van 'de schone handen'. Het lawaai en de stank van de producerende ambachten werden verbannen naar de Jordaan, de buurt van de 'vuile nagels'. Het Java-eiland heeft vooralsnog meer weg van een wijk van 'anonieme slapers'.

Ondanks kunststukken als de duo-woning en de super studio is het Java-eiland niet de plek voor de startende ondernemer geworden. De kleine zelfstandige die op projectbasis werkt en die werken en wonen combineert, heeft op het Java-eiland een flink beginkapitaal nodig. Starten vanuit een nulpositie is er hier niet bij. In feite is het Java-eiland opnieuw een buurt waar mensen wonen die elders hun geld verdienen.

De bewuste gebruiker

Wanneer de ontwikkeling van het Java-eiland in het begin van de jaren negentig in gang gezet wordt, zijn hier reeds jarenlang twee kraakpanden in gebruik als woonwerkpanden, het SHB-gebouw en Het Einde van de Wereld. Het kenmerk van een woonwerkpand is dat er in een bedrijfspand gewoond èn gewerkt wordt. Dit noemt men ook wel intensieve functiemenging (zie hoofdstuk 6). Officieel is intensieve functiemenging niet geoorloofd. Voor een woning gel-

A modern residential block on the Java Island. The canals, which separate these blocks of flats, were excavated when construction was first underway and come complete with walled quays. They cannot be seen on the photo because they were filled in with sand for the duration of the building process.

Nieuwbouw op het Java-eiland. De grachten die de woonblokken van elkaar scheiden zijn bij de aanvang van de bouw uitgegraven en voorzien van kadewanden. Op de foto zijn ze onzichtbaar omdat ze voor de duur van de bouwwerkzaamheden weer zijn opgevuld met zand.

den immers veel strengere regels dan voor een bedrijfsruimte. Gemeenten kunnen op dit moment het wonen in een bedrijfsruimte slechts gedogen. Dit in tegenstelling tot een officieel toegestane atelierwoning, waarbij het gaat om een woning waarin ook gewerkt kan worden, zolang men zich houdt aan de milieuregels.

Sales outlet for the luxurious private properties located in the area that divides the Java Island from the KNSM Island. Parts of the Co-operative Harbour building and Vladivostok can be seen in the background and to the left and the right of the sales outlet.

Verkooppunt voor luxe koopwoningen op het overgangsgebied tussen het Java-eiland en het KNSM-eiland. In de achtergrond ziet men, links en rechts van het verkooppunt, respectievelijk nog een deel van het SHB-gebouw en van Wladiwostok.

is that they are located in what are legally commercial premises which now function both as homes and as places of work. This is described as an 'intensive blending of functions' (see Chapter Six). This intensive blending of functions is not officially allowed in the Netherlands. In fact, the regulations governing accommodation are far stricter than those affecting work places. At present, Dutch city councils are forced to turn a blind eye to the use of commercial premises as homes. This is in sharp contrast with officially-sanctioned 'studio apartments' where residents may live and work provided that they adhere to the proscribed regulations affecting the environment.

The Co-operative Harbour Companies building was built in 1917 and is located next to the Verbindingsdam in the area separating the Java Island from the KNSM Island. It had already been decided that this building had to be preserved during the development of the KNSM Island. It was not a part of the plans for the

Java Island. However, a different fate awaited World's End. This former canteen, which was built in 1954, was located slap in the middle of the area due for development on the Sumatrakade.

The Co-operative Harbour Companies building

A housing corporation was asked by Amsterdam City Council to take on the renovation and utilization of the Co-operative Harbours Company building. By adding an extra floor to the building, the housing corporation ensured that it would subsequently yield sufficient income in rent to cover the costs of the conversion to accommodation. Finally 25 low-rent apartments were created and the ground floor was reserved for commercial purposes. Because responsibility for both the development and the management had passed from the users to the housing corporation, there was no question of the building becoming a living and working space

Het SHB-gebouw uit 1917 staat naast de Verbindingsdam in het overgangsgebied van het Java-eiland naar het KNSM-eiland. Ten tijde van de ontwikkeling van het KNSM-eiland is al definitief besloten dat dit gebouw behouden blijft. Het valt buiten de planvorming van het Java-eiland. Dat geldt niet voor Het Einde van de Wereld. Deze voormalige kantine uit 1954 staat midden in het beoogde bouwterrein op de Sumatrakade.

Het SHB-gebouw

De verbouwing en de exploitatie van het SHB-gebouw worden door de gemeente in handen gegeven van een woningbouwcorporatie. Door een verdieping bovenop het gebouw te zetten, verzekert de woningbouwcorporatie zich van voldoende inkomsten om de verbouwing tot woningen te bekostigen. Er worden uiteindelijk vijfentwintig sociale huurwoningen in gerealiseerd en de begane grond wordt bestemd voor bedrijfsruimten. Omdat de ontwikkeling en het beheer zijn overgegaan van de gebruikers naar een woningbouwcorporatie, is er geen sprake meer van een woonwerkpand waarin intensieve functiemenging mogelijk is. Immers, zowel de woning- als de huurwet waaraan de sociale woningbouw gebonden is, laten dit niet toe.

Het Einde van de Wereld

Vooral Het Einde van de Wereld is een broeinest van bewuste gebruikers. Het biedt ruimte aan drie ateliers en er wonen tien mensen. Er is een restaurant in gevestigd dat, zijn geïsoleerde ligging ten spijt, loopt als een trein. Een groot deel van de cliëntèle bestaat uit mensen die in het gebied willen komen werken en wonen (zie hoofdstuk 3). Elf jaar lang is dit relatief kleine oppervlak van circa duizend vierkante meter intensief in gebruik.
Binnen het kader van de ontwikkeling van het Java-eiland wordt aanvankelijk de optie opengehouden om het gebouw in te passen in het masterplan van Sjoerd Soeters. Hij legt een flauwe bocht in de rooilijn om het gebouw te kunnen opnemen in de nieuwe bebouwingsstructuur. Het mag niet baten. Het Einde van de Wereld overleeft het grote gebaar niet dat de gemeente, samen met Soeters voor ogen staat bij de ontwikkeling van het Java-eiland. Vanwege de vervuilde grond onder het gebouw wordt het pand in 1996 gesloopt. Twee jaar later blijkt het bouwen van woningen op diezelfde plaats onhaalbaar: er dreigt een gat te vallen in de 'aaneengesloten' bebouwing op het Java-eiland omdat geen van de ontworpen 'stempels' van het masterplan erin past.

Wladiwostok

Behalve een gat in de aaneengesloten bebouwing en een curve in de rooilijn laat de geest van Het Einde van de Wereld ook een vingerafdruk na in het hoogste nieuwbouwblok op het Java-eiland: Wladiwostok. Dit gebouw staat op het Azartplein dat de overgang van het Java-eiland naar het KNSM-eiland markeert. In een reactie op de houding van woningbouwverenigingen die neerkijken op 'die marginale krakers', lanceert men vanuit Het Einde van de Wereld het plan om een woonwerkpand in een nieuwbouwcomplex te realiseren. Onder de Bewonersgroep Oostelijk Havengebied die in het restaurant Het Einde van de Wereld zetelt, bestaat daarvoor grote belangstelling: men wil niet wonen in een slaapstad, maar komen tot een integratie van wonen en werken, en dat kan ook in nieuwbouw, zo vindt men. De vereniging Wladiwostok wordt opgericht.

Woningbouwcorporatie Het Oosten geeft de opdracht tot de bouw van het nieuwbouwcomplex Wladiwostok en realiseert in het hele blok sociale woningbouw, met op de begane grond bedrijfsruimten. Het duurt echter jaren voordat het gebouw wordt opgeleverd. Dan hebben de meesten van de oorspronkelijke initiatiefnemers al afgehaakt. Van de tweeënzeventig woningen worden er momenteel twintig tot vijfentwintig bewoond door mensen die al langere tijd actief zijn in de vereniging. Het ideaal van intensieve functiemenging wordt ook in Wladiwostok niet verwezenlijkt. Voor het realiseren van een woonwerkpand heeft men een andere woning- en huurwet nodig. Wladiwostok is vooral een woonpand geworden.

Van de bewoners is tussen de 60% en 70% lid van de vereniging. Door middel van ledencontributie huren zij samen, naast hun eigen woning, een aantal gemeenschappelijke ruimten die thematisch gebruikt worden, voor de kinderen, als studio's, als bibliotheek-vergaderruimte of als gemeenschappelijke woonkamer. Daarnaast exploiteert de vereniging een grote ruimte op de begane grond die ook door de buurt vaak gebruikt wordt. Men kan er bijvoorbeeld cursussen en trainingen geven of volgen. De rest van de ruimte op de begane grond wordt door de Woningbouwcorporatie verhuurd aan bedrijven, waaronder een videotheek, een Chinees-Thaïs restaurant, een bank, een peuterspeelzaal, een tandarts enz. Deze ruimte is zo ingericht dat ze op eenvoudige wijze heringedeeld kan worden. Vóór de aanvang van de bouw in 1995, wordt de vierkante meterprijs voor een kale bedrijfsruimte voor het hele eiland vastgesteld op 190 gulden per jaar.
Door de actieve rol die de vereniging in het proces heeft gespeeld, zijn de leden als gebruikers niet anoniem. Door de bouwverordeningen die aan de bouw van sociale woningbouw kleven én door het gebruik van woningmodellen zoals ze in de Woonatlas terug te vinden zijn, kan hier echter nauwelijks worden gesproken van een eigen inbreng door de gebruikers. Bovendien treedt de woningbouwcorporatie op als externe beheerder en eigenaar van het pand.

where an intensive blending of functions could take place. In fact, this would have also contravened the Dutch housing and rent acts affecting low-budget accommodation.

World's End

World's End was a prime example of the conscious user. It provided space for three studios and ten people lived there. There was also a restaurant which, despite its isolated location, was extremely successful. Many of its customers were people who wanted to work and live in this district (see Chapter Three). For 11 years, this relatively small surface area of approximately one thousand square metres was used on an intensive basis.

During the Java Island's development, it was initially decided to maintain the option of absorbing the building into Sjoerd Soeters' architectural masterplan. He even included a slight curve in the building line so that it could be a part of the new structure. Yet this was of no avail. World's End ultimately did not fit in with the grand vision that the City Council and Soeters had in mind for the development of the Java Island. It was demolished in 1996 because the ground on which it stood was contaminated. Two years later, it seems that homes cannot be built on this site because none of the masterplan's 'stamps' will fit in here. Hence, there is a gaping hole right in middle of the Java Island's 'unbroken' chain of buildings.

Vladivostok

Apart from the hole and a curve in the building line, World's End has also left its mark on the Java Island's highest new apartment block: Vladivostok. This building is located on the Azart Square that marks the transition from the Java Island to the KNSM Island. In reaction to the housing corporations' attitude of despising 'those scruffy squatters', World's End launched a plan to create living and working spaces in a modern housing complex. In fact, there was much interest amongst the members of the Eastern Harbour Residents Group which congregated in the World's End restaurant. They did not want to live in a dormitory suburb, rather they strived for an integration of living and working and for its inclusion in modern housing. This resulted in the creation of the Vladivostok Association.

The 'Het Oosten' housing association commissioned the construction of the Vladivostok housing complex. This block was built and consists exclusively of low-rent accommodation with commercial premises on the ground floor. However, it took years for it to be completed by which time most of the original participants were no longer involved. At present only 20 to 25 of a total of 72 homes are occupied by people who have been involved with the Association on a long-term basis. The ideal of an intensive blending of functions has also failed to materialize in Vladivostok. In fact, the Dutch housing and rent acts would need to be revised before it would be possible to realize commercial premises that include both living and working spaces. Consequently Vladivostok effectively has become an apartment block.

Between 60 and 70% of the residents are members of the Association. Apart from their homes, their membership contributions have also provided them with a number of communal spaces including facilities for children, studios, a library and meeting hall and a communal lounge. The Association also has a large space on the ground floor that is frequently used by the neighbourhood and where courses and training sessions are held. The rest of the ground floor space has been let by the housing corporation to enterprises including a video shop, a Chinese-Thai restaurant, a bank, a play-group and a dentist. This space has been designed so that it can easily be sub-divided in a different way. Before construction began in 1995, the rent was fixed for the whole island at the sum of 190 guilders per square metre for commercial premises with no basic amenities.

Because of the Association's active role in the construction of Vladivostok, its members are not regarded as anonymous users. However, they have been unable to make a personal contribution because of the building regulations affecting the construction of low-rent homes and the use of housing models as featured in the Accommodation Atlas. Moreover, the housing corporation has functioned both as the premises' external manager and as its owner. The situation hardly differs from the complexes of rented housing on the rest of the Island except that the Vladivostok Association manages the roof garden and several communal spaces itself. However, this is a case of swings and roundabouts because the residents pay extra for self-management although the original idea was that this would result in cheaper rents (see Chapter Two).

The Azart Square with a ship anchored in the waters of the IJ. This tanker from Georgia, which has been put under embargo, brings the Java Island's nautical past back to life.

Het Azartplein met een schip voor anker in het IJ. Deze tanker uit Georgië die aan de ketting ligt, doet het nautische verleden van het Java-eiland herleven.

De situatie verschilt dan ook nauwelijks van de huurcomplexen op de rest van het eiland, behalve dat de vereniging Wladiwostok de daktuin en enkele gemeenschappelijke ruimten in zelfbeheer heeft.

Daarmee wordt in dit geval tevens het paard achter de wagen gespannen: de bewoners betalen extra voor dit zelfbeheer, hoewel dit juist tot goedkopere huren zou moeten leiden (zie hoofdstuk 2).

Public space

There are three forms of public space on the Java Island: the gardens, the water and the quays. Their design was included in the urban development plan. Consequently the overall character of the four enclosed gardens has already been determined. They refer to the four seasons, a theme which is reflected by the plants that have been selected. The gardens' users remain anonymous, a fact that is emphasized by the plan to connect them by a public cycle path. The water and the ships fulfill a purely decorative function. The moorings for the inland vessels, the houseboats and recreational boats have been determined in advance, and no space along the quays has been set aside for their owners. The Amsterdam Board for Urban Development, an advisory organization whose members include both experts and users, has proposed that the end of the Java Island should be used for temporary functions that focus on the water rather than for permanent functions which cover recreational activities on shore.

A new bridge will connect the end of the Java Island with the centre of Amsterdam. The north quay will become the main route for cars and buses. The south quay is intended for parking and quayside activities rather than for traffic. Next to this area, there is also a built-in car park so that residents can leave the shelter of their homes for the shelter of their cars without ever having to set foot in a public space.

The city manages both the quays and the water, and the Department of Leisure Services is responsible for the gardens. The users of these public spaces are anonymous and have no responsibility. Yet the local authority still expects them to behave responsibly and to ensure a pleasant atmosphere. Local shops exert a major influence on the atmosphere of a residential neighbourhood. They are focus points for visible activity and also serve as an obvious meeting place for local residents. Although there are commercial premises on the ground floors of most of the apartment blocks, none of them include shops. The Zeeburg district argues that not every neighbourhood in the Eastern Docklands area can be provided with shops because there are simply too few people to make them financially viable. Hence, it was decided to opt for just one shopping centre that would serve the entire area. This is housed in the Brazil Shed that is located in the middle of the Eastern Harbour neighbourhood on the corner of the Oostelijke Handelskade and the Verbindingsdam. This approach is the result of a collaborative effort between the public sector and private partners and was imposed by the Zeeburg district and two major supermarket chains. Consequently the small shopkeepers who wanted to set up business in the Eastern Docklands area have been forced to go along with this approach and have had no alternative than to opt for the Brazil Shed. This embargo will only be abolished once the Shed is completely occupied. The shopping centre's central location promotes the use of cars within the neighbourhood. The Zeeburg district seems to think that it understands the wishes of the anonymous users: it believes that they all prefer to do their shopping in one go by car.

160

De openbare ruimte

Op het Java-eiland valt de openbare ruimte in drie categorieën uiteen: de tuinen, het water en de kaden. De inrichting van de openbare ruimte is in het stedenbouwkundig plan opgenomen. Zo is het karakter van de vier tuinen al in grote lijnen bepaald. Ze zijn omsloten en verwijzen naar de vier seizoenen die terug te vinden zijn in de beplanting. De gebruikers van de tuinen zijn anoniem, temeer omdat men de tuinen onderling wil verbinden door middel van een openbaar fietspad.

Het water en de schepen hebben een louter decoratieve functie. De ligplaatsen van de binnenschepen, woonschepen en recreatieve bootjes zijn al van tevoren vastgesteld. Er is geen plaats ingeruimd voor activiteiten van de schippers op de kaden. De Amsterdamse Raad voor de Stadsontwikkeling, een adviserend lichaam waarin experts en gebruikers zitting hebben, heeft een voorstel ingediend om de kop van het Java-eiland te voorzien van tijdelijke functies die gericht zijn op het water, in plaats van definitieve functies met het oog op landrecreatie.

Een nieuwe brug zal de kop van het Java-eiland met het centrum van Amsterdam verbinden. De noordkade wordt de hoofdroute voor de auto en de bus. De zuidkade is niet bestemd voor doorgaand verkeer, maar wel voor openbaar parkeren en kaderecreatie. Parkeren geschiedt daarnaast inpandig. De gebruiker kan daardoor vanuit zijn besloten woning in de beslotenheid van zijn auto stappen, zonder één voet in de openbare ruimte te hoeven zetten.

Het beheer van de kaden en het water valt onder de stedelijke diensten. Het beheer van de binnentuinen valt onder de gemeentelijke dienst groenvoorziening. De gebruiker van de openbare ruimte is anoniem en draagt geen verantwoordelijkheid. Toch verwacht de overheid dat de gebruiker zich verantwoordelijk opstelt en het gebied leefbaar maakt. Van grote invloed op de leefbaarheid van een woonwijk zijn buurtwinkels. Zij zijn focuspunten van visuele bedrijvigheid en vanzelfsprekende ontmoetingsplaatsen voor buurtbewoners. Alhoewel er bedrijfsruimten onder de meeste woonblokken zijn gerealiseerd, krijgen deze geen winkelfuncties. Volgens het Stadsdeel Zeeburg kan niet iedere wijk in het Oostelijk Havengebied zijn eigen buurtwinkels hebben omdat de spoeling daarvoor te dun is. Daarom heeft men gekozen voor één winkelcentrum dat het hele gebied moet bedienen. De vestigingsplaats, Loods Brazilië, ligt centraal in het Oostelijk Havengebied, op de hoek van de Oostelijke Handelskade en de Verbindingsdam. Deze aanpak is het resultaat van publiek-private samenwerking: samen met Stadsdeel Zeeburg hebben twee grote supermarktketens deze opzet bedongen. De kleine winkeliers die zich in het Oostelijk Havengebied willen vestigen, hebben zich daarnaar te schikken en hebben geen andere keuze dan vestiging in Loods Brazilië. Dit embargo wordt pas opgeheven als de Loods volledig bezet is. De centrale locatie van het winkelcentrum bevordert de automobiliteit in het hele gebied. Het Stadsdeel Zeeburg schijnt te weten wat de wensen zijn van de anonieme gebruikers; volgens haar willen deze het liefst met de auto alle boodschappen in één keer doen.

2. The Oostelijke Handelskade

The Oostelijke Handelskade is still in an early stage of development but already has an eventful history. This long and narrow area is jammed in between a massive railway embankment and the IJ Harbour. It is within a stone's throw of the city centre, yet it could be a thousand miles away. In contrast to the Java Island, the original buildings here are solid and extremely dominant. They consist of a row of 19th and 20th century warehouses that alternate with sheds. The first in this row is the International Passengers' Terminal Amsterdam (IPTA). It functions, particularly in the summer, as a berth for large cruise ships.

At first Amsterdam City Council and others working on the future of the banks of the IJ had extremely ambitious plans for this area. The Council argued for the construction of 1350 homes interspersed with offices. It also opted for maintaining the IPTA and some of the existing buildings. The end of the Oostelijke Handelskade nearest the city centre was to be reserved for public facilities. The aim was to attract private partners such as major hotel chains to finance its development.

However, there were problems. According to the 1993 plans of the Amsterdam Waterfront Finance Company, the preservation of the existing structures would result in a considerable loss of building capacity and profits. Preserving and extending the IPTA would lead to noise pollution which would contravene the Dutch environment act. This meant that a large section of the district would become unsuitable for accommodation. In addition, the road, which extends for the entire length of the Oostelijke Handelskade and covers a third of its surface area, forms the connection between the centre, the ring road and the future IJburg neighbourhood. The plans mentioned above stated that it would not be possible to build homes here. What's more, the City Council was unable to find private partners who were prepared to invest in the area of the Oostelijke Handelskade nearest to the city centre. In 1994 the Council's project management office was brought in to prepare the district for development. The office formed a project group which was run by a project manager. This group drew up a Requirements Program that would provide the area with a mixture of functions which included offices and 850 homes. The City Council would commission the building of a cluster of cultural facilities to house established organizations specializing in modern music and theatre. A hotel and the new International Passengers Terminal would also be built on the end of the Oostelijke Handelskade that is closest to the city centre. Finally an underground car park for tourist coaches would be built beneath the IPTA. Much attention was paid to the choice of architect because any construction at this location would define the appearance of this section of the banks of the IJ. An architect was assigned to each of the three parts. In addition, a competition open to European architects is planned for the cluster of cultural organizations.

The rest of the area will be divided up into four parts to be developed separately over a longer period of time. Hence, unlike the Java Island, there will be no architectural masterplan for the entire Oostelijke Handelskade. The Program suggests that some of the warehouses (such as Africa, Asia, de Zwijger, Australia and Wilhelmina) will be preserved but that most of the existing structures must be demolished including the Europa warehouse, Vrieshuis Amerika, all the transit sheds and other buildings.

The project group was confronted by the active users of the Wilhelmina warehouse and Vrieshuis Amerika who had very different ideas about the development. They wanted to turn the area into a 'dirty nails district' with an intensive blending of functions including culture, small-scale businesses and housing. They felt that the row of warehouses along the quay would provide the perfect location. The project group did not incorporate the users' message that the structure of these industrial buildings automatically suggests these functions and that form cannot be separated from content.

The advice that the project manager produced and which was ultimately presented to the Council's planning committee did not tally with these users' views. Its proposal to divide the Wilhelmina warehouse into 50% commercial premises and 50% accommodation would mean that there was no place for its users' present activities. Vrieshuis Amerika, which provides cultural facilities, was to be demolished in favour of building one hundred new homes.

Conscious users: the Wilhelmina warehouse

Wilhelmina is a storage company warehouse that was built in 1892. When a group of artists squatted the building in 1988, there were two sections of the building that were still in use. One end of the warehouse had been converted into offices in 1967 and the ground floor served as a storage space for a number of furniture companies. Ironically the area that the artists appropriated had until recently been used to store artworks that had been bought by the City Council. This was as a part of a long-standing government scheme to guarantee artists a regular income but which began to be phased out in 1983.

Most of the artists involved with Wilhelmina had a history of being driven from place to place by urban renewal that either demolished their cheap studio spaces or renovated them so that the rents rose dramatically. One hundred artists and seven gamelan orchestras descended on Wilhelmina. And they all had a single goal: to purchase the building and to develop it themselves. For this would be the one way that would guarantee affordable work spaces. The Veem's success was their example (see Chapter Two). The development of the KNSM Island (see

2. De Oostelijke Handelskade

A row of warehouses and sheds on the Oostelijke Handelskade with the Wilhelmina warehouse in the foreground. The City Council's 'Zuidelijke IJ-oever' project group described this line as 'a train of buildings'.

Rij van pakhuizen en loodsen op de Oostelijke Handelskade, met pakhuis Wilhelmina op de voorgrond. De projectgroep Zuidelijke IJ-oever van de gemeente typeert deze reeks als 'een trein van gebouwen'.

De Oostelijke Handelskade bevindt zich in een vroeg stadium van ontwikkeling, maar heeft al een bewogen geschiedenis achter de rug. Dit lange, smalle gebied ligt ingeklemd tussen een massieve spoordijk en de IJ-Haven. Op een steenworpafstand van het centrum van Amsterdam, is het er tegelijkertijd mijlen ver van verwijderd. In tegenstelling tot het Java-eiland is hier de oorspronkelijke bebouwing solide van karakter en zeer dominant: een rij negentiende en twintigste eeuwse pakhuizen, afgewisseld met loodsen. De eerste in deze rij is de Internationale Passagiers Terminal Amsterdam (IPTA), waar vooral in het zomerseizoen grote cruiseschepen aanmeren. Aanvankelijk was het ambitieniveau van de gemeente en andere plannenmakers van de IJ-oever voor dit gebied zeer hoog. Hier moesten, volgens de gemeenteraad, 1350 woningen komen, gemengd met kantoren. De gemeenteraad besloot ook voor handhaving van de IPTA en van een deel van de bestaande bebouwing. De

kop van de Oostelijke Handelskade werd gereserveerd voor publieksfuncties. Om deze te ontwikkelen hoopte men private partners, zoals bijvoorbeeld grote hotelketens, aan te trekken.

Aan het gebied kleven echter allerlei problemen. Volgens het ondernemingsplan van Amsterdam Waterfront Financieringsmaatschappij uit 1993, leidt de handhaving van de bestaande bebouwing tot aanzienlijk verlies van bouwvolume en opbrengsten. Handhaving en uitbreiding van de IPTA zorgen voor incidentele geluidsoverlast die de wettelijke milieunormen overschrijdt. Dat maakt een groot deel van het gebied ongeschikt voor woningen. Bovendien vormt de weg, die over de volle lengte van het smalle gebied loopt en er éénderde van opslokt, de verbinding tussen het centrum, de rondweg en de geplande wijk IJburg. In het bovengenoemde ondernemingsplan stelt men dat woningbouw eigenlijk

Chapter Three), to which squatters had made a substantial contribution, was the tangible proof that active meddling can produce results. In their turn, Wilhelmina's users became the keepers of the flame and began to involve themselves in the Oostelijke Handelskade's development process.

But the times and conditions had changed. Effectively it was a case of rediscovering the wheel. This step into the unknown involved a constant learning process of bluff and 'if at first you don't succeed, try, try, try again'. This school of hard knocks began as soon as they made contact with council departments, housing corporations, landlords, banks and politicians. These 'experts' did not regard them as being equal partners but as anonymous users with little understanding of the broader context and the common good.

On the other hand, the users tended to lump all these individuals and groups together as 'they': 'They don't want to listen.' 'They're against us.' 'They don't take us seriously.' For them, the experts were all anonymous authorities who went about their work without any sense of involvement.

Apart from the impression that the two sides had of each other, they also had divergent points of departure. While the experts were working full-time on the planning process in the capacity of their professional functions, the users had to try to keep up with them in their free time. It also cost extra energy to do this because they had so little previous experience. But investing in the future proved to be a powerful motivator and their self-confidence and expertise grew as they worked. Nonetheless nine years of uncertainty took their toll: many of the pioneers became

One of the seven gamelan orchestras that are housed in the attic of the Wilhelmina warehouse. In the Netherlands, there are a total of 13 of these gamelan orchestras. The construction of the attic's wooden roof and its restricted height provide acoustics that perfectly suit the sound of these Javan instruments.

Een van de zeven gamelanorkesten die gehuisvest zijn op de zolder van pakhuis Wilhelmina. In totaal zijn er in Nederland dertien van zulke gamelanorkesten. De houten dakconstructie en de geringe hoogte van de zolderruimte in Wilhelmina zorgen voor een akoestiek die de klank van deze Javaanse instrumenten recht doet.

niet te realiseren is. Bovendien vindt de gemeente geen private partners die bereid zijn te investeren in de kop van de Oostelijke Handelskade.

Het gemeentelijk projectmanagementbureau wordt in 1994 ingeschakeld om het gebied klaar te stomen voor ontwikkeling. Het bureau vormt een projectgroep onder leiding van een projectmanager. Deze projectgroep stelt een Programma van Eisen op dat in een menging van functies in het gebied voorziet met kantoren en 850 woningen. Op de kop van de Oostelijke Handelskade komen naast een cultuurcluster ten behoeve van gevestigde podia voor moderne muziek en theater, een hotel en de nieuwe Internationale Passengers Terminal die in opdracht van de gemeente gerealiseerd zullen worden. Een parkeergarage voor toeristenbussen wordt tenslotte gepland onder de IPTA. Omdat de bebouwing op de kop gezichtsbepalend is voor dat deel van de IJ-oever, wordt veel aandacht besteed aan de keuze van architecten. Elk van de drie onderdelen krijgt een eigen architect. Voor de cultuurcluster wordt een prijsvraag uitgeschreven waaraan Europese architecten deel kunnen nemen.

De rest van het gebied is nu verdeeld in vier stukken die afzonderlijk ontwikkeld zullen worden over een langere periode. Er komt dus geen 'masterplan' voor de hele Oostelijke Handelskade, zoals op het Java-eiland het geval was. Volgens het programma kunnen enkele pakhuizen, zoals Afrika, Azië, de Zwijger, Australië en Wilhelmina bewaard blijven, maar moet het merendeel van de bebouwing, zoals pakhuis Europa, Vrieshuis Amerika en alle loodsen en andere opstallen, worden gesloopt.

De projectgroep krijgt te maken met actieve gebruikers uit pakhuis Wilhelmina en Vrieshuis Amerika die een andere kijk op de ontwikkeling hebben. Zij willen het gebied verheffen tot 'een buurt van de vuile nagels' met een intensieve functiemenging van cultuur, kleine bedrijvigheid en wonen. Zij vinden dat de rij pakhuizen aan de kade zich daar uitstekend toe lenen. Hun boodschap dat de structuur van deze industriële gebouwen als vanzelf dergelijke functies dicteert en dat vorm en inhoud een onverbrekelijke eenheid zijn, wordt door de projectgroep niet opgepikt.

Het advies dat de projectmanager opstelt voor de wethouder en dat uiteindelijk aan de leden van raadscommissie wordt voorgelegd, strookt niet met de inzichten van deze gebruikers. Het voorstel om pakhuis Wilhelmina op te splitsen in 50% bedrijfs- en 50% woonruimten betekent dat er geen plaats meer zal zijn voor de huidige bedrijvigheid. Vrieshuis Amerika, dat een culturele publieksfunctie heeft, moet plaats maken voor honderd woningen.

Bewuste gebruikers: pakhuis Wilhelmina

Wilhelmina is een Veempakhuis uit 1892. Toen kunstenaars het pand in 1988 kraakten, waren twee delen van het gebouw in gebruik. In de kop die in 1967 verbouwd was, zaten kantoren. De begane grond diende als opslagplaats voor enkele meubelhandelaren. Het deel dat de kunstenaars zich toe-eigenen, werd ironisch

The studio and workshop of an artist and scenery builder in the Wilhelmina warehouse. Cast iron pillars support large areas of floor in Wilhelmina and, just as in Het Veem, the users have divided up and closed off the open spaces.

Atelier en werkplaats van een kunstenaar-decorbouwer in pakhuis Wilhelmina. In Wilhelmina dragen gietijzeren pilaren de vloeren over grote oppervlakten en hebben de gebruikers de open ruimten opgedeeld en afgesloten, net zoals in Het Veem.

genoeg tot kort voor hun komst gebruikt als opslagruimte voor kunstwerken die in het kader van de Beeldende Kunstenaars Regeling door de gemeente waren aangekocht. Deze regeling die kunstenaars van overheidswege een inkomen garandeerde, werd na 1983 afgebouwd.

De kunstenaarsgroep die Wilhelmina betrekt, bestaat voor het merendeel uit mensen die al van pand naar pand getrokken zijn, voortgedreven door de stadsvernieuwing en de daarmee gepaard gaande sloop of verbouwing van hun goedkope atelierruimte.

discouraged and dropped out. Fortunately the sheer number of users involved in this obstacle race proved to be an advantage. Wilhelmina has plenty of stamina and one particular pioneer with the instincts of a fox terrier.

Eventually the users learned to define who 'they' were, how to distinguish between 'them' and how to approach 'them'. Wilhelmina also set up an office so as to be able to deal with future negotiating partners on a more professional basis. On the wall, next to a portrait of Queen Wilhelmina herself, the place of honour was reserved for a genealogical tree that traced who 'they' were: their names, surnames and positions. This deflated the anonymous monster of authority who intimidated so many of its subjects. It was replaced by people who still worked and acted on the basis of their position but who had nonetheless become more accessible.

Conscious users: Vrieshuis Amerika

The Amerika Warehouse on the Oostelijke Handelskade originally dates from the 19th century. Right from the beginning, the premises seemed destined for a fluctuating existence. Less than ten years after its completion, it was converted into a cold-storage warehouse and electric refrigerators were installed. The building was gutted by fire in 1948. From the ashes rose a vast concrete construction of post-war design, unlike anything else in Dutch architecture. The facade consists of large surfaces filled with bricks that ensured the insulation of the cold storage units inside where meat and other perishable foodstuffs were stored. Even the original wooden footbridge that spanned the road to the south was transformed into a new extension made of concrete and bricks. In this way, Vrieshuis Amerika depicts the area's historical continuity because all the warehouses on the Oostelijke Handelskade originally had bridges like this.

The rear view of Vrieshuis Amerika on the Oostelijke Handelskade. Grass now grows where once flowed the waters of the Binnenhaven.

Achterzijde van Vrieshuis Amerika op de Oostelijke Handelskade. Waar nu het gras groeit, klotste vroeger het water van de Binnenhaven.

Honderd kunstenaars en zeven gamelanorkesten strijken in pakhuis Wilhelmina neer. Zij hebben maar één doel voor ogen: het pand kopen en ontwikkelen in eigen beheer. Dat is immers de enige manier om betaalbare werkruimten te waarborgen. Het succesvolle Veem (zie hoofdstuk 2) is hun voorbeeld. Ook de ontwikkeling van het KNSM-eiland (zie hoofdstuk 3), waaraan krakers een substantiële bijdrage leverden, is een tastbaar bewijs dat actieve bemoeienis effect kan sorteren. De gebruikers van Wilhelmina nemen het estafettestokje over en beginnen zich, op hun beurt, te mengen in het ontwikkelingsproces van de Oostelijke Handelskade.

Maar de tijden zijn veranderd en daarmee de condities. Het wiel moet opnieuw uitgevonden worden. Opnieuw wordt het een sprong in het diepe en een niet-aflatend leerproces van bluffen, vallen en opstaan. Hun eerste contacten met gemeentelijke diensten, woningbouwcorporaties, verhuurders, banken en politici zijn meteen een harde les. Deze 'experts' zien hen niet als partners, maar als anonieme gebruikers met weinig oog voor het grotere geheel en het algemeen goed.

Anderzijds gooien de gebruikers zelf de verschillende partijen op één grote hoop onder de noemer: 'zij'. 'Zij willen niet luisteren.' 'Zij zijn tegen ons'. 'Zij nemen ons niet serieus'. De experts zijn voor hen anonieme machthebbers die hun werk doen, zonder betrokkenheid.

Behalve het beeld dat beide partijen van elkaar hebben, verschillen zij ook in de manier waarop ze aan het proces deelnemen. Terwijl de experts fulltime aan het planproces deelnemen uit hoofde van een functie, proberen de gebruikers in hun vrije tijd de ontwikkelingen bij te benen als belanghebbenden. Het eist van hen bovendien extra inspanningen omdat ze weinig ervaring hebben, maar een investering in de toekomst blijkt een krachtige drijfveer en al doende groeit het zelfvertrouwen en de kundigheid. Toch eisen de negen jaar van onzekerheid die volgen hun tol: veel voortrekkers verliezen de moed en haken onderweg af. Het grote aantal betrokkenen blijkt in deze afvalrace een voordeel. Wilhelmina heeft een lange adem en bovendien één voortrekker met de mentaliteit van een terriër.

Ten langen leste leren de gebruikers 'zij' te definiëren, te onderscheiden en te benaderen. Om professioneler over te komen op de toekomstige onderhandelingspartners, richt men in Wilhelmina een kantoor in. Op een ereplaats, naast het portret van de voormalige koningin, wordt een stamboom opgehangen; daarop staan 'zij' met naam, toenaam en positie aangegeven. Daarmee verdwijnt het anonieme machtsmonster waardoor veel 'onderdanen' zich over het algemeen geplaagd voelen. Er komen mensen voor in de plaats die weliswaar vanuit een positie spreken en handelen, maar die toegankelijker zijn.

The large hall on the fifth floor of Vrieshuis Amerika, after it was smartened up.

Vrieshuis Amerika, grote zaal op de vijfde verdieping, na de opknapbeurt.

Bewuste gebruikers: Vrieshuis Amerika

Pakhuis Amerika aan de Oostelijke Handelskade dateerde oorspronkelijk uit de 19de eeuw. Het pand leek van meet af aan voorbestemd tot een fluctuerend bestaan. Nog geen tien jaar na zijn voltooiing werd het omgebouwd tot vrieshuis en voorzien van elektrische koelmachines. In 1948 brandde het gebouw af. Uit de as herrees een monumentale betonconstructie van naoorlogse snit, een architectonisch unicum in Nederland. Grote gevelvlakken, ingevuld met baksteen, zorgden voor de isolatie van de koelcellen waarin vlees en andere bederfelijke goederen werden opgeslagen. Ook de van oorsprong houten loopbrug aan de zuidzijde, een element dat alle pakhuizen op de Oostelijke Handelskade ooit bezaten, werd vertaald in een uitbouw van beton en baksteen. Daarmee brengt Vrieshuis Amerika de historische continuïteit van het gebied nadrukkelijk in beeld.

Wanneer in 1994 de laatste restjes bedrijvigheid uit het pand zijn verdwenen, wordt het Vrieshuis gekraakt door enkele werkeloze jongeren. Ze willen er een jazzclub beginnen. De dikke isolatiemuren en de geringe daglichttoetreding die het pand voor woningen of ateliers ongeschikt maken, komen hen daarbij zeer van pas. Maar verder moet er nog veel vertimmerd worden voordat de deuren open kunnen voor publiek. Het pand is verstoken van de meest elementaire voorzieningen. Het dak lekt, kozijnen en ramen ontbreken en de tochtige, donkere zalen liggen vol stof en puin. Dwars door alles heen, is de potentie van het gebouw evident. Vooral de grote zaal op de vijfde verdieping, vijfentwintig meter boven het water, inspireert met haar licht en uitzicht tot toekomstdromen. Daar en dan besluit men - geld of geen geld - dit betonnen karkas om te toveren in een "cultuur walhalla". Een sympathise-

167

Vrieshuis Amerika's imposing facade once inspired plans for a performance of Aïda to be held on its large loading balconies. This was to be complete with elephants, one hundred extras and an audience bobbing around in boats on the waters of the IJ.

De imposante voorgevel van Vrieshuis Amerika inspireerde tot plannen om de Aïda te laten uitvoeren op de grote laadbalkons, compleet met olifanten en honderden figuranten. Beneden op het IJ zou dan het publiek in bootjes ronddobberen.

The Vrieshuis was squatted by a group of unemployed young people in 1994 just after the premises had finally ceased to be used. They wanted to set up a jazz club. The insulation walls and lack of windows mean that this building cannot be used for accommodation or studios but that it makes a perfect jazz club. However, it took a great deal of work before its doors could be opened to the public. These premises lacked even the most basic facilities. The roof leaked, there were no windows or window frames, and the drafty, dark halls were full of dust and debris. And yet the building's potential was obvious. It was particularly the large hall, which is located 25 metres above the water on the fifth floor, that inspired future dreams with its light and panoramic view. The decision was immediately taken that, with or without money, this concrete carcass was to be transformed into a 'cultural Valhalla'. A sympathetic gallery stepped in with financial support and some months later the starting shot was sounded with a resoundingly successful New Year's party beneath a newly repaired roof.

From that moment, the number of events in the Vrieshuis doubled each month. The building's raw, monumental character and its cheap rents acted as a magnet for skateboarders, musicians, partygoers, craftspeople, artists, dancers, film-makers and theatremakers. The Vrieshuis accommodated the activities that no one else wanted. Within a year, it was home both to the cultural underground and to the mainstream, and major investors from the media and brewery worlds were already showing interest. These activities put the Oostelijke Handelskade on the map as a place of entertainment. Many of those involved realized that the Vrieshuis was also creating the basis for the success of the cultural cluster to be built at the beginning of the Oostelijke Handelskade. The buildings' proximity would certainly create a challenging confrontation between two complete opposites, a situation that also produced the magical combination of Broadway and Off-Broadway.

This flying start allowed Vrieshuis Amerika's founders to mull over ideas about how to achieve the best mixture of cultural production and its consumption. However, despite a surfeit of plans and space, there was not enough time or manpower and political decisions were about to be made.

Pros and cons

The users of both Vrieshuis Amerika and Wilhelmina exploited all the official channels but without success. The only remaining option was to lobby the political parties that were represented in the Council's planning committee. They would have to convince the politicians that the activities that had grown up around these buildings were inextricably linked to these particular structures and that therefore the users were the best qualified to develop the premises themselves. This meant that they had to prove that their plans were financially viable and that their activities would benefit the neighbourhood as a whole.

rende galerie springt financieel bij en enkele maanden later wordt het startschot gelost met een knallend nieuwjaarsfeest onder een gerepareerd dak.

Vanaf dat moment verdubbelt het aantal evenementen in het Vrieshuis maandelijks. Het rauwe, monumentale karakter van het gebouw en de betaalbare huurprijzen hebben een magnetische aantrekkingskracht op skateboarders, musici, feestgangers, ambachtslieden, beeldend kunstenaars, dansers, filmers en theatermakers. Iedereen kan er terecht met activiteiten die elders geen uitlaatklep kunnen vinden. Binnen één jaar zijn zowel de culturele underground als mainstream er kind aan huis en tonen grote investeerders uit de media- en horecawereld interesse. De activiteiten in het gebouw hebben de Oostelijke Handelskade op de kaart van het uitgaanspubliek gezet. Bij veel betrokkenen dringt het besef door dat met de activiteiten in het Vrieshuis ook een bodem gelegd wordt voor het welslagen van de cultuurcluster die gevestigd zal worden op de kop van de Oostelijke Handelskade. De nabijheid daarvan garandeert immers de uitdaging van de tegenstelling. Aan deze conditie ontleent ook de legendarische combinatie Broadway en Off-Broadway haar magie.

Onder invloed van deze vliegende start rijpen bij de initiatiefnemers van Vrieshuis Amerika langzaam ideeën over hoe men binnen het gebouw tot een optimale vermenging van culturele productie en consumptie kan komen. Ruimte en plannen zijn er te over. Waar het aan ontbreekt is tijd en mankracht, want de politieke besluitvorming nadert.

De afweging

De gebruikers van beide panden benutten alle officiële kanalen om hun stem te laten horen, maar zonder succes. Wat hen rest is het bewerken van de politieke partijen die vertegenwoordigd zijn in de raadscommissie. Zij moeten deze politici ervan overtuigen dat de activiteiten die men in Vrieshuis Amerika en in Wilhelmina ontplooit, onverbrekelijk met de gebouwen verbonden zijn en dat zij het pand daarom het beste zelf kunnen ontwikkelen. Daarnaast moeten zij de financiële haalbaarheid van hun plannen en de maatschappelijke meerwaarde van hun activiteiten voor het gebied aantonen.

Gedurende het hele besluitvormingsproces worden de politici die in de verantwoordelijke raadscommissie zitting hebben, schriftelijk op de hoogte gehouden van de ontwikkelingen, zowel door de projectgroep als door de gebruikers. Ook bezoeken de meesten van hen in die periode pakhuis Wilhelmina en Vrieshuis Amerika. Zij houden zich daarbij op de vlakte, al benadrukken ze wel unaniem dat het ambitieniveau voor de Oostelijke Handelskade hoog is en dat de opbrengsten navenant moeten zijn.

Zij gaan zich pas actief bezighouden met het gebied wanneer zij het Programma van Eisen van de wethouder ontvangen. Dit advies wordt tijdens twee raadscommissievergaderingen besproken. Van tevoren kunnen de gebruikers spreektijd aanvragen om hun standpunten voor de commissieleden te verduidelijken. Daarna bren-

The popular Indoor Skatepark in Vrieshuis Amerika. The building's massive structure means that no sound passes beyond its walls. Hence, the Vrieshuis is extremely suitable for activities that cannot be held elsewhere in the city because of noise pollution.

Het populaire Indoor Skatepark in Vrieshuis Amerika. Door de massieve constructie van het gebouw dringt er geen geluid naar buiten door. In feite is het Vrieshuis daardoor zeer geschikt voor activiteiten die vanwege geluidsoverlast nergens anders in de stad kunnen plaatsvinden.

During the decision-making process, both the project group and the users kept the politicians on the planning committee informed of all developments in writing. Most planning committee members also visited Wilhelmina and Vrieshuis Amerika during this period. Although they did not commit themselves, they did unanimously emphasize that the goals for the Oostelijke Handelskade were extremely ambitious and that the projected profits should be correspondingly high. They became really involved with the area once they received the Requirements Program. This Program was discussed in two consecutive meetings of the planning committee. The users could request time in advance to express their views to the commission's members. The planning committee would then cast its votes. Politics is a process of making compromises. The pros and the cons are weighed up. The Requirements Program was examined for its feasibility and in terms of the various parties' priorities. Finally the entire City Council took a vote and the definitive decision was made.

The politicians felt that the preservation of Vrieshuis Amerika was less essential than the one hundred homes that would be built in its place. The users were unable to refute the planning committee's belief that Vrieshuis Amerika was just a party palace and a general nuisance in the surrounding neighbourhood. The same applied to the expensive price tag that the planning committee attached to the renovations that would be needed for the premises to acquire a permanent public status. No mention was made of the building's architectural value or of its considerable potential for providing employment. What's more the positive influence that Vrieshuis Amerika would have on the planned cultural cluster had failed to make an impression. Ultimately the politicians decided that this initiative was only of a temporary worth and was not inextricably linked to that particular location. As yet the users of Vrieshuis Amerika have been unable to escape their anonymity.

However, in terms of Wilhelmina, the scales have tipped in favour of its users. It was decided that the rent must remain affordable and that the building should maintain its function as a place of work. These decisions have been influenced by the changing position of artists on the Dutch job market over the last few years. After years of government support, artists are now expected to be responsible for their own upkeep and Wilhelmina's users reflect this trend. In 1995, the position of artists improved dramatically in comparison with other job hunters with a degree. 56% of Dutch artists have more than one job and many of them work independently on a project basis (37%). In Wilhelmina, less than ten per cent of its artists are on social security. Over the years, it has also changed from a studio building to a building with workshops that generate income; Wilhelmina has an intensive blending of functions. It would be pointless and unnecessarily expensive to transfer one hundred artists to a small businesses centre elsewhere.

Because the users had produced rock-solid financial plans, the planning committee ordered the Council's City Valuers to negotiate directly with the users: i.e. without a developer or housing corporation as an intermediary. The City Valuers and the users would also negotiate the cost of the lease and the purchase price. The users have ceased to be anonymous because this decision demonstrated that politicians regard them as fully-fledged private partners.

One of the three galleries that define the public face of the Wilhelmina warehouse.
They encourage informal contact between the users of the premises and politicians.

Een van de drie galeries die het publieke gezicht van pakhuis Wilhelmina bepalen. Zij stimuleren het informele contact tussen de gebruikers van het pand en de politici.

gen de commissieleden hun stem uit. Politiek bedrijven is compromissen sluiten. Er wordt gewikt en gewogen. Het Programma van Eisen wordt getoetst op haalbaarheid en op de prioriteiten die de verschillende partijen hebben. Tenslotte wordt het nogmaals ter stemming gebracht in de gemeenteraad en valt de definitieve politieke beslissing.

Voor de politici weegt het behoud van Vrieshuis Amerika niet op tegen de honderd woningen die volgens het Programma van Eisen op die plaats gebouwd moeten worden. Het door de wethouder geschetste beeld van het Vrieshuis als party-paleis dat overlast veroorzaakt in de buurt, weten de gebruikers van Vrieshuis Amerika niet afdoende te ontzenuwen. Hetzelfde gaat op voor het dure prijskaartje dat de wethouder hangt aan de verbouwing die nodig zou zijn om het pand een permanente, publieke functie te geven. De politiek gaat daarmee geheel voorbij aan de architectonische waarde van het gebouw en de potentie voor werkgelegenheid die hier volop aanwezig is. Voorbij gaat men ook aan de positieve invloed die Vrieshuis Amerika kan hebben op de cultuurcluster die men op de kop van de Oostelijke Handelskade wil realiseren. De politici vinden het initiatief en de locatie uiteindelijk inwisselbaar. De gebruikers van Vrieshuis Amerika hebben vooralsnog niet kunnen ontsnappen aan hun anonimiteit.

Wat pakhuis Wilhelmina aangaat, slaat de weegschaal door in het voordeel van de gebruikers. Men besluit dat het pand voor hen betaalbaar moet blijven en dat het gebouw de werkfunctie behoudt. Vooral de verandering van de positie van kunstenaars op de arbeidsmarkt gedurende de laatste jaren, speelt in deze overweging een rol van betekenis. Van kunstenaars wordt momenteel net als van ieder ander verwacht dat zij in hun eigen onderhoud voorzien. De gebruikers van Wilhelmina reflecteren de algemene trend. In 1995 is de arbeidspositie van kunstenaars sterk verbeterd ten opzichte van andere werkzoekenden met een HBO-opleiding. Van de kunstenaars werkt 56% in meerdere beroepen, en vaak als zelfstandige op projectbasis (37%). In Wilhelmina is minder dan 10% van de kunstenaars afhankelijk van een uitkering. Het pand is dan ook in de loop der tijd van een atelierpand veranderd in een atelier-werkpand met intensieve functiemenging. Het blijkt zinloos en onnodig kostbaar om honderd kunstenaars over te hevelen naar een bedrijfsverzamelgebouw elders.

Omdat ook de financiële onderbouwing van de plannen van de gebruikers goed is, krijgt het grondbedrijf van de wethouder de opdracht om direct, zonder tussenkomst van een ontwikkelaar of woningbouwcorporatie, met de gebruikers te gaan onderhandelen over de hoogte van de erfpacht en de aankoopsom. Omdat de politiek hen door dit besluit als volwaardige marktpartij erkent, treden de gebruikers uit de anonimiteit.

SOURCE MATERIAL

INTERVIEWS WITH:

Carolien Feldbrugge, member of
    the board of management of the Wilhelmina Foundation,
        member of Het Podium Werken aan het IJ, member of
            the Amsterdam Board for Urban Development
Hans Gerson, director of
        Amsterdam City Council's Department of City Valuers
Jasper Broëlman, the Vrieshuis Amerika organization
Jos Ypma, bookseller
Martijn Verver, the Vrieshuis Amerika organization
Members of the Amsterdam City Council
        planning committee responsible for the banks of the IJ.
        The following Dutch political parties were represented:
                    PvdA, GroenLinks, VVD, D'66 and CDA
Siem de Goede, CASA architect,
    former user of World's End, currently lives at Vladivostok
Vincent Kuilboer, Zeeburg district official
Meetings of the sounding board group,
                    Oostelijke Handelskade, 1994-1996
Planning committee meetings concerning the Oostelijke
                    Handelskade, November 1996 and January 1997
Public enquiry evening, Oostelijke Handelskade, 17 June 1996

LITERATURE:

Amsterdam Waterfront (1993). *Ondernemingsplan*
                    Ontwikkeling IJ-oevers Amsterdam
Beckers F.H.E. *Eigen Initiatief* (1996).
                    Town and country planning M.A. thesis,
                    University of Amsterdam, Amsterdam
Bouw- en Woningdienst gemeente Amsterdam (1991).
                    Een Woonatlas voor Amsterdam
Amsterdam City Council (1996). *General information folders*
Amsterdam City Council (1993-1994)
                    Woningbouwplannen Amsterdam
Janssens, N.W. (1996). *Wonen in werkgebouwen*, work
        experience report investigating the legal consequences
        of an intensive blending of functions, Amsterdam
Janssens, N.W. (1996). *'Roep om flexibiliteit: juridische*
        kanttekeningen bij het wonen in werkgebouwen',
                    Rooilijn (7) 1996, pp.355-357
Keizer, G.R. and Korthals Altes, H.J. (1996).
                    Guild Inventory, deelonderzoek Binnenland,
        commissioned by the IJ Industrial Buildings Guild,
                    Amsterdam
Kunstenaars Wijzer (15) 1997, p. 16:
        'Arbeidmarktsituatie voor kunstenaars is verbeterd'
Koster, E. (1995). *Oostelijk Havengebied Amsterdam/*
        Eastern Docklands (English translation included),
                    Amsterdam
Mak, G. (1994) *Een kleine Geschiedenis van Amsterdam*,
                    Amsterdam
Ponteyn, B. and Wasmoeth, H. (1996). *'De IJ-oevers als*
        stedelijk casco', Rooilijn (5) 1996, pp. 224-229
Projectgroep Zuidelijke IJ-oever, (January 1997).
                    Masterplan kop Oostelijke Handelskade
Rijkswaterstaat (1996). *Verslag Burgerstem*. The results of
        an initial survey into people's wishes concerning
                    public enquiries and interactive planning
Spies, H. et al. (1992). *De Grachtengordel*, The Hague
Urhahn, G.B. and Bobic, M. (1996).
                    Strategie voor Stedelijkheid, Bussum

BRONNEN

INFORMANTEN

Carolien Feldbrugge, bestuurslid van de Stichting
 Wilhelmina, lid van Het Podium Werken aan het IJ, lid van
   de Amsterdamse Raad voor de Stadsontwikkeling
Hans Gerson, directeur van het
     gemeentelijk grondbedrijf Amsterdam
Jasper Broëlman, organisatie Vrieshuis Amerika
Jos Ypma, boekhandelaar
Leden van de raadscommissie waaronder de IJ-oever
   resorteert (PvdA, GroenLinks, VVD, D'66 en CDA)
Martijn Verver, organisatie Vrieshuis Amerika
Siem de Goede, architect bij CASA, voormalig gebruiker van
 Het Einde van de Wereld, huidige bewoner van Wladiwostok
Vincent Kuilboer, ambtenaar Stadsdeel Zeeburg
Inspraakavond Oostelijke Handelskade, 17 juni 1996
Klankbordgroepvergaderingen Oostelijke Handelskade,
         1994-1996

Vergaderingen raadscommissie aangaande de
   Oostelijke Handelskade, november 1996 en januari 1997

LITERATUUR

Amsterdam Waterfront (1993).
  Ondernemingsplan Ontwikkeling IJ-oever Amsterdam
Beckers, F.H.E. (1996). *Eigen Initiatief*,
   doctoraalscriptie Planologie, U.v.A., Amsterdam
Bouw- en Woningdienst gemeente Amsterdam (1991).
      Een Woonatlas voor Amsterdam
Gemeente Amsterdam (1996). *Algemene Voorlichtingsfolders*
Gemeente Amsterdam (1993-1994).
     Woningbouwplannen Amsterdam
Janssens, N.W. (1996). *Wonen in werkgebouwen*,
  stage-onderzoek naar de juridische mogelijkheden van
    intensieve functiemenging, Amsterdam
Janssens, N.W. (1996). '*Roep om flexibiliteit: juridische*
  kanttekeningen bij het wonen in werkgebouwen',
     Rooilijn (7) 1996, pp. 355-357
Keizer, G.R. en Korthals Altes, H.J. (1996).
  Guild Inventory, deelonderzoek Binnenland, in opdracht
  van Het Gilde van Werkgebouwen aan het IJ, Amsterdam
Kunstenaars Wijzer (15) 1997, p.16:
  '*Arbeidsmarktsituatie voor kunstenaars is verbeterd*'
Koster, E. (1995). *Oostelijk Havengebied Amsterdam /*
 Eastern Docklands (inclusief Engelse vertaling), Amsterdam
Mak, G. (1994). *Een kleine geschiedenis van Amsterdam*,
       Amsterdam
Ponteyn, B. en Wasmoeth, H. (1996). '*De IJ-oevers*
  als stedelijk casco', Rooilijn (5) 1996, pp. 224-229
Projectgroep Zuidelijke IJ-oever, (januari 1997).
    Masterplan kop Oostelijke Handelskade
Rijkswaterstaat, (1996). *Verslag Burgerstem*, Resultaten van
  een eerste verkenning naar de wensen van burgers ten
  aanzien van inspraak en interactieve planvorming
Spies, H. et al. (1992). *De Grachtengordel*, Den Haag
Urhahn, G.B. & Bobic, M. (1996).
   Strategie voor Stedelijkheid, Bussum

CHAPTER 6

The turning tide

The development of old harbour areas in the cities discussed in this book has almost invariably been the result of a collaboration between the public and private sectors. This kind of co-operation involves seeking a balance between financial gain and social interests. Christiania in Copenhagen is the one exception to this rule. Here, a partnership between the public and private sectors is absolutely out of the question; instead determined users have made themselves responsible for both the area's development and its management.

Everywhere else, city councils have sought out powerful backers to help finance their harbours' development. However, the degree to which these councils have been able to maintain their influence varies from city to city. For instance, Liverpool and Dublin City Councils have had little involvement in the develop-

ment process because of the introduction of a government-created, independent agency. This agency was given free rein to develop a specific area according to its wishes and with money provided both by the government and by private partners. Although this set-up varies in terms of the partnership between the private and public sectors in general, the aim in both Liverpool and Dublin has also been the rapid transformation of investment into profit.

The principle of profit entirely depends on a dynamic approach. In terms of buildings, it generally means that separate parties are responsible for their development and management. The development of the silos in Rostock and Copenhagen and of most of Amsterdam's Grain Silo are examples that have been described in previous chapters. Here, a striking exception is the

HOOFDSTUK 6

Het kerend tij

left:

The Westerdok in Amsterdam; it was once a part of the harbour and is only a stone's throw from the city centre.

links:

Westerdok te Amsterdam, voormalig havengebied op steenworp afstand van het stadscentrum.

In de steden die in de voorafgaande hoofdstukken aan de orde zijn gekomen, vindt de ontwikkeling van oude havengebieden, bijna zonder uitzondering, plaats door middel van een publiek-private samenwerking. Binnen een dergelijke samenwerking wordt gezocht naar een evenwicht tussen financieel gewin en sociaal belang. Slechts Christiania in Kopenhagen valt in deze reeks uit de toon. Hier is geen sprake van publiek-private samenwerking, maar van ontwikkeling en beheer door eigenzinnige gebruikers.

Overal elders zoeken gemeentebesturen naar draagkrachtige investeerders om de ontwikkeling van de havengebieden mede te financieren, maar de mate waarin zij daarbij hun invloed laten gelden, verschilt per stad. Zo zijn de gemeenten Liverpool en Dublin nauwelijks meer bij de ontwikkeling betrokken omdat de centrale overheid een onafhankelijke maatschappij in het leven heeft geroepen. Het doel van deze maatschappij is om, met geld van de overheid en private partners, een specifiek gebied zonder politieke belemmeringen en naar eigen inzichten te ontwikkelen. Hoewel deze opzet verschilt van publiek-private samenwerkingen in het algemeen, streeft men er ook in Liverpool en Dublin naar om de investeringen snel in winst om te zetten.

Dit winstprincipe staat of valt met een voortvarende aanpak. Voor gebouwen betekent dit in de meeste gevallen dat ontwikkeling en beheer door afzonderlijke partijen worden uitgevoerd. Dit doet zich voor bij de eerder besproken ontwikkeling van de silo's in Rostock, Kopenhagen en het overgrote deel van de Graansilo's in Amsterdam. Opvallend is in dit verband dat de ontwikkelingsmaatschappij in Liverpool voor een klein deel van de voormalige haven, het Brunswick Business Park, een uitzondering maakt. Door ontwikkeling èn beheer in eerste instantie in eigen hand te houden, waarborgt ze betaalbare werkruimten voor minder draagkrachtige ondernemers en starters.

Het kleinschalig, particulier initiatief waarin de gebruikers zèlf zowel de ontwikkeling als het beheer van een pand voor hun rekening nemen, is veel meer gebaat bij een geleidelijke ontwikkeling waarin de gemeente een sturende rol heeft. Op deze manier hebben in Bristol kleinschalige initiatieven in de culturele sector een duidelijk revitaliserende werking op het stadscentrum. Doorgaans staat een grote invloed van de gemeente garant voor een ontwikkeling op de lange termijn, waarbij het particulier initiatief niet bij voorbaat wordt uitgesloten. In Odense en Szczecin faciliteert de gemeente kleinschalige initiatieven in de kunst- en nijverheidssector door gebouwen en ondersteuning aan te bieden. Door eigen inzet hebben kunstenaars, startende ondernemers en werkelozen hier kleine delen van de haven nieuw leven ingeblazen. Het karakteristieke en enigszins paternalistische gedoogbeleid van de gemeente Amsterdam heeft geleid tot frappante voorbeelden van kleinschalige bedrijvigheid aan het IJ. Dat deze initiatieven een positieve invloed hebben op de ontwikkeling van het gebied, geeft de stad slechts knarsetandend en schoorvoetend toe.

Het IJ in beweging

Wanneer het zwaartepunt van de havenactiviteiten in Amsterdam zich verplaatst in de richting van de zeemonding, komt langs het IJ mettertijd een gebied van circa 270 hectare vrij. Dit voormalige haventerrein loopt over een lengte van 5,5 kilometer parallel aan het historische centrum. Omdat het geen stedelijke structuur kent, biedt het gelegenheid tot de grootste uitbreiding binnen de stadskern sedert de Tweede Wereldoorlog. Maar de nieuwe ontwikkeling van dit gebied is geen gemakkelijke opgave. De langgerekte, smalle strook ligt versnipperd over een aantal kunstmatige eilanden en wordt gescheiden van de binnenstad door een dikke kabel van infrastructuur bestaande uit een doorgaande weg en een spoordijk. Van meet af aan splitst de gemeente het vrijgekomen terrein in twee afzonderlijke delen: het Oostelijk Havengebied en de IJ-oever.

Vanaf 1978 ontwerpt de gemeente plan na plan voor beide gebieden, maar door conjuncturele en politieke schommelingen, vorderen de concrete plannen zeer langzaam. Onderwijl gedoogt men, op tijdelijke basis, kleinschalige, particuliere initiatieven die zich als een olievlek langs de waterrand verspreiden.

Zo kan een niet onaanzienlijke beweging van krakers wortel schieten in de voormalige haven. In dit niemandsland tussen water en stad worden vanaf 1978 spontaan achttien leegstaande havenpanden wederrechtelijk in hergebruik genomen door kunstenaars, ambachtslieden en kleine ondernemers. Zij worden gedreven door

development company in Liverpool that was responsible for the Brunswick Business Park which occupies a small section of the old harbour. By initially developing and managing this project itself, it was able to ensure inexpensive work spaces for young and less affluent businesses.

Small-scale, private enterprise involving the users' responsibility for both the development and the management of their premises are greatly aided by a gradual development and by the city council assuming a controlling role. This approach has enabled modest cultural initiatives in Bristol to contribute to the city centre's revitalization. Generally, when a city council plays a major role, it guarantees a project's long-term development and does not automatically exclude the possibility of private enterprise. The city councils in Odense and Szcecin are facilitating small-scale initiatives in the art and commerce sectors by providing buildings and support. Through their own efforts, artists, new entrepreneurs and the unemployed have regenerated small parts of these harbours. Amsterdam's characteristic and somewhat paternalistic policy of forbearance has resulted in striking examples of small-scale activities along the banks of the IJ. Yet the city is loathe to admit that these initiatives have had a positive influence on the area's development.

The IJ in motion

An area of approximately 270 hectares has gradually become available along the IJ as the centre of activities in Amsterdam's harbour has shifted towards the sea . This former dockland terrain runs parallel with the historic city centre for a total of 5.5 kilometres. Because it has no urban structure, it has the potential for the largest expansion within the heart of the city since World War Two. But the area's re-development has been no easy task. This elongated, narrow strip of land is divided between a number of man-made islands and is cut off from the inner city by a broad band of infrastructure consisting of a main road and the railway embankment. From the very beginning, the city council split the available terrain into two separate parts: the Eastern Docklands and the banks of the IJ.

Starting in 1978, the council came up with plan after plan for these areas but, due to economic and political fluctuations, the definitive plans proceeded extremely slowly. Meanwhile small-scale, private enterprise was allowed on a temporary basis and has spread along the water's edge like an oil slick.

The Customs Shed on the Westerdokseiland.

Douaneloods op het Westerdokseiland.

Hence, a substantial movement of squatters was able to take root in this former harbour. Starting in 1978, 18 empty dockland buildings in this no-man's-land between water and city were spontaneously and illegally re-used by artists, craftspeople and small-scale entrepreneurs. They were driven by their need for the inexpensive work spaces that had been largely swallowed up by urban renewal. Many of these people also lived in their work spaces so as to keep their costs to a minimum. Despite the grim appearance of some of these premises, their new users immediately felt at home on the banks of the IJ where every cobblestone attested to industriousness. Through self-management, the users developed a working and living environment that suited the structure of these industrial premises. In contrast to the city council, they did not regard these activities as being temporary. For them, squatting was a means of achieving their ideals.

The Eastern Docklands had been earmarked by the city council to become a new residential area. The plans began to take shape more rapidly than in the second area awaiting development: the banks of the IJ. Here, the aim is to achieve a mixture of accommodation, offices and public facilities. This ambition is based on the desire to transform the banks of the IJ into an integral part of the historic centre so that the city will once again turn to face towards the sea. The council wants to transform the banks of the IJ into a part of the public domain, a space that is freely accessible to visitors who will feel simultaneously anonymous and familiar with an environment that will attract as broad a public as possible. This potential is based on the water's open expanse.

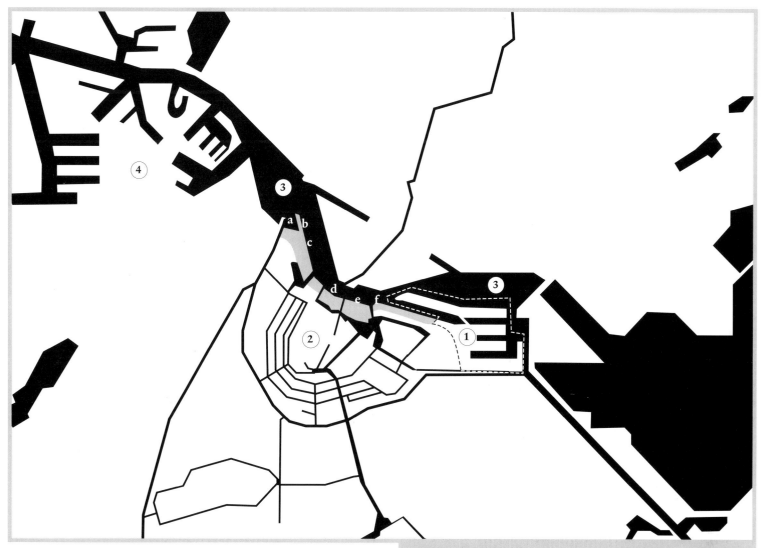

MAP OF AMSTERDAM'S HARBOUR AND WATERWAYS
(THE PLANNING DEPARTMENT, AMSTERDAM)

WATERKAART VAN AMSTERDAM
(DIENST RUIMTELIJKE ORDENING, GEMEENTE AMSTERDAM)

① **Eastern Docklands / Oostelijk Havengebied**
② **The city centre / Stadscentrum**
③ **The IJ/ IJ**
④ **The modern harbour / moderne haven**
The banks of the IJ / IJ-oever:
ⓐ **The old Houthaven and the Van Diemenstraat /**
                    De oude Houthaven en de Van Diemenstraat
ⓑ **Causeway / Strekdam**
ⓒ **Westerdokseiland**
ⓓ **Stationseiland**
ⓔ **Oosterdoks eiland**
ⓕ **Oostelijke Handelskade**

behoefte aan betaalbare werkruimten die door de stadsvernieu-wing verloren zijn gegaan. Velen onder hen gebruiken de werk-ruimte ook als woning om de kosten te drukken.

Hoe onverbiddelijk sommige havenpanden ook zijn, de nieuwe gebruikers voelen zich aan het IJ, waar ieder kinderkopje bedrij-vigheid spelt, onmiddellijk thuis. In eigen beheer ontwikkelen zij een werk- en woonomgeving die binnen de structuren van de industriële panden past. In tegenstelling tot de gemeente beschou-wen de gebruikers deze activiteiten niet als een tijdelijke invul-ling. Kraken is voor hen een middel om hun idealen te realiseren.

Het Oostelijk Havengebied wordt door de gemeente aangemerkt als nieuwe woonwijk. De plannen komen hier sneller van de grond dan in het tweede te ontwikkelen deel: de IJ-oever. Hier streeft men naar een menging van woningen, kantoren en publieksfunc-ties. Deze ambitie wordt gevoed door de wens om de IJ-oever tot een integraal onderdeel te maken van het historisch centrum, waardoor de stad zich weer met het gezicht naar het water kan keren. De gemeente wil van de IJ-oever een publiek domein maken, een vrij toegankelijke ruimte die voor de bezoekers tegelij-

Bearing in mind the area's physical characteristics, an intelligent approach is needed if these ambitions are to be realized.

The city council's plans were accelerated in 1992 because of trends elsewhere in Europe. The Dutch government provided generous subsidies in anticipation of the creation of a 'high-grade' business environment along the banks of the IJ which, it suggested, could well become a top international location. However, it insisted on the condition that private partners were also to participate in the project. The result was the founding of the Amsterdam Waterfront Finance Company (AWF). The major difference with the development companies that were set up in Liverpool and Dublin was that Amsterdam City Council participated in the AWF as a partner. This meant that the finance company's decision-making process was constantly being subjected to the critical eye of the council.

The AWF drew up a master plan involving large-scale, dynamic developments. This plan focused on the top segment of the markets for homes and offices. The aim was to attract the crème de la crème of the international financial world. This business environment was to be liberally sprinkled with cultural facilities and luxury homes so as to achieve a 'high-grade' urban milieu. Hence, the banks of the IJ were to launch the City of Amsterdam as a centre of world importance in the 21st century. However, a year of research proved that the AWF's enterprise was financially unfeasible. The collapse in the office market and the city council's extreme meddlesomeness made it impossible to realize the master plan in its entirety.

Where Amsterdam has overplayed its hand, the independent development company in Dublin has scored a resounding success with a simple plan for a much smaller area. A 'high-grade' International Financial Services Centre now towers over the Custom House Docks and comes complete with homes and public facilities.

Anchors in the IJ

Despite its brief existence, the AWF has had two important effects: firstly, the harbour premises' users, who up till then had had only sporadic contact, have closed ranks and, secondly, the city council has turned its back on a large-scale approach.

In 1993, the users of the squatted harbour premises united to form a working community called the IJ Industrial Buildings Guild. This was the direct result of the AWF's plans to demolish almost all the existing harbour structures and to allow a project developer to convert the brick silo into flats. The Guild drew up a strategy aimed at preserving not only the actual premises but also the activities that the users had developed. Over the years and with no initial backing, hundreds of people have created work in the art, consultancy and craft sectors. They earn their money in the buildings but not from the buildings. Preserving the premises also means preserving these activities that encom-

pass both consumption and production. The community's success is based on sweat equity, self-management and the possibility of living in a building that was originally intended as a place of work.

The recognition of initiatives in harbour premises such as Het Veem (1981) and Edelweiss (1982) has been a great source of inspiration as have been the successful squat complexes in the inner city such as the Wilhelmina Gasthuis (1980), the Handelsbladgebouw (1981) and the Tetterode (1982). However, these three buildings hardly serve as examples because they owe their continued existence to their relationship with the districts in which they are located. In the harbour, where there is no urban context, the users have to enter into a different kind of agreement with the city council: one involving urban development in general.

left:
The Custom House Docks in Dublin

links:
The Custom House Docks in Dublin.

kertijd vertrouwd èn anoniem aanvoelt en die aantrekkelijk is voor een zo divers mogelijk publiek. De extra waarde van de IJ-oever ligt in de openheid van de watervlakte. Gezien de fysieke kenmerken van het gebied vraagt de realisatie van deze ambities om een slimme aanpak.

Onder invloed van Europese trends komen de plannen van de gemeente in 1992 in een stroomversnelling. De rijksoverheid stelt forse subsidies in het vooruitzicht voor de totstandkoming van een 'hoogwaardig' vestigingsmilieu aan de IJ-oever die zij als een mogelijke internationale toplocatie aanduidt. Zij stelt echter als voorwaarde dat ook private partners financieel deelnemen aan het project. Het gevolg is de oprichting van de Amsterdam Waterfront Financieringsmaatschappij (AWF). Het grootste verschil met de ontwikkelingsmaatschappijen die in Liverpool en Dublin gevormd zijn, is dat de gemeente Amsterdam aan de AWF als vennoot deelneemt. Hierdoor blijft de besluitvorming binnen deze financieringsmaatschappij voortdurend onderworpen aan het kritische oog van de gemeenteraad.

De AWF komt met een masterplan voor een grootschalige en voortvarende ontwikkeling. In het plan wordt gefocust op het topsegment van de woningen- en kantorenmarkt. Men wil het neusje van de zalm aantrekken uit de internationale financiële wereld. Om een 'hoogwaardig' stedelijk weefsel te bereiken, doorspekt men het vestigingsgebied met culturele voorzieningen en dure woningen. Op deze manier wil men de IJ-oever inzetten om de stad Amsterdam te lanceren als wereldcentrum van de 21ste eeuw. Na een jaar van studie blijkt het ondernemingsplan van de AWF echter financieel onhaalbaar. De inzinking van de kantorenmarkt en de vergaande bemoeizucht van de gemeente maken de integrale uitvoering van het masterplan onmogelijk.

Maar waar Amsterdam zich vergaloppeert, boekt de onafhankelijke ontwikkelingsmaatschappij in Dublin, die op hetzelfde paard wedt, succes met een simpel plan voor een veel kleiner gebied. In de Custom House Docks verrijst wèl een 'hoogwaardig' Internationaal Financieel Diensten Centrum, compleet met woningen en publieke functies.

Ankers in het IJ

Ondanks haar korte bestaan sorteert de AWF twee belangrijke effecten: de gebruikers van de havenpanden die tot dan toe sporadisch contact hadden, komen nader tot elkaar en de gemeente komt terug van een grootschalige aanpak.

De gebruikers van de gekraakte havenpanden verenigen zich in 1993 in een werkgemeenschap, het Gilde van Werkgebouwen aan het IJ. Directe aanleiding zijn de plannen van de AWF om vrijwel alle bestaande opstallen aan de haven te slopen en de bakstenen silo door een projectontwikkelaar te laten verbouwen tot een flatgebouw. Binnen het Gilde beraadt men zich op een strategie die zal leiden tot het behoud van de panden en de initiatieven die de gebruikers erin ontplooien. Vanuit een nulpositie hebben hier honderden mensen over de jaren hun eigen werk gecreëerd in de cultuur- kennis- en nijverheidssector. Zij verdienen hun geld ìn de gebouwen, maar niet áán de gebouwen. Behoud van de panden betekent derhalve behoud van deze bedrijvigheid die zowel consumptie als productie omvat. Zelfwerkzaamheid, zelfbeheer en de mogelijkheid om te kunnen wonen in de werkpanden liggen ten grondslag aan het succes van deze werkgemeenschap.

Erkende initiatieven in havenpanden zoals Het Veem (1981) en Edelweiss (1982) zijn een grote inspiratiebron, evenals succesvolle kraakcomplexen in de binnenstad, waaronder het Wilhelmina Gasthuis (1980), het Handelsbladgebouw (1981) en de Tetterode (1982). Aan de laatste drie kan men echter nauwelijks een voorbeeld nemen, omdat deze gebouwen hun behoud ontlenen aan de verankering in een buurt. In de haven waar de stedelijke context ontbreekt, dient men zich met de gemeente te verstaan op een heel ander niveau: op dat van stadsontwikkeling in het algemeen.

Na het echec van de AWF bezint de gemeente zich en komt in 1994 met een ontwikkelingsstrategie die wordt neergelegd in de nota, 'Ankers in het IJ'. Zij gaat niet meer uit van een masterplan, maar hakt de IJ-oever in mootjes met het oog op een deelontwikkeling per eiland. Zo'n geleidelijke ontwikkeling zou minder financiële risico's met zich mee brengen en ruimte laten om in te spelen op conjuncturele trends. Maar de oude wens van de gemeente om aan de IJ-oever een publiek domein te creëren blijft. Met deze wens voor ogen stelt zij zich tot doel het gebied op vanzelfsprekende wijze te laten aansluiten op het stratenpatroon van de historische binnenstad. Dit betekent dat vormgeving en herinrichting van de publieke ruimte de meeste aandacht krijgen.

Openbare ruimte 'met kwaliteit' wordt het sleutelbegrip van de nieuwe aanpak.

Gemeente en ontwerpers spiegelen zich aan het zonnige Barcelona waar een aantrekkelijke openbare ruimte als vanzelf investeerders en publiek lijkt aan te trekken. Een ander lokaas dat men in het IJ gooit, is een nieuw science centre, ontworpen door een beroemde architect. Deze tactiek wordt door vele andere steden aangewend als middel om investeerders naar zich toe te trekken.

Following the failure of the AWF, the city council changed its mind and fostered a development strategy in 1994 that was elaborated in its 'Anchors in The IJ' report. Here, the concept of a masterplan has been jettisoned; instead the banks of the IJ are chopped up into little pieces with a view to developing each island in turn. This gradual development supposedly entails fewer financial risks and allows for more opportunities to exploit economic trends. But the city council has stuck by its desire to transform the banks of the IJ into a part of the public domain. With this wish in mind, the aim is to enable the area to connect clearly with the pattern of streets in the historic city centre. It means that much attention is to be paid to the design and realization of this public space. A 'quality' public space is the key concept behind this new approach.

Here, the city council and its designers are emulating sunny Barcelona where an attractive public space was all that was needed to draw both investors and visitors. A new science centre designed by a famous architect provides additional bait for the IJ. This tactic is also being deployed by many other cities as a means of attracting investors. When the demand for private pro-perty exploded under the influence of government policy, the city council began to concentrate on the building of homes because this results in the highest short-term yield. In addition, the government provides subsidies for the construction of homes under certain conditions. These conditions are laid out in a government document and stipulates both a higher building density and better public transport facilities. Amsterdam City Council has decided to fulfill these conditions so that it may reap the benefit of these subsidies. In concrete terms, this means that 3300 homes must be built along the banks of the IJ. However, because the housing market is an extremely profitable concern, the council has decided to build an extra 800 homes. This direct-ly contradicts the AWF's findings that the banks of the IJ are only suitable for certain kinds of buildings such as large residential houses. The AWF argues that this low density of buildings is nee-ded to compensate for the noise pollution caused by the con-stant passing of trains, cars and ships.

Along with government subsidies, the city council continues to depend upon powerful investors although, as its past experience shows, it finds it difficult to achieve a good relationship with these partners.

left:
Het Veem as seen from the quay; a quality public space.

links:
Kadekant van Werkgebouw Het Veem; openbare ruimte met kwaliteit.

Wanneer de vraag naar koopwoningen onder invloed van het regeringsbeleid explodeert, legt de gemeente de nadruk op de bouw van woningen. Want daarmee is op korte termijn het grootste rendement te behalen. Bovendien verstrekt de rijksoverheid onder bepaalde voorwaarden subsidies voor woningbouw. In de VINEX (de Vierde Nota Ruimtelijke Ordening Extra) worden deze voorwaarden aangegeven, namelijk hogere bouwdichtheden en betere bereikbaarheid door middel van het openbaar vervoer. De gemeente Amsterdam besluit om aan deze voorwaarden te voldoen teneinde de beloning binnen te halen. Concreet betekent dit dat er aan de IJ-oever 3300 woningen gebouwd moeten worden. Maar omdat woningen ook op de markt veel geld opbrengen, besluit men er nog eens 800 bovenop te gooien. Dit in weerwil van de constatering van de AWF dat woningbouw op de IJ-oever alleen mogelijk is voor bijzondere woningtypen, zoals stadsvilla's. Zo'n lage bebouwingsdichtheid zou noodzakelijk zijn om de geluidshinder die het spoor-, weg- en waterverkeer veroorzaken, te compenseren.

Behalve op rijkssubsidies blijft de gemeente aangewezen op samenwerking met draagkrachtige investeerders ondanks het feit dat zij, gezien de ervaringen in het verleden, maar moeizaam een goede verhouding met deze partners kan aangaan.

Tenslotte stelt de Projectgroep IJ-oevers in 'Ankers in het IJ' (1994): "Huidige functies en gebouwen die behouden kunnen blijven, worden met respect behandeld en dragen zorg voor het goed blijven en liever nog het verbeteren van het functioneren van het gebied. Private en publieke initiatieven die bijdragen tot de ontwikkeling van het gebied moeten worden gekoesterd en op hun haalbaarheid worden getoetst. Dit betekent overigens niet automatisch financiering door de gemeente!"

Het Podium Werken aan het IJ

De oprichting van het Gilde van Werkgebouwen aan het IJ markeert een ommekeer in het denken van de krakers. Door de bundeling van krachten beseft men dat de woon-werkgemeenschappen die in de panden floreren, alle ingrediënten in huis hebben om een positieve en actieve bijdrage te leveren aan de ontwikkeling van de IJ-oever. Het collectief belang wordt evident en het politieke schuldgevoel dat men uit puur eigenbelang in de panden zit en nog wel op een locatie die eigenlijk te mooi is, verdwijnt. En daarmee is de tijd van een afhankelijke opstelling tegenover vadertje Gemeente voorbij. Men verwacht juist bijval uit politieke hoek. Immers, alle partijen hebben de bestrijding van de werkeloosheid boven op hun prioriteitenlijstje staan en in de Gildepanden hebben de gebruikers metterdaad werk gecreëerd, voor zichzelf èn

voor anderen. Echter, wanneer zij als Gilde naar buiten treden, krijgen ze bijval uit een heel andere hoek.

Frank Bijdendijk, directeur van Woningbouwcorporatie Het Oosten, doet in de jaren tachtig in de binnenstad ervaring op met de ontwikkeling en het beheer van de Tetterode en het Wilhelmina Gasthuis. Vooral zijn contacten met de krakers van de Tetterode brengen hem op het idee te komen tot een nieuwe verdeling van verantwoordelijkheden tussen huurder en corporatie op het gebied van ontwikkeling en beheer.

Tot dan toe is het gebruikelijk dat woningbouwcorporaties in kraakpanden die de gemeente aan hen overdraagt reguliere woningwetwoningen realiseren. Wanneer aan Het Oosten de Tetterode wordt aangeboden, hebben de gebruikers het complex echter al grotendeels in eigen beheer ontwikkeld. Moest de corporatie dit werk nu weer teniet doen? Dan krijgt Frank Bijdendijk een brainwave: "Het is al klaar, die mensen weten zelf toch wel hoe ze willen wonen!" Dit inzicht leidt tot de toepassing van 'casco-verhuur' in de Tetterode: de ontwikkeling en het beheer van de buitenbouw, het zogenaamde casco, wordt uitgevoerd door de woningbouwcorporatie, maar de ontwikkeling en het beheer van de binnenbouw door de vereniging van gebruikers.

De gang van zaken rond de Tetterode wordt door Het Oosten niet gezien als een incidentele oplossing. Men vraagt zich af of dergelijke initiatieven niet per definitie steun verdienen. Wat de woningbouwcorporatie tot dan als de uithoeken van de volkshuisvesting beschouwt, zou er wel eens het centrum van kunnen zijn.

Parallel aan de ontwikkeling van de Tetterode loopt de ontwikkeling van Het Veem. Net zoals bij de Tetterode is bij dit havenpand de ontwikkeling en het beheer van de inbouw in handen van de vereniging van gebruikers. Bij Het Veem wordt echter voor de ontwikkeling en het beheer van de buitenbouw, het casco, door de gebruikers zelf een stichting opgericht. Het gebouw wordt door de gemeente niet aan een woningbouwcorporatie, maar aan deze stichting overgedragen.

Omdat het Gilde en Frank Bijdendijk beiden in de praktijk bezig zijn met de ontwikkeling en het beheer van grote industriële panden door de gebruikers, is het onvermijdelijk dat hun paden elkaar kruisen. De toenadering laat niet lang op zich wachten. In het Gilde ziet Frank Bijdendijk partners voor de verdere uitwerking van zijn ideeën over casco-verhuur. Hij stelt hen voor samen te gaan werken in een nieuw op te richten denktank, die al spoedig Het Podium Werken aan het IJ wordt gedoopt. De benaming heeft een dubbele betekenis en verwoordt tevens het doel van de denktank: met werken aan het IJ bedoelt men enerzijds het werken aan een ontwikkelingsstrategie en anderzijds het uitbouwen van de bestaande, kleinschalige bedrijvigheid aan de IJ-oever. De Gildepanden fungeren voor het Podium als het referentiekader.

Naast Woningbouwcorporatie Het Oosten en leden van het Gilde nemen het Woningbedrijf Amsterdam en zes experts uit weten-

Finally, as the IJ Project Group writes in 'Anchors in The IJ' (1994): "Present functions and buildings that can be preserved, are treated with respect and ensure the optimal maintenance and, more importantly, the improvement of the area's functioning. Private and public initiatives that contribute to the area's development must be nurtured and checked for their feasibility. And this does not automatically mean council subsidies!"

The 'Working on The IJ' Podium

The founding of the IJ Industrial Buildings Guild marked a turning point in the squatters' thinking. By combining forces, it has become obvious that the living and working communities that flourish in these premises are quite capable of making an active and positive contribution to the development of the banks of the IJ.

Common concerns have become apparent and political guilt feelings have evaporated about using these magnificently-located premises for reasons of self-interest. In addition, the time of relying upon the city council as an all-providing father figure is over. Instead approval is expected from the world of politics. Combatting unemployment is at the top of every political agenda and the users of the Guild's premises have actually created work both for themselves and for other people. Moreover, some of these spaces also function as homes. However, when the Guild entered the public arena, it received approval from quite a different source.

Frank Bijdendijk, the director of the 'Het Oosten' housing association, gained much inner city experience during the 1980s when he worked on the development and management of the Tetterode and the Wilhelmina Gasthuis. It was particularly his contact with the squatters of the Tetterode that made him re-think the division of responsibilities between tenant and corporation in terms of both development and management.

Up till then it had been customary for housing associations that had inherited squats from city councils to turn them into standard public housing units. When Het Oosten was offered the Tetterode, the users had already largely developed the complex through self-management. Was the housing association supposed to demolish all this work? Fortunately Frank Bijdendijk had a brainwave: "The work's been done. These people know exactly how they want to live!' This insight led to the application of 'casco-leasing' in the Tetterode: the development and management of the external structure, the 'casco', was still the housing association's responsibility, but the development and management of the internal structure was the domain of the users' association.

right and above:
Staircase in Het Veem and the Wilhelmina warehouse's attic. The users' association is responsible for the internal structure.

The situation surrounding the Tetterode was not regarded by Het Oosten as resulting in a one-off solution. Instead the issue was as to whether these initiatives should automatically be supported. The prevailing view was that what the association had up till then considered to be the most remote corner of public housing could as easily be its centre.

Het Veem's development runs parallel to the Tetterode's. Just like the Tetterode, a users' association is responsible for the development and management of these harbour premises. However, a foundation has been set up by the users to develop and manage the external structure: the casco. In this case, the city council has handed the building over to the foundation rather than to a housing association.

links en onder:
Trappenhuis in Het Veem en zolder van Pakhuis Wilhelmina. De ontwikkeling
van de binnenbouw is in handen van de gebruikersvereniging.

schap, stedenbouw, projectontwikkeling, bedrijfsleven en de kunstwereld deel aan de denktank. Omdat onafhankelijkheid voorop staat, wordt de gemeente niet uitgenodigd. Het Podium is bang voor een "Ja, maar...." reactie van de gemeentelijke diensten. Het doel van de denktank is immers het ontwikkelen van een idee dat rechtstreeks uit de krakersrealiteit komt.

Het Podium Werken aan het IJ komt gedurende vier jaar regelmatig bij elkaar en formuleert meteen bij aanvang een aantal uitgangspunten die als instrumenten dienen om vorm te geven aan een ontwikkelingsstrategie. Op de eerste plaats gaat men uit van de waarde van het bestaande: de gebouwde omgeving en de mensen die haar gebruiken zijn voor het Podium een gegeven. Tevens onderkent men de waarde van het veranderlijke: het gaat bij de ontwikkeling niet om een eindbeeld, maar om een eeuwig durend proces waarin steeds weer nieuwe verbindingen worden gelegd. Daarom is een gebouw, een straat of een stad nooit af. Het is aan de stedenbouwers en architecten om structuren aan te geven en aan de gebruikers om steeds weer de invulling ervan te bepalen. De mogelijkheid om vanuit het bestaande die nieuwe verbindingen te leggen, is de bron van inspiratie.

Stad als Casco: de strategie

De lange praktijkervaring in de Gildepanden wordt door het Podium gebruikt voor het formuleren van een strategie voor stadsontwikkeling. Dit leidt tot de publicatie van het manifest 'De Stad als Casco' (1994). Dit manifest propageert het aanbieden van een basisstructuur waarbinnen mensen activiteiten kunnen ontplooien. Men spreekt daarom ook wel van een casco-model.

De term casco, die in de scheepsbouw en de architectuur traditioneel gebruikt wordt voor de romp van een schip of de basisstructuur van een gebouw, is in de krakerswereld op een specifieke wijze geïnterpreteerd. Het wordt de benaming voor een gebouw zoals het wordt aangetroffen en dat naar gelang de wensen van de gebruikers wordt aangepast, ingedeeld en van verschillende functies voorzien. Door deze ingrepen maken zij het voormalige eindbeeld van het bestaande gebouw ongedaan. Dat geldt met name voor degelijke utiliteitsgebouwen, zoals scholen, ziekenhuizen, fabrieken, loodsen, pakhuizen en silo's. De krakers beheren en ontwikkelen gebouwen door zelfwerkzaamheid. Zij geven er nieuwe functies aan en combineren vaak in de panden kleinschalige bedrijvigheid met wonen. De structuur van de gebouwen beïnvloedt niet alleen de aard van de functies, maar ook de vorm waarin de organisatie van beheer en ontwikkeling geregeld wordt. Hierdoor wordt aan de architectonische term casco een sociale dimensie toegevoegd. Door het ontwikkelend beheren van een gebouw en door intensieve functiemenging brengen krakers immers, soms individueel, maar vaak met elkaars steun, een sociaal systeem op gang vanwaaruit weer andere activiteiten worden ontplooid.

In De Stad als Casco worden in feite concepten die in de krakerswereld al jaren gemeengoed zijn, aangedragen als instrumenten voor stadsontwikkeling.

Because the Guild and Frank Bijdendijk were both involved with the development and management by users of large industrial premises, it was inevitable that their paths would cross. In fact both parties quickly became acquainted. Frank Bijdendijk views the Guild as a partner in the process of elaborating his ideas concerning casco-leasing. He suggested the setting up of a think-tank that became known as the 'Working on The IJ' Podium. This title has two meanings and also expresses the think-tank's aim: on the one hand 'working on the IJ' means working on a development strategy and, on the other, it implies working to expand the existing, small-scale enterprise that has grown up along the banks of the IJ. The Guild's premises function as the Podium's frame of reference.

Along with the Het Oosten housing association and members of the Guild, the think-tank consists of the Woningbedrijf Amsterdam' housing association and six experts with backgrounds varying from the academic world, urban planning and project development to art and business. The city council was not invited to participate because of the Podium's emphasis on independence. The Podium also suspected that the council would respond to suggestions by invariably stressing the difficulties that they would entail. In addition, the think-tank focused on developing ideas that have been generated by the squatters' world.

The 'Working on The IJ' Podium held regular meetings for four years. At its inception, a number of points of departure were formulated that were to serve as tools in the creation of a development strategy. First and foremost, everything was based on the value of what already exists: for the Podium, the built environment and the people who use it are a given. But change is also valued: in terms of development, the emphasis is on a constant process of making new connections rather than on a final product. Hence, a building, a street or a city is never finished. It is up to the city builders and the architects to define structures, and to the users to determine their contents. Here, inspiration is provided by the potential to use what already exists in order to create new connections.

The City as Casco: the strategy

The years of practical experience that had been gained in the Guild's premises were used by the Podium in the formulation of its urban development strategy. This resulted in the publication of its 'The City as Casco' manifesto (1994). The manifesto promotes the provision of a basic structure where people can develop their own activities. Hence, this is described as a casco model. The term 'casco', which is traditionally used in ship-building and architecture to denote a vessel's shell or a building's basic structure, has been interpreted in the squatters' world in a high-

ly specific way. It is used to describe a building in its original state which, according to the users' wishes, can then be adapted, divided and provided with various functions. These interventions mean dismantling the building's previously-recognized image. This particularly applies to utilitarian buildings such as schools, hospitals, factories, transit sheds, warehouses and silos. The squatters manage and develop these buildings through sweat equity. They introduce new functions and frequently use these premises to combine small-scale enterprise with accommodation. The buildings' structure influences not only the nature of these functions but also the form in which their management and development is organized. Hence, the architectural term 'casco' has acquired a social dimension. Through a building's sophisticated management and an intensive blending of functions, squatters, both individually and (more frequently) collectively, have initiated a social system that in turn generates still more activities.

In fact, 'The City as Casco' promotes concepts that have been common knowledge in the squatters' world for many years. Here, they form the basis for urban development.

In addition to the meaning and interpretation of the term as described above, a casco can be regarded as a general concept covering a durable basic structure that allows for radical changes in both function and appearance. Hence, it is possible to extend the concept to other fields. 'The City as Casco' also uses the concept to describe a strategy for urban economics and for the management of buildings and public spaces. The management of buildings and public spaces involves a casco that allows for various forms of organization but where development is automatically combined with management. Because management simultaneously involves development, a casco can be fleshed out at whatever tempo is required. However, it will not result in quick megabucks. Instead, the aim of the casco strategy is to gain as much as possible in social terms. It ensures a lively and industrious city where people are responsible for the built environment. In this way, they are no longer anonymous and will gain a sense of self-esteem.

The basic elements of the casco of urban economy are production, trade, consumption and culture. A blending of various activities produces favourable conditions for economic cross-fertilization and social cohesion. When homes are added to this mixture, an urban fibre is created that is durable, flexible and varied. The possibility of combining a work space with accommodation is of strategic importance in terms of an urban economy. This intensive blending of functions provides the less affluent with the opportunity to develop activities. It generates innovation rather than the social devaluation of a neighbourhood.

The Wilhelmina warehouse (CASA architectural bureau drawing)

Pakhuis Wilhelmina (tekening architectenbureau CASA)

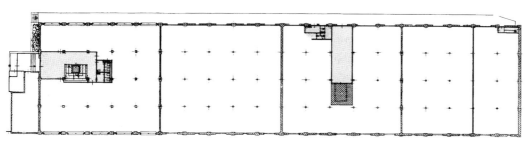

The Wilhelmina warehouse: the ground plan of the casco or basic structure of a floor. Only the staircases, lifts and pillars are indicated. CASA architectural bureau drawing (CASA architectural bureau drawing)

Pakhuis Wilhelmina, plattegrond van één verdieping zonder invulling, oftewel het casco. Slechts de trappenhuizen, liften en pilaren zijn aangegeven. (tekening architectenbureau CASA)

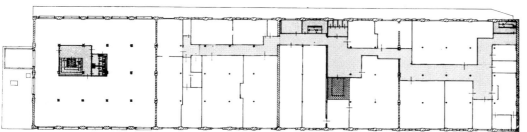

The Wilhelmina warehouse: the ground plan of a floor with an added interior of corridors, sanitation and work spaces. (CASA architectural bureau drawing)

Pakhuis Wilhelmina. Plattegrond van een verdieping met de inbouw van gangen, sanitaire voorzieningen en werkruimten. (tekening architectenbureau CASA)

In het verlengde van de boven omschreven betekenis en interpretatie van de term, kan casco worden opgevat als een algemeen begrip voor een duurzame basisstructuur die radicale veranderingen van functies en voorkomen toelaat. Zo is het mogelijk om het begrip uit te breiden naar andere terreinen.

De Stad als Casco gebruikt het begrip om een strategie uiteen te zetten voor stadseconomie en voor het beheer van gebouwen en openbare ruimte. Bij het beheer van gebouwen en openbare ruimte gaat het om een casco waarbinnen verschillende vormen van organisatie mogelijk zijn, maar waarin ontwikkeling en beheer per definitie samengaan. Omdat er sprake is van ontwikkelend beheren, kan een casco in ieder gewenst tempo worden ingevuld, maar een snel en hoog financieel rendement is uitgesloten. Het doel van de casco-strategie is veeleer om op maatschappelijk gebied een zo hoog mogelijke winst te behalen. Ze zorgt voor een levendige en bedrijvige stad, waarin mensen verantwoordelijkheid hebben voor hun gebouwde omgeving. Daardoor verliezen ze hun anonimiteit en winnen ze aan eigenwaarde.

In het casco van de stadseconomie zijn productie, handel, consumptie en cultuur de dragende elementen. Een menging van diverse activiteiten schept een gunstige voorwaarde voor economische kruisbestuiving en sociale cohesie. Wanneer men daar wonen aan toevoegt, ontstaat een stedelijk weefsel dat duurzaam, flexibel en divers is. Tevens is de mogelijkheid om werkplaats en woning te combineren voor een stadseconomie van strategisch belang. Deze intensieve functiemenging biedt mensen met geringe financiële middelen de mogelijkheid om activiteiten te ontplooien. Dit leidt niet tot sociale waardevermindering van een buurt, maar juist tot vernieuwende impulsen.

The City as Casco: form

To mark the publication of 'The City as Casco', the Podium organized a series of workshops in order to test out its strategy. In collaboration with members of the Guild and representatives of the Het Oosten housing association, three architects were invited to design a street that would never be finished. The Podium selected the Oostelijke Handelskade as a location for a casco development. During the workshops, participants were divided into two groups. Lucien Kroll was the architect for the first group, and Liesbeth van der Pol and Laurens Jan ten Kate were the architects for the second group. These architects subsequently transformed the ideas that had been created by these groups into three sets of designs.

The workshops were a revelation for all concerned.

At first the architects were bewildered by the plethora of participants' ideas, demands and experiences. Liesbeth van der Pol and Laurens Jan ten Kate also viewed the participants' contributions as a challenge to their authority and as a threat to their role as architects.

The participants in turn felt uncomfortable with the architects because in practice they had only ever been confronted by buildings that had already been designed. For that matter, the two parties generally did not see eye to eye in terms of the hierarchy of the building process.

But something happened during the workshops and the architects became inspired by the participants' demands, experiences and wishes. In fact, they literally began to build a casco around these ideas. The participants in turn were surprised to see how the concept of 'casco', which they had only ever associated with existing structures, could also be applied to a new building and even to the layout of an entire district. From that moment on there was no stopping them. People began to respect each other's expertise and three sets of designs were rapidly completed that mirrored the ambitions of everyone concerned.

After the workshops had been completed, the architects admitted that they had been able to express more of themselves in the design of a casco structure than through a standard residential building.

The participants also realized that newly-constructed casco buildings provided them with greater opportunities for individual expression and that they could also play a role in the building process as clients. Both the participants and the architects viewed this new division of responsibilities with a sense of newly-achieved freedom.

MAP OF THE OOSTELIJKE HANDELSKADE, EXISTING SITUATION /

PLATTEGROND OOSTELIJKE HANDELSKADE, BESTAANDE BEBOUWING

1. Oostelijke Handelskade
2. The IJ harbour / IJ-haven
3. Java Island / Java Eiland
4. The railway embankment / Spoordijk

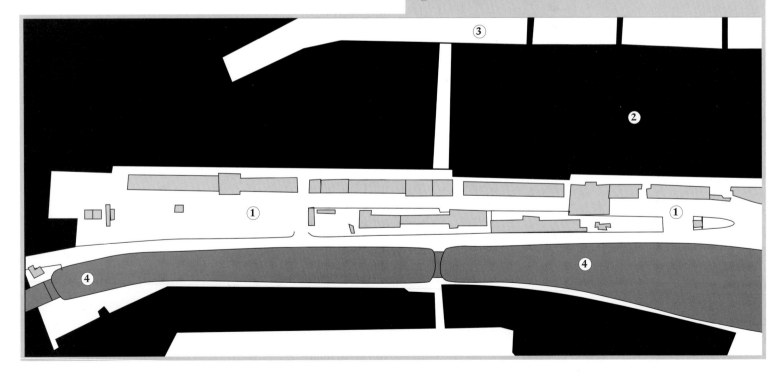

Stad als Casco: de vorm

Aansluitend op de publicatie van De Stad als Casco organiseert het Podium een serie workshops om de ontwikkelde strategie uit te testen. Men nodigt drie architecten uit om, samen met leden van het Gilde en met belangstellende leden van Woningbouwcorporatie Het Oosten, een ontwerp te maken voor een straat die nooit af is. Het Podium wijst het Oostelijk Handelskadegebied aan als locatie voor een casco-ontwikkeling. Tijdens de workshops werkt men in twee groepen. Aan de ene groep wordt Lucien Kroll als architect toegevoegd en aan de andere groep nemen de architecten Liesbeth van der Pol en Laurens Jan ten Kate deel. De ideeën die in de twee groepen ontstaan, zetten de architecten vervolgens om in drie persoonlijke studies.

De workshops worden voor alle betrokkenen een openbaring.

Met de ideeën, eisen en ervaringen die de deelnemers op tafel leggen, weten de architecten zich in eerste instantie geen raad. Liesbeth van der Pol en Laurens Jan ten Kate ervaren de inbreng van de deelnemers bovendien als een inbreuk op hun autoriteit en een bedreiging van hun rol als architect.

De deelnemers staan onwennig tegenover de architecten omdat zij in de praktijk alleen maar te maken hebben met gebouwen die al zijn ontworpen. Immers in de hiërarchie van het bouwproces ontmoeten beide partijen elkaar in de regel niet: de architecten ontwerpen voor anonieme gebruikers en de gebruikers betrekken een gebouw dat af is.

Tijdens de workshops springt een vonk over. De architecten laten zich inspireren door de eisen, ervaringen en wensen van de deelnemers. Zij beginnen daar letterlijk een casco omheen te bouwen. Met verbazing zien de deelnemers hoe het begrip casco, dat zij tot dan toe slechts in verband brengen met bestaande panden, vertaald kan worden naar nieuwbouw en naar de inrichting van een heel gebied. Vanaf dat moment is het hek van de dam. Er ontstaat respect voor elkaars kundigheid en in rap tempo rollen er drie studies uit waarin iedereen zijn eigen ambities terugvindt.

Na afloop van de workshops concluderen de architecten dat zij in casco-bouw, meer dan in de reguliere woningbouw, een eigen stempel kunnen drukken op het ontwerp.

De deelnemers beseffen dat casco-nieuwbouw ook voor hen de mogelijkheid tot individuele expressie vergroot en dat zij in het bouwproces een rol kunnen spelen als opdrachtgevers. Zowel de deelnemers als de architecten beschouwen deze nieuwe verdeling van verantwoordelijkheden als een nieuw verworven vrijheid.

Lucien Kroll

Lucien Kroll was the only one of the participating architects with experience of collaborating during the planning phase. He has developed a special method for these circumstances and is used to rubbing shoulders with anonymous users. Nonetheless he was surprised by the mentality of the squatters living in the Grain Silos. He was especially impressed by the creative energy with which they have managed to transform a hostile building into an inhabitable environment. Conversely, he argues that the rigours of these premises have forced the squatters to become extremely sociable. Lucien Kroll has collaborated with them on the design of an urban environment that completely reflects the silo users' ideals.

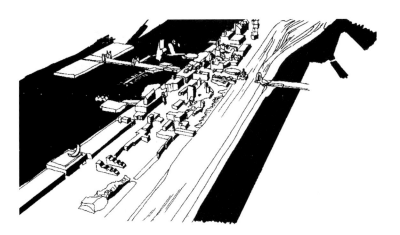

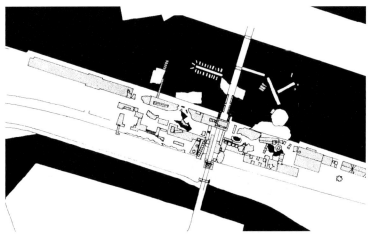

The area's development as produced by the participants in collaboration with Lucien Kroll. The design concentrates on living, working and nature. The buildings gradually spread outwards from cross-roads in the way that communities have developed since time immemorial. The subsequent apparent chaos and the emphasis on structures that develop organically imbue the design with an imaginative quality.

A design for the management of the public space as produced by the participants in collaboration with Lucien Kroll. The blending of homes, work spaces, allotments, nature and recreational water activities create an environment to attract the inner city. The public space consists of a wide variety of private and public environments, both clandestine and accessible, that are to be used for many different purposes.

De ontwikkeling van het gebied door de deelnemers in samenwerking met Lucien Kroll. Het ontwerp concentreert zich op een weefsel van wonen, werken en natuur. Vanuit kruispunten groeit geleidelijk de bebouwing, zoals ook gemeenschappen dat al eeuwenlang doen. De schijnbare wanorde die zo ontstaat en de nadruk op de organisch gegroeide structuren verlenen het ontwerp een fantasievol karakter.

Ontwerp voor het beheer van de openbare ruimte door de deelnemers in samenwerking met Lucien Kroll.
De menging van woningen, werkruimten, volkstuintjes, wildgroei en waterfuncties zorgt voor een leefmilieu dat aantrekkingskracht uitoefent op de binnenstad. De openbare ruimte bestaat uit een rijke schakering aan private en publieke ruimten, zowel geheim als openbaar en met allerlei bestemmingen.

Lucien Kroll

Lucien Kroll heeft als enige van de deelnemende architecten ervaring in het samenwerken met gebruikers in de planfase. Hij heeft daarvoor een methodiek ontwikkeld en is gewend zich in anonieme gebruikers in te leven. Toch wordt ook hij verrast door de mentaliteit van de krakers van de Graansilo's. De creatieve energie waarmee zij een vijandig gebouw hebben weten om te toveren tot een leefbare omgeving maakt vooral indruk op hem. Omgekeerd maakt, volgens Kroll, de hardheid van het pand deze gebruikers zeer sociaal. Lucien Kroll ontwerpt samen met hen een stedelijk milieu dat geheel op de idealen van de silogebruikers aansluit.

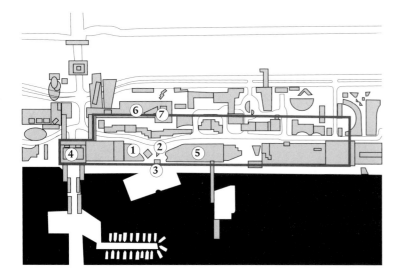

A map of an area that has been produced by the participants in collaboration with Lucien Kroll. Like the public space, these buildings display a wide variety both of designs and of forms of development and management. Because the various kinds of buildings are mixed together, different types of people will automatically meet in the spaces in between.

To illustrate, here are a number of examples of development and management:

1. *Building 003: an existing building that is given a new external appearance without the users' input.*
2. *the remaining section of an existing building that has been partially demolished. This section forms the basis for a new experimental building to be constructed by the users themselves.*
3. *a sample of new design architecture with no input from the users but with the potential to change its facade.*
4. *an existing building where the casco, including the facade and the balconies, has been renovated by an investor. The future users will construct its interior.*
5. *an existing building that is comparable to Building 001 but with the difference that here the investor provides the internal structure in consultation with a users' collective.*
6. *a new building where the casco has been designed by an architect in collaboration with its future users. The users then determine the internal structure according to their individual wishes.*
7. *a small building that has been commissioned by a single user and designed by an architect. The construction work will be completed by a third party.*

Plattegrond van een gebied dat door de deelnemers in samenwerking met Lucien Kroll is uitgewerkt.

Evenals de openbare ruimte worden de gebouwen gekenmerkt door grote diversiteit in zowel ontwerp als in vormen van ontwikkeling en beheer. Omdat de verschillende typen gebouwen door elkaar heen staan, ontmoeten verschillende typen mensen elkaar als vanzelf in de er tussen liggende ruimte. Ter illustratie enige voorbeelden van ontwikkeling en beheer.

1. *bestaand gebouw dat een nieuw voorkomen krijgt zonder inbreng van de gebruikers.*
2. *overgebleven stukje van een bestaand gebouw dat voor een deel gesloopt is. Het stukje vormt de basis voor experimentele nieuwbouw die door de gebruikers zelf wordt uitgevoerd.*
3. *staaltje van nieuwe designarchitectuur, zonder inbreng van de gebruikers, maar met de mogelijkheid om de gevel te veranderen.*
4. *bestaand gebouw, waarvan het casco, inclusief de gevel en de balkons, door een belegger gerenoveerd wordt. De toekomstige gebruikers voeren de inbouw uit.*
5. *bestaand gebouw, vergelijkbaar met gebouw 001 met als enig verschil dat hier een belegger een inbouwpakket levert, in overleg met een gebruikerscollectief.*
6. *nieuwbouw waarvan het casco ontworpen wordt door een architect in samenwerking met de toekomstige gebruikers. De inbouw verzorgen de gebruikers ieder naar eigen inzicht.*
7. *Gebouw 034: gebouwtje dat in opdracht van één gebruiker wordt ontworpen door een architect. De bouw wordt uitgevoerd door derden.*

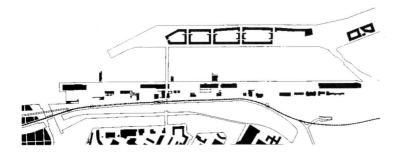

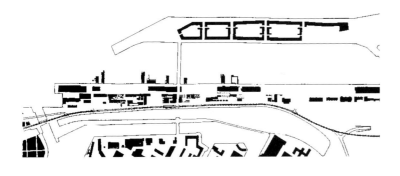

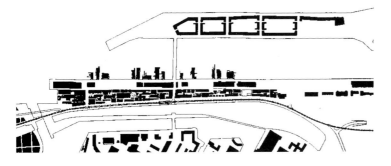

Laurens Jan ten Kate: a zone of forbearance

For Laurens Jan ten Kate, an urban area means a zone of forbearance. The city is a place of confrontation where the impossible can happen and extremes collide. And this not only occurs on a human level but also in terms of the built environment. The individual identities of both buildings and communities are emphasized by the contrast that is generated by their close proximity.

When the workshops began, Laurens Jan ten Kate was afraid that efforts would be made to create a neighbourhood with no confrontations but the reverse soon turned out to be the case. In fact, both in the Podium's starting points and in the workshops, confrontation has actually stimulated the realization of an urban environment. The contrasts that he observes in the city were reflected by his group which included squatters from different kinds of buildings. Each of them represented the identity of their community which strongly related to the nature of their building. And the same applied to the other participants. Social diversity and the variety of building types within strictly limited areas formed the basis for the plans that ten Kate designed for his participants.

above:
Three ground plans that chart the area's gradual development. In this urban development plan by Laurens Jan ten Kate, the Oostelijke Handelskade is separated into three, clearly delineated areas. They run parallel to each other for the entire length of the quay. The first area has piers with structures. In the second area, old buildings have been preserved as monuments in an open space. The third and final area is located alongside the railway embankment and, over the years, it has grown into a compact casco district where individual identity has been expressed in many different ways. Within strict boundaries, everything is possible.

boven:
Drie plattegronden die een geleidelijke ontwikkeling van het gebied in kaart brengen.
In dit stedenbouwkundig plan van Laurens Jan ten Kate wordt de Oostelijke Handelskade verdeeld in drie scherp van elkaar gescheiden gebieden. Zij lopen over de hele lengte van de kade parallel aan elkaar. In het eerste gebied liggen bebouwde pieren. In het tweede gebied staan de oude gebouwen als monumenten in een open ruimte. Het derde en laatste gebied ligt tegen de spoordijk aan en groeit in de loop der jaren uit tot een compacte casco-wijk, waarbinnen de expressie van de eigen identiteit op verschillende manieren gestalte krijgt. Binnen strikte grenzen is hier alles mogelijk.

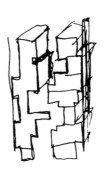
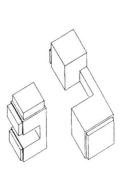
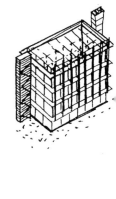

above and right: Scaffolding casco by Laurens Jan ten Kate.
The casco consists of a concrete framework of columns and beams. Around this framework is permanent scaffolding that contains collective facilities such as a staircase, a lift, pipes and wiring. Users can claim space according to their needs and will therefore define the boundaries for newcomers. The cellar contains standard elements so that users can give shape to their spaces.

Laurens Jan ten Kate: gedoogzone

Stedelijk gebied is voor Laurens Jan ten Kate een synoniem voor gedoogzone. De stad is een plaats van confrontaties waar het onmogelijke mag gebeuren en waar uitersten elkaar ontmoeten, niet alleen op het menselijk vlak, maar ook op het gebied van de gebouwde omgeving. De eigen identiteit van gebouwen en gemeenschappen wordt benadrukt door het contrast dat ontstaat doordat ze naast elkaar voorkomen.

Bij aanvang van de workshops is Laurens Jan ten Kate bang dat er gestreefd gaat worden naar een wijk zonder confrontaties, maar het omgekeerde blijkt al snel het geval. Zowel in de uitgangspunten van het Podium als in de workshops zelf is confrontatie juist een stimulans voor het totstandkomen van een stedelijke omgeving. De contrasten die hij in de stad ziet, zijn rijkelijk voorhanden in zijn groep, waarin krakers uit verschillende gebouwen zitten. Zij vertegenwoordigen ieder de identiteit van hun gemeenschap die sterk verband houdt met de aard van hun gebouw. En hetzelfde gaat op voor de overige deelnemers. Sociale verscheidenheid en diversiteit in gebouwtypen binnen streng begrensde gebieden, vormen dan ook de kern van de plannen die ten Kate voor de deelnemers ontwerpt.

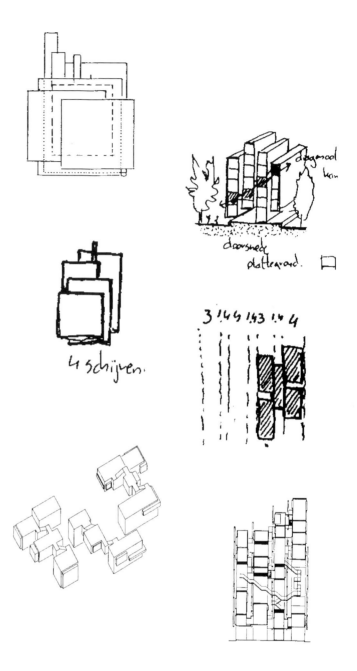

links en onder: Steigercasco door Laurens Jan ten Kate.

Het casco bestaat uit een betonnen raamwerk van kolommen en balken. Om dit raamwerk staan permanente steigers waarin zich de collectieve voorzieningen zoals trappenhuis, lift en leidingen bevinden. De gebruiker annexeert naar behoefte ruimte binnen het raamwerk en bepaalt daardoor een grens voor de nieuwkomer. De kelder bevat standaard elementen waarmee de gebruikers hun ruimten kunnen vormgeven.

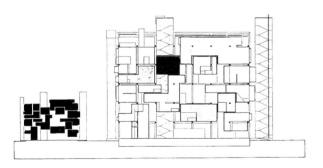

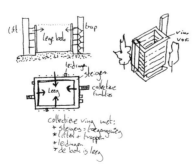

above: A room casco by Laurens Jan ten Kate.

The casco consists of four separate discs with a large number of rooms. There is an empty space between the discs that has a breadth of 1.4 metres. Via the empty space between the discs, users can connect the rooms together by means of stairs or corridors according to their personal tastes. However, they can also use this space to enlarge the rooms' surface area.

boven: Kamercasco door Laurens Jan ten Kate.

Het casco bestaat uit vier aparte schijven met een groot aantal kamers. Tussen de schijven bevindt zich een lege tussenruimte van 1,4 meter breedte. Via de lege ruimte tussen de schijven kunnen de gebruikers, naar eigen inzicht, de kamers aan elkaar schakelen door middel van trappen of gangen. Ze kunnen de tussenruimte echter ook gebruiken om het oppervlak van de kamers te vergroten.

Liesbeth van der Pol:
a district that's never finished

At first architect Liesbeth van der Pol found it difficult to get to grips with the complex concept of the casco and its implications. She feared that the casco would destroy the autonomy of architectural design. However, in order to understand the demands inherent to the casco, she constantly bombarded participants with questions concerning the experiences that they had had in their buildings. She then literally translated this information into her designs but without having to sacrifice any of her autonomy as an architect. Her designs depict new 'existing' buildings. These sturdy cascos appear to be impenetrable edifices. To use them, they first have to be squatted or 'cracked' as we say in Dutch. Inevitably the participants greeted this condition with great enthusiasm!

below:

Liesbeth van der Pol's urban development plan emphasized the long, narrow lines that are so characteristic of this area. The old canal that separates the railway embankment from the Oostelijke Handelskade has been restored and the existing service road has been turned into the main road.

Three casco areas with highly individual characters are located parallel to each other on the long lines. The dilemma between preserving the green belt and the need for accessibility remains unresolved in the public space. The whole area is open to the public but is not always easy to reach. Here, there is still room for exploration. In terms of both of the surroundings and the buildings, van der Pol uses the various ways in which people feel connected to the social and physical totality of their environment. Her aim is to achieve a new kind of urban development by designing a wide range of extremely diverse cascos.

She has preserved the large warehouses on the IJ harbour side. The "Heads" have sprung up in the open space which has been created by demolishing the other structures. The "Comb" is situated along the service road and the "Transit Sheds" are located along the canal.

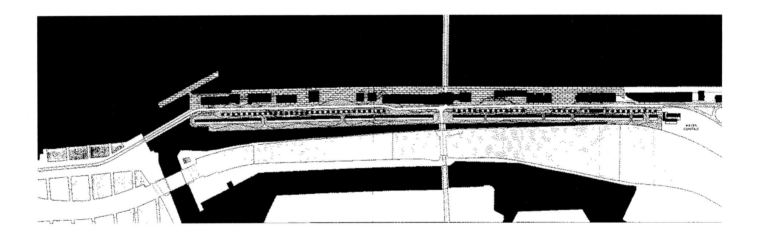

right:

The Heads. The design for these Heads has been inspired by the elevator towers in Amsterdam's Grain Silo. This new tower has eight floors and has a simple construction consisting of concrete pillars supporting concrete floors. The tower is divided into two sections that are stacked eccentrically on top of one another. The floors are connected by an upright shaft that contains stairs, pipes, wiring and a hoist. The facades have been completely boarded up with thick, wooden planks. It is up to the users to find their way in and to open up the facades, if necessary with a chain-saw. The wood that is removed in opening the facades can then be used for building the internal structure.

Liesbeth van der Pol: een gebied dat niet af is

Architect Liesbeth van der Pol kan aanvankelijk maar moeilijk uit de voeten met het complexe begrip casco en de implicaties daarvan. Zij vreest dat casco het einde betekent van de autonomie van het architectonische ontwerp. Om greep te krijgen op de eisen die casco stelt, vraagt ze de deelnemers het hemd van het lijf over de ervaringen die ze hebben opgedaan in hun gebouwen. De informatie die deze vragen opleveren, vertaalt ze letterlijk naar haar ontwerpen. Toch levert zij daarbij niets in van de autonomie die ze als architect opeist. Haar ontwerpen leiden tot nieuwe 'bestaande' gebouwen. De heftige casco's lijken ogenschijnlijk op ontoegankelijke bouwwerken. Om ze in gebruik te nemen, moet men ze eerst 'kraken', dit tot volle tevredenheid van de deelnemers.

links:
Het stedenbouwkundig plan van Liesbeth van der Pol versterkt de lange, smalle lijnen die het gebied reeds kenmerken. De oude gracht die de spoordijk oorspronkelijk van de Oostelijke Handelskade scheidde, is in ere hersteld. De bestaande ventweg is hoofdweg geworden.
Op de lange lijnen liggen, parallel aan elkaar, drie casco-gebieden met een geheel eigen karakter. Het duel tussen groen en bereikbaarheid blijft in de openbare ruimte onbeslist. Het hele gebied is openbaar toegankelijk, maar niet altijd gemakkelijk bereikbaar. Hier blijft iets over om te ontdekken. Zowel met de omgeving als de gebouwen wil van der Pol inspelen op de verschillende wijzen waarop mensen zich met elkaar verbonden voelen in een groter sociaal geheel. Door allerlei soorten, sterk van elkaar verschillende, casco's te ontwerpen, streeft zij naar een nieuwe stedenbouwkundige kwaliteit.
Aan de kant van de IJ-haven laat ze de grote pakhuizen staan. In de open ruimte die hier ontstaat door de sloop van de andere opstallen, verrijzen her en der de zogenaamde 'Koppen.' Langs de ventweg wordt de 'Kam' neergezet. Aan de gracht staan 'Loodsen'.

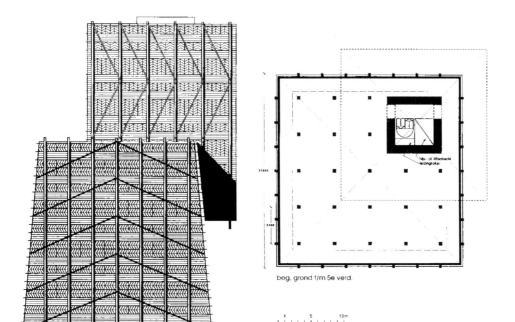

beg, grond t/m 5e verd.

1   5   10m

links:
Het ontwerp van de Koppen is geïnspireerd op de elevatortorens van de graansilo's in Amsterdam. Deze nieuwe toren van acht verdiepingen hoog heeft een eenvoudige constructie: betonnen pilaren dragen betonnen vloeren. De toren is verdeeld in twee delen die excentrisch op elkaar zijn geplaatst. De verdiepingen zijn verbonden door een loodrechte schacht waarin zich trappen, leidingen en een hijsgat bevinden. De gevels zijn rondom met dikke houten planken dichtgetimmerd. Het is aan de gebruikers om zich toegang te verschaffen en de gevels, desnoods met een kettingzaag, te openen. Het hout dat bij het openen van de gevels vrijkomt, kan gebruikt worden voor de inbouw.

193

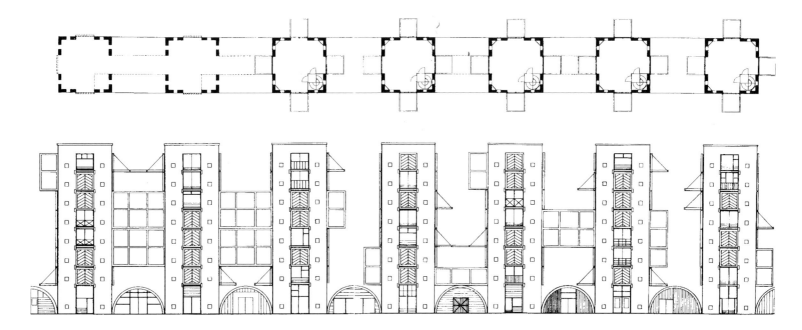

above: The Comb

The Comb's design is based on the high and narrow warehouses that are often found in old North-West European ports. The Comb is created out of a series of high and narrow towers with identical facades. Each tower's casco consists of four brick corners that are separated by wooden loading ramps. These loading ramps are anchored to the facades by means of chains. The users flesh out this casco with floors and wooden staircases, gas, electricity and sanitation. The loading ramps can be lowered to create balconies that can be converted according to taste or even extended to reach the adjacent towers. Of course, this whole process can be reversed and dismantled. Site huts are located between the buildings that are based on 'temporary' constructions such the city nomads' 'knocked-together structures.' The construction work can start out from these site huts and they can subsequently be re-used on a 'temporary' basis as shops, cafeterias, workshops or storage spaces.

boven: De Kam

Het ontwerp van de Kam is gebaseerd op de smalle, hoge pakhuizen zoals die in veel oude Noord-West Europese havensteden worden aangetroffen. De Kam wordt gevormd door een serie smalle, hoge torens met identieke gevels. Het casco van iedere toren bestaat uit vier bakstenen hoeken waartussen houten laadkleppen zitten. De laadkleppen zijn door middel van kettingen verankerd in de gevels. De gebruikers bouwen dit casco verder af met vloeren en houten trappen, leidingen en sanitaire voorzieningen. Door de laadkleppen neer te laten, ontstaan er balkons die men naar believen kan ombouwen en uitbreiden naar de toren ernaast. Uiteraard kan dit hele bouwproces ook weer ongedaan worden gemaakt. Tussen de gebouwen staan bouwketen die afgeleid zijn van 'tijdelijke' constructies, zoals 'het getimmerde' van de stadsnomaden. Vanuit deze bouwketen kan men met de eerste bouwactiviteiten beginnen. Daarna kunnen ze echter eventueel weer 'tijdelijk' hergebruikt worden als winkel, cafetaria, werkplaats of opslagruimte.

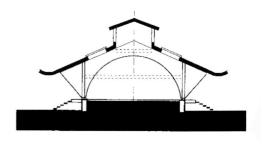

below: The Transit Shed.

The Transit Shed's design is based on the Customs Shed in Amsterdam's Westerdok. The sheds in the new design are also located alongside a quiet inland water. The casco consists of an endless series of trusses from which extra floors and walls can be suspended. The roof rests on concrete blocks. The internal space can be divided up freely. The floor consists of cobblestones, sand and insulation material so that the users can easily install the pipes and wiring themselves.

onder: De Loods.

Het ontwerp van de Loods is gebaseerd op de Douaneloods aan het Westerdok in Amsterdam. Ook in het nieuwe ontwerp liggen de loodsen aan een rustig binnenwater. Het casco bestaat uit een eindeloze serie spanten waaraan eventueel extra verdiepingen en wanden kunnen worden gehangen. Het dak rust op betonstukken. De binnenruimte is vrij indeelbaar. De vloer is samengesteld uit klinkers, zand en isolatiemateriaal, zodat de gebruikers gemakkelijk zelf leidingen kunnen aanleggen.

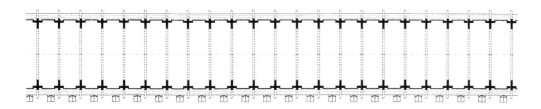

onder:

Dwarsdoorsnede van de Loods. Vier mogelijke ontwerpen voor dakconstructies die op de spanten kunnen worden bevestigd.

below:

A cross-section of the Transit Shed. Four possible roof constructions that can be attached to the trusses.

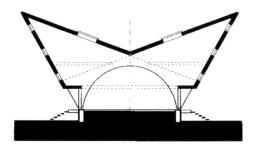
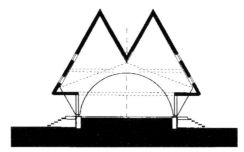
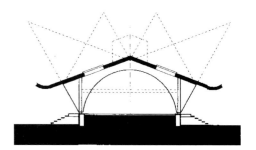

These workshops were concluded with a public event where the designs were presented to the alderman responsible for the banks of the IJ. The Podium appealed to the city council to 'turn the Oostelijke Handelskade into an experimental zone for this innovative form of urban planning and social economics.' However, the alderman felt that it was too much to expect that this narrow strip of land measuring 800 metres would be reserved for casco developments. And, as yet, even a section of this area is also unlikely to be granted. So the effect of these workshops has not exceeded the level of a game. Nonetheless casco must be checked against reality because it entails far more than simply a piece of paper with a design. Indeed the workshops proved that casco demands a different attitude of its users, architects and urban developers. Hence, the game must now become reality.

Nonetheless, the workshops have influenced the urban planning and architectural worlds and they have been widely covered in all kinds of publications.

What's more, although the city council was not particularly enthusiastic about the Podium's plans, buildings with flexible functions could easily fit into the development strategy described in 'Anchors in The IJ.' Similarly, the traditional Dutch canal house provided the inspiration behind the design report for the Westerdokseiland which was drawn up in 1997. With their generous dimensions, these houses have accommodated the changing needs of many generations. Hence, the aim of the designs for the Westerdokseiland was that they should not to hamper future function changes and that the facade was not to create a relation between form and content. However, for the city council this design still automatically implied a 'finished' apartment block. As yet the council has not exploited the potential of applying the casco model although this model is eminently suited to flexible changes of function and, moreover, it does not exclude lower income groups.

The City as Casco: method

The workshops were extremely successful but they also resulted in many new questions, not least amongst the members of the Podium. How can casco be incorporated into the existing order of rules, building regulations, market demands and the division of responsibilities? The Podium has attempted to answer these questions by formulating a method so that the forms of urban planning and architecture which were generated by the workshops can take shape within the existing reality. This method is described in the publication 'The City as Casco II' (1997).

'The City as Casco II' considers new forms of development, management and ownership along with the resulting re-division of responsibilities. The land, as the city's ultimate casco, plays a crucial role in this method. The Podium is convinced that the interweaving of people and environment can be developed more easily and directly when these people assume responsibility for their environment's use and management. For that reason, 'The City as Casco II' proposes that when an area is under development, its buildings' users and managers (both present and future) must participate as investors in the land. To achieve this aim, a holding company or investment fund can be set up as a land company in which all those involved can choose to participate. The area must not be too extensive so that the organization can remain both effective and manageable.

As a private legal body, the land company resembles the form of the independent development companies in Dublin and Liverpool. However, there are three essential differences. The most important difference concerns the development's tempo. The land company will develop the area gradually which in turn excludes the possibility of rapid profits. Instead, the emphasis is on an honest division of the resulting financial benefits to be shared between the various participants and in proportion to their individual contributions. A brief involvement will yield extremely limited returns which consequently stimulates long-term participation. It is also important that participants are allowed to provide services and resources instead of money. For all concerned, the yield of these investments ultimately consists of both money and a high-quality environment. 'The City as Casco II' argues that the profit of financial investment is determined by an objective evaluation. By contrast, in terms of the quality of life, the profit here is determined by a subjective evaluation to be made by the area's participants and incidental users. Ideally the area should also have an emotional value for the various users so that it becomes a part of the public domain. This is something that an urban development concept and a 'quality' public space cannot achieve on their own.

The second difference is that investment, development and management remain in the control of the land company's participants. Here, the land's management and development go hand in hand, and are the responsibility of the users and managers of

Tijdens de publieksmanifestatie die de workshops afrondt, overhandigt men de studies aan de wethouder onder wie de IJ-oever ressorteert. Het Podium roept de gemeente daarbij op om: 'De Oostelijke Handelskade vrij te geven als experimentele zone voor deze vorm van stedenbouwkundige en sociaal-economische vernieuwing.' De wethouder vindt het echter wat teveel gevraagd om deze nauwe strook met een lengte van 800 meter voor een casco-ontwikkeling te reserveren. En minder zit er voorlopig ook niet in. Het resultaat van de workshops blijft daarom beperkt tot 'Spielerei'. Casco moet echter aan de realiteit getoetst worden omdat het om méér gaat dan ontwerpen alleen. De workshops hebben immers geleerd dat casco ook vraagt om een andere instelling van zowel gebruikers als architecten en stedenbouwers. Het spel moet werkelijkheid worden.

Desondanks hebben de workshops invloed op de stedenbouwkundige en architectonische wereld. Er wordt aandacht aan besteed in allerlei publicaties.

En hoewel de gemeente niet bepaald warm loopt voor de plannen van het Podium, past een gebouw dat flexibele functiewisselingen toelaat in de ontwikkelingsstrategie die zij volgens de nota 'Ankers in het IJ' voorstaat. In de ontwerpopgave voor het Westerdokseiland die in 1997 wordt opgesteld, laat men zich daarom inspireren door het traditionele grachtenpand. Dit komt met zijn ruime opzet immers al eeuwenlang tegemoet aan de wisselende invulling die verschillende generaties eraan geven. Zo streeft men ook voor het Westerdokseiland naar ontwerpen die flexibele functiewisseling in de toekomst niet belemmeren en waarin de gevel geen relatie legt tussen vorm en inhoud. De gemeente stelt zich echter bij een dergelijk ontwerp een 'af' flatgebouw voor. Vooralsnog maakt zij geen gebruik van de mogelijkheid om het casco-model toe te passen. Terwijl dit model juist bij uitstek geschikt is voor flexibele functiewisselingen. Bovendien sluit het de lagere inkomensgroepen niet uit.

Stad als Casco: de methodiek

De workshops oogsten veel succes, maar roepen ook veel nieuwe vragen op, niet in de laatste plaats bij de leden van het Podium zelf. Hoe kan casco een plaats krijgen in het bestaande bestel van regelgeving, bouwnormen, markteisen en verdeling van verantwoordelijkheden? Het Podium probeert deze vragen te beantwoorden door het formuleren van een methodiek waarmee de stedenbouwkundige en architectonische vormen van de workshops gestalte kunnen krijgen in de bestaande realiteit. Deze methodiek wordt tenslotte uiteengezet in de publicatie Stad als Casco II (1997).

Stad als Casco II buigt zich over nieuwe vormen van ontwikkeling, beheer en eigendom èn over de daarbij behorende herverdeling van verantwoordelijkheden. Grond speelt, als het ultieme casco van een stad, een cruciale rol in deze methodiek. Het Podium is ervan overtuigd dat de verwevenheid van mensen en omgeving zich gemakkelijker en directer ontwikkelt als de inrichting en het beheer van die omgeving in handen zijn van diezelfde mensen. Daarom stelt men in Stad als Casco II dat bij de stedenbouwkundige inrichting van een te ontwikkelen gebied de toekomstige en huidige gebruikers en beheerders van de gebouwen moeten participeren als investeerders in de grond. Daartoe zou men een participatiemaatschappij of een investeringsfonds kunnen oprichten, een zogenaamde grondmij waarin alle betrokkenen kùnnen participeren. Om de organisatie effectief en hanteerbaar te houden, moet het gebied niet te groot zijn.

Als private rechtspersoon lijkt de grondmij wat vorm betreft op de onafhankelijke ontwikkelingsmaatschappijen in Dublin en Liverpool. Er zijn echter drie essentiële verschillen. Het belangrijkste verschil ligt in het tempo van de ontwikkeling. De grondmij ontwikkelt het gebied geleidelijk waardoor snelle winstuitkering onmogelijk is. Het gaat veeleer om een eerlijke verdeling van de financiële winst over de verschillende deelnemers, naar rato van hun inbreng. Wie er snel uitstapt, heeft een zeer gering rendement. Langdurige participatie wordt hierdoor gestimuleerd. Belangrijk is dat participanten ook diensten en middelen in plaats van geld kunnen inbrengen. De opbrengst van de investeringen bestaat uiteindelijk voor iedereen zowel uit geld als een leefmilieu van hoge kwaliteit. Volgens Stad als Casco II wordt de winst uit investering bepaald door een objectieve waardeschatting. Maar de winst, uitgedrukt in kwaliteit, wordt bepaald door middel van een subjectieve waardeschatting door de participanten en incidentele gebruikers van het gebied. Idealiter heeft zo'n gebied een positieve gevoelswaarde voor diverse gebruikers en daardoor wordt het een publiek domein; iets dat een stedenbouwkundig concept en een openbare ruimte 'met kwaliteit', alléén niet kunnen bewerkstelligen.

Het tweede verschil is dat investering, ontwikkeling èn beheer in handen blijven van de participanten in de grondmij. Er is sprake van ontwikkelend beheren van de grond door de gebruikers en de

the buildings that either already exist there or are to be built there in the future. The management's costs are equally divided between the participants who can contribute either financially or through services. This means that the less affluent are able to participate in the land company by means of sweat equity.

The third difference is that the city council also participates in the land company. It contributes land and is responsible for the continuing infrastructure. Hence, the land company's decision-making process remains subject to the council's approval. Because the development is gradual, the city council is able to check the quality of its progress over a longer period of time. This means that the council can constantly keep an eye on its citizens' general interests.

The casco management of buildings demands an internal organization that has already achieved a demonstrable social cohesion as typified by families, groups of friends or people belonging to the same sub-culture. Hence, casco could be successfully applied to districts with a wealth of ethnic minorities. However, an essential condition is that each building must house a homogeneous group of users. A collection of arbitrary individuals, such as the members of an association of privately-owned flats in a particular building, will not automatically result in social cohesion.

By contrast, the public space must be managed by a group that is as diverse as possible. The casco district is by definition an environment that is socially and economically mixed and which involves plenty of contrast and confrontation. A blending of functions promotes easy access; for maintenance and right of way are vital to the district's activities. Hence, fences and barriers are discouraged and the district will attract many different kinds of visitors.

Diversity is also the essence of the development and management of a casco district's buildings. Casco does not supersede traditional forms, rather it adds a social dimension: self-management and social cohesion.

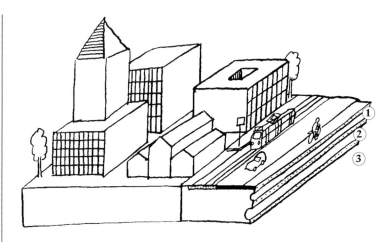

The layout of a casco district (drawings: Peti Buchel)

above: Self-managed casco district

1. *Cables*
2. *Sewer*
3. *The city council's infrastructure*

right: The basis

1. *Management interior*
2. *Management casco*
3. *Land company*

right:

A building constructed by a developer in order to make profit. Here, the price of the space defines the purchaser. The apartments are sold to individual users who remain anonymous both to the developer and to each other. Each purchaser is responsible for the internal structure of his or her flat. Although an owners' association is usually set up to ensure the casco's general maintenance, social cohesion is not viewed as a point of departure. The private properties on the Java Island and the KNSM Island are examples of this approach. (drawing by Peti Buchel)

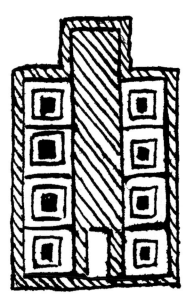

links:

Gebouw opgetrokken door een ontwikkelaar, met een winstoogmerk. Hier bepaalt de prijs van de ruimte de koper. De appartementen worden verkocht aan individuele gebruikers die voor de ontwikkelaar en voor elkaar anoniem zijn. Zij beheren ieder afzonderlijk hun eigen inbouw. Meestal richten zij een vereniging van eigenaren op in verband met het groot onderhoud van het casco. Sociale cohesie is echter geen uitgangspunt. Als voorbeeld kunnen dienen alle koopwoningen op het Java-eiland en het KNSM-eiland. (tekening Peti Buchel)

198

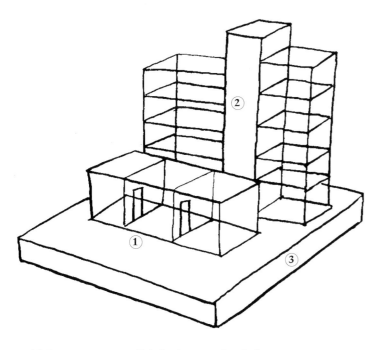

Inrichting van een casco-wijk (tekeningen: Peti Buchel)

links: Casco-wijk in eigen beheer
1. *Kabels*
2. *Riool*
3. *Doorgaande infra van de gemeente*

boven: Aan de basis
1. *Beheer inbouw*
2. *Beheer Casco*
3. *Grondmij*

beheerders van de gebouwen die op die grond staan of daar nog op gebouwd gaan worden. De kosten van het beheer worden evenredig omgeslagen over de deelnemers die hieraan kunnen voldoen door middel van geld of diensten. Zo is door zelfwerkzaamheid, een blijvende deelname aan de grondmij voor de laagste inkomensgroepen mogelijk.

Ten derde neemt de gemeente deel aan de grondmij als participant. Zij brengt grond in en is verantwoordelijk voor de doorgaande infrastructuur. De besluitvorming binnen de grondmij blijft zo onderworpen aan het keurend oog van de gemeenteraad. Omdat het om een geleidelijke ontwikkeling gaat, ontstaat de mogelijkheid tot kwaliteitscontrole door de raad op de lange termijn. De gemeente kan op deze manier het algemeen belang van de stadsbewoners blijven bewaken.

Het casco-beheer van gebouwen vereist een interne organisatie die een reeds bewezen sociale cohesie kent, zoals het geval is binnen families, in vriendenkringen of bij mensen uit eenzelfde subcultuur. Casco zou daarom ook wel eens heel goed toepasbaar kunnen zijn in wijken met een rijke schakering van etnische minderheden. Een voorwaarde is echter dat zich per gebouw homogene groepen gebruikers vestigen. Een groep van willekeurige individuen, zoals een vereniging van eigenaren van koopflats in een bepaald gebouw, leidt niet zonder meer tot sociale cohesie.

De openbare ruimte moet daarentegen juist door een zo heterogeen mogelijk samengestelde groep worden beheerd. De cascowijk is per definitie een sociaal en economisch gemengde omgeving die rijk is aan contrast en confrontatie. Functiemenging bevordert de erfdienstbaarheid. Onderhoud en recht van doorgang zijn immers voor de bedrijvigheid van vitaal belang. Hierdoor wordt afsluiting ontmoedigd en blijft de wijk aantrekkelijk voor diverse bezoekers.

Ook de ontwikkeling en het beheer van de gebouwen in een cascowijk worden gekenmerkt door diversiteit. Casco verdringt de traditionele vormen niet, maar voegt er een sociale dimensie aan toe: zelfbeheer en sociale cohesie.

In the low-rent housing sector, a building's development and management is generally the responsibility of a housing association. Individual tenants are assigned a space and remain anonymous. Social cohesion does not function as a starting point in the allocation of spaces. The users can set up a tenants' association to represent their interests but this does not ensure social cohesion. Examples include almost all the rented accommodation on both the Java Island and the KNSM Island.(drawing by Peti Buchel)

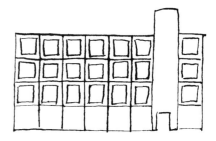

Rented accommodation in the low-rent housing sector. It has been developed and managed by a housing association for a special group of users. Here, the starting point is social cohesion but this ideal has been difficult to maintain because the allocation is determined by the city council and the housing association. Examples include the Co-operative Harbour Companies building and Vladivostok, both of which are located on the Azartplein. (drawing by Peti Buchel)

Casco letting of commercial spaces and homes in the low-rent housing sector by a housing association that is also responsible for the casco's management. The tenants consist of users who have already organized themselves into, for instance, an association. They develop and manage the internal structure and can influence the admittance policy. The aim is a high degree of social cohesion. Examples include the Wilhelmina Gasthuis and the Tetterode, both of which are located in the city centre. (drawing by Peti Buchel)

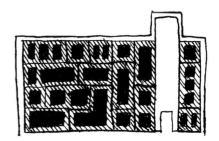

Casco space that involves a combination of purchasing and renting. A housing association develops and manages both the casco and the communal spaces such as the lift, the stairs and the corridors. However, it sells each apartment's interior to anonymous users who, if they wish, can set up a tenants' association. Although it does not aim at social cohesion, this form of casco has obvious social advantages. It gives the less affluent the possibility both of expressing themselves and of investing in their own property. Starting in 1996, the Het Oosten housing association has been the first to experiment in the Netherlands with this combination of purchasing and renting. (drawing by Peti Buchel)

The re-division of responsibilities

The Podium approaches current regulations in terms of respecting both the value of what already exists and the need for change. The government also deploys these starting points when it adapts existing regulations to the demands of changing circumstance. In fact, like a city, the statute book is never finished. The Podium argues that an important condition for casco is that urban developers and architects should define structures so that users can subsequently determine their contents. However, current regulations deny users that possibility because they are not allowed to assume responsibility. Therefore casco's success depends on a re-division of responsibilities in terms of the development and management of buildings, streets and districts. Here, the existing regulations need to be altered drastically. The Podium advocates not only a role for users in the development and construction process but also a new division of roles between the government and its citizens in terms of management. This new division means that the government must hand over responsibility for the use and management of buildings, streets and districts to the users' organizations. However, both the city council and the government must first establish the basic demands that this form of management must fulfil. In this way, they provide a structure within which the users must solve their own problems. Hence, the front door shifts away from the individual house and towards the district's entrance.

This re-division of responsibilities amounts to the government's recognition of users' groups as partners in the process of development and management.

In de sociale sector vallen de ontwikkeling en het beheer van een gebouw meestal onder de verantwoordelijkheid van een woningbouwcorporatie. Individuele huurders krijgen een ruimte toegewezen en zijn anoniem. Sociale cohesie is bij het toewijzen van de ruimten geen uitgangspunt. De gebruikers kunnen een huurdersvereniging oprichten om hun belangen te behartigen, maar sociale cohesie is daarmee niet verzekerd. Voorbeelden: bijna alle huurwoningen op het Java-eiland en het KNSM-eiland. (tekening Peti Buchel)

Huurwoningen in de sociale sector, ontwikkeld en beheerd door een woning-bouwcorporatie voor een speciale groep gebruikers. Sociale cohesie is hier het uit-gangspunt, maar doordat de toewijzing wordt bepaald door de gemeente en de woningbouwcorporatie, kan deze onder druk komen te staan. Voorbeelden zijn onder andere het SHB-gebouw en Wladiwostok, beiden op het Azartplein. (tekening Peti Buchel)

Casco-verhuur van bedrijfsruimten en woningen in de sociale sector door een woningbouwcorporatie die het beheer van het casco voor haar rekening neemt. De huurders bestaan uit een groep gebruikers die reeds georganiseerd zijn, bij-voorbeeld in een vereniging. Zij voeren de ontwikkeling en het beheer van de inbouw uit en hebben invloed op het toelatingsbeleid. Doel is grote sociale cohe-sie. Voorbeelden hiervan zijn onder andere het Wilhelmina Gasthuis en het Tetterodegebouw, beiden in de binnenstad. (tekening Peti Buchel)

Herverdeling van verantwoordelijkheden

Wat de vigerende regelgeving betreft, gaat het Podium eveneens uit van de waarde van het bestaande èn van de waarde van het ver-anderlijke. Ook de overheid handelt volgens deze uitgangspunten wanneer zij bestaande regelgeving aanpast aan de eisen van veran-derende omstandigheden. Immers ook het wetboek is, net als een stad, nooit af.

Een belangrijke voorwaarde voor casco is volgens het Podium dat stedenbouwers en architecten structuren aangeven en dat de gebruikers de invulling ervan bepalen. In de huidige regelgeving hebben de gebruikers die mogelijkheid niet, omdat ze geen ver-antwoordelijkheid krijgen. Het welslagen van casco is daarom afhankelijk van een herverdeling van verantwoordelijkheden met betrekking tot ontwikkeling en beheer op het niveau van gebouw, straat en wijk. Op dit punt is dan ook een drastische aanpassing van de bestaande regelgeving noodzakelijk. Het Podium bepleit niet alleen een rol voor de gebruikers bij de ontwikkeling, het bouwproces, maar vooral ook een nieuwe rolverdeling tussen over-heid en burger op het gebied van beheer. De nieuwe verdeling houdt in dat de overheid de inrichting en het beheer van gebouw, straat en wijk overlaat aan gebruikersorganisaties. Wel stellen gemeente en rijksoverheid vast aan welke basiseisen dit beheer

Casco-koophuur. Een woningbouwcorporatie ontwikkelt en beheert het casco en de gemeenschappelijke ruimten, zoals de lift, de trappen en de gangen. De inbouw verkoopt zij echter per appartement aan anonieme gebruikers die eventueel een huurdersvereniging kunnen oprichten. Hoewel sociale cohesie geen uitgangspunt is, heeft deze vorm van casco een duidelijke sociale meerwaarde. Het biedt aan mensen met een laag inkomen vrijheid van expressie en de mogelijkheid om in eigen bezit te investeren. Sedert 1996 experimenteert Woningbouwcorporatie Het Oosten als eerste met deze vorm van 'koophuur'. (tekening Peti Buchel)

The development and management of a casco by an association of users but where the interior is developed and managed by the individual users themselves. Het Veem, the Wilhelmina warehouse and Edel-weiss are examples of this approach. (drawing by Peti Buchel)

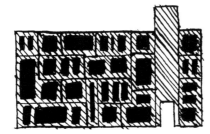

Ontwikkeling en beheer van het casco door een vereniging van gebruikers, ter-wijl de binnenbouw wordt ontwikkeld en beheerd door de individuele gebrui-kers. Als voorbeelden kunnen gelden Het Veem, Pakhuis Wilhelmina en Edelweiss. (tekening Peti Buchel)

A building developed and managed by an owner/user in the tradition of a Dutch canal house. (drawing by Peti Buchel)

Gebouw ontwikkeld en beheerd door een eigenaar/gebruiker, in de traditie van het grachtenpand. (tekening Peti Buchel)

SOURCE MATERIAL

INFORMATION WAS PROVIDED BY

A number of members of the 'Working on The IJ' Podium:
Annalies de Graaf, social geographer and
                the Podium's minutes secretary,
Carolien T.M. Feldbrugge, sculptor and designer,
        member of the IJ Industrial Buildings Guild and
a member of the Amsterdam Board for Urban Development,
Frank Bijdendijk, director of the Het Oosten
        housing association and the Podium's chairman,
Guido R. Keizer, architect and member of
               the IJ Industrial Buildings Guild,
Henny Wasmoeth, staff member of Het Oosten
       housing association and the Podium's co-ordinator,
Paul van Schilfgaarde, professor emeritus of the
      planning and geodesy department of the TU in Delft,
initiator of 'BV Werk voor iedereen' and director of the
        Seinpost consultancy company in The Hague,
Peter Boerenfijn, NICV policy consultant for the
      national organization for Dutch housing associations,
Walter Etty, organization consultant,
Wienke Bodewes, the Woningbedrijf Amsterdam
                  housing association,
Wim F. Heinemeijer, professor emeritus of the social
     geography department of the University of Amsterdam,
          currently professor of urban issues.

moet voldoen. Op deze manier geven zij een structuur aan waarbinnen de gebruikers het met elkaar moeten oplossen. Zo wordt de voordeur verlegd van de individuele woning naar de ingang van de wijk.

De herverdeling van verantwoordelijkheden komt neer op de erkenning van gebruikersgroepen als partners van de overheid bij ontwikkeling èn beheer.

BRONNEN

INFORMANTEN

Een aantal leden van het Podium Werken aan het IJ:

Annalies de Graaf, sociaal geograaf en notulist van het Podium

Carolien T. M. Feldbrugge, beeldhouwer en vormgever,
lid van Het Gilde van Werkgebouwen aan het IJ en
lid van de Amsterdamse Raad voor de Stadsontwikkeling

Frank Bijdendijk, directeur van Woningbouwcorporatie
Het Oosten en voorzitter van het Podium

Guido R. Keizer, architect en
lid van Het Gilde van Werkgebouwen aan het IJ

Henny Wasmoeth, Woningbouwcorporatie Het Oosten en
coördinator van het Podium

Paul van Schilfgaarde, emeritus hoogleraar
Planologische Geodesie, TU Delft,
initiatiefnemer van de BV Werk voor iedereen,
directeur van Seinpost Adviesbureau bv 's-Gravenhage

Peter Boerenfijn, beleidsadviseur NICV voor de
koepel voor woningcorporaties;

Walter Etty, organisatieadviseur

Wienke Bodewes, Woningbedrijf Amsterdam.

Wim F. Heinemeijer, emeritus hoogleraar sociale geografie
Universiteit van Amsterdam, thans bijzonder hoogleraar
op het gebied van grootstedelijke vraagstukken

LITERATURE

Adviesgroep IJ-oevers under the leadership of
Prof. dr. W.F. Heinemeijer (1983-1984).
Promenade langs het IJ?, Amsterdam.
Amsterdamse Raad voor de Stadsontwikkeling (1994).
*Verslag van de expertmeeting over het plan voor
de openbare ruimte aan de IJ-oevers*;
editor-in-chief: W. Teeken, Amsterdam.
Amsterdamse Raad voor de Stadsontwikkeling (1997).
Advies over De Stad als Casco;
adviesnr. 197, serie '97, Amsterdam.
Amsterdam Waterfront (1993).
Ondernemingsplan Ontwikkeling IJ-oevers Amsterdam.
Bijdendijk, F. Ph. ir. (1997). *De kracht van de huursector*,
lecture held at the NSC annual congress 1996,
Teeuwen, Haarlem.
Boekraad, Cees (1997). '*Drie maal denken in delen*'
(thema: componentenbouw) in:
Architectuur & Bouwen 7/8 -1997, pp. 34-35.
An article on publications about component building
that focuses on the architects
Lucien Kroll, John Habraken en Carel Weber.
Boerenfijn, P. Hoff, J.M. Peters, F.D.N. (1995).
'*De stad als casco: naar een eerlijke verdeling
van toegevoegde waarde.*'
Feldbrugge, Carolien (1993).
Speech about public space as casco
that was held at the opening exhibition of
the IJ Industrial Buildings Guild on 28 March 1993.
Hereijgers, A. en Schoonbeek, R. (1992).
*Stedelijke vernieuwing aan het water, het IJ-oeverproject
in maatschappelijk perspectief*;
research report on the program of social demands
involved in the IJ project. It was carried out by the
research consultants Middelkoop & Partners at the
request of the 'd'Oude Stadt aan 't IJ' group in Amsterdam.
Ministerie van VROM:
Vierde Nota Ruimtelijke Ordening Extra.
Oosterman, A. (1995).
'*Een geplande jungle. Woon- en werkcasco's aan het IJ*',
Archis (6) 1995, pp.48-51.
Podium Werken aan het IJ (1994).
De Stad als Casco (The City as Casco);
editor-in-chief: Gert Staal,
De Appelbloesempers, Amsterdam.
Podium Werken aan het IJ (1995). '*Casco's aan het IJ*',
De Appelbloesempers, Amsterdam.

Podium Werken aan het IJ (1997).
Stad als Casco II (The City as Casco II);
editor-in-chief: dr. P. van Schilfgaarde.
Ponteyn, B. en Wasmoeth, H. (1996).
'*De IJ-oevers als stedelijk casco*', Rooilijn (5) 1996, pp.224-229.
Projectgroep IJ-oevers (1994).
'*Ankers in het IJ' (Anchors in The IJ)*,
a development strategy for the banks of the IJ,
gemeente Amsterdam.
Projectgroep Zuidelijke IJ-oever (1997).
Masterplan kop Oostelijke Handelskade,
gemeente Amsterdam.
Projectgroep Zuidelijke IJ-oever/ PMB (1997).
*De ontwerpopgave voor stedenbouwkundige en
architectonische beelden (Westerdok)*, uitgevoerd door
de dienst Ruimtelijke Ordening Amsterdam,
Ontwerpteam Stad, gemeente Amsterdam.
Werkgebouw Het Veem. (1992). '*Idealisten in Zaken*'
pp. 20-23: Interview with. F. Ph. Bijdendijk,
De Appelbloesempers (first edition June 1993,
corrected copy 1994).
Woldendorp, Tobias (1995). '*Stad als Casco*'
in: Frankfurter Allgemeine, October 1995.

LITERATUUR

Adviesgroep IJ-oevers o.l.v. Prof. dr. W.F. Heinemeijer
(1983-1984). *Promenade langs het IJ?*, Amsterdam.
Amsterdamse Raad voor de Stadsontwikkeling (1994).
*Verslag van de expertmeeting over het plan voor de
openbare ruimte aan de IJ-oevers;*
eindredactie: W. Teeken, Amsterdam.
Amsterdamse Raad voor de Stadsontwikkeling (1997).
Advies over De Stad als Casco;
adviesnr. 197, serie '97, Amsterdam.
Amsterdam Waterfront (1993).
Ondernemingsplan Ontwikkeling IJ-oevers Amsterdam.
Bijdendijk, F. Ph. ir. (1997). *De kracht van de huursector,*
lezing NSC jaarcongres 1996, Teeuwen, Haarlem.
Boekraad, Cees (1997). *'Drie maal denken in delen'*
(thema: componentenbouw) in:
Architectuur & Bouwen 7/8 -1997, pp. 34-35.
Artikel naar aanleiding van publicaties over
componentenbouw; centraal staan de architecten
Lucien Kroll, John Habraken en Carel Weber.
Boerenfijn, P. Hoff, J.M. Peters, F.D.N. (1995).
*'De stad als casco: naar een eerlijke verdeling
van toegevoegde waarde.'*
Feldbrugge, Carolien (1993).
Rede over de openbare ruimte als casco,
gehouden ter gelegenheid van de openingstentoonstelling
van Het Gilde van Werkgebouwen aan het IJ op 28 maart 1993.

Hereijgers, A. en Schoonbeek, R. (1992).
*Stedelijke vernieuwing aan het water, het IJ-oeverproject in
maatschappelijk perspectief;* studierapport bij
het programma van maatschappelijke eisen IJ-oeverproject,
uitgevoerd door het onderzoeks- en adviesbureau
Middelkoop & Partners, in opdracht van de wijkwerkgroep
d'Oude Stadt aan 't IJ, Amsterdam.
Ministerie van VROM:
Vierde Nota Ruimtelijke Ordening Extra.
Oosterman, A. (1995). *'Een geplande jungle.*
Woon- en werkcasco's aan het IJ', Archis (6) 1995, pp.48-51.
Podium Werken aan het IJ (1994). *De Stad als Casco;*
eindredactie: Gert Staal, De Appelbloesempers, Amsterdam.
Podium Werken aan het IJ (1995). *'Casco's aan het IJ',*
De Appelbloesempers, Amsterdam.
Podium Werken aan het IJ (1997). *Stad als Casco II;*
eindredactie: dr. P. van Schilfgaarde.
Ponteyn, B. en Wasmoeth, H. (1996).
'De IJ-oevers als stedelijk casco', Rooilijn (5) 1996, pp.224-229.
Projectgroep IJ-oevers (1994). *'Ankers in het IJ',*
ontwikkelingsstrategie IJ-oevers, gemeente Amsterdam.
Projectgroep Zuidelijke IJ-oever (1997).
Masterplan kop Oostelijke Handelskade,
gemeente Amsterdam.
Projectgroep Zuidelijke IJ-oever/ PMB (1997).
*De ontwerpopgave voor stedenbouwkundige en
architectonische beelden (Westerdok),* uitgevoerd door
de dienst Ruimtelijke Ordening Amsterdam,
Ontwerpteam Stad, gemeente Amsterdam.
Werkgebouw Het Veem. (1992). *'Idealisten in Zaken'*
pp. 20-23: Interview met ir. F. Ph. Bijdendijk,
De Appelbloesempers (eerste druk juni 1993,
gecorrigeerde overdruk 1994).
Woldendorp, Tobias (1995). *'Stad als Casco'*
in: Frankfurter Allgemeine van oktober 1995.

Final observations

The examples that have been presented here of the re-development of harbour locations and premises display, despite their diversity, a number of essential similarities. Both the government and private partners are seeking new ways of creating an urban environment. They believe that they can develop a lively city by means of a blending of functions, the consumption of culture, different forms of accommodation, the combination of working and living, high building densities and, particularly, by attracting affluent consumers. Yet none of the cities we have described has yet managed to find the right balance for the recipe to success.

Nonetheless, there are signs on an international level of a shift in attitude where artists and those who create their own work are beginning to take the lead. They are already used to constructing their own working and living environments. Based on this experience, they argue that they can now produce a lively city by means of small-scale commerce, the production of culture and, most importantly, a re-division of responsibilities. Their emphasis is on earning money in their premises rather than from their premises; this means that the less affluent are also able to contribute to the regeneration process. In Amsterdam, the casco model has been thrown onto the scales of urban planning. Perhaps it can help to achieve a new balance in the process of development. Yet this balance will still need to be adjusted in the future because one of the good things about a city is that it is never completed.

Slotopmerkingen

De gepresenteerde voorbeelden van herontwikkeling van havenlocaties en havenpanden vertonen, ondanks hun verscheidenheid, enkele essentiële overeenkomsten. Overal zoeken overheid en private partners naar nieuwe manieren om een stedelijk milieu te creëren. Door middel van functiemenging, cultuurconsumptie, andere woonvormen, werken in woningen, hoge bouwdichtheden en vooral het aantrekken van draagkrachtige consumenten, menen zij een levende stad te kunnen ontwikkelen. Maar de juiste balans voor een succesvolle formule is in geen van de beschreven steden nog gevonden.

Toch zijn er internationaal tekenen waarneembaar van een kentering waarin kunstenaars en mensen die hun eigen werk scheppen, het voortouw nemen. Zij zijn gewend om hun eigen omgeving op te bouwen. Vanuit deze praktijk menen zij een levende stad te kunnen creëren door middel van kleinschalige bedrijvigheid, cultuurproductie en vooral een herverdeling van verantwoordelijkheid. Het gaat volgens hen niet om geld verdienen áán de panden, maar ìn de panden, waardoor ook minder draagkrachtigen kunnen deelnemen aan het regeneratieproces. In Amsterdam heeft men het casco-model in de weegschaal geworpen. Misschien dat de nieuwe balans voor stadsontwikkeling daarmee bereikt kan worden. In de toekomst zal het hier niet bij blijven. Een van de prettige aspecten van een stad is dat zij nooit af is.

Index

Colophon

Authors
Peti Buchel and Bert Hogervorst

Photography
Willem Vermaase, unless otherwise stated

Editing
Van Ooijen, R&C

Translation
Annie Wright

Lay-out
Esther Mosselman

Front cover photograph
Willem Vermaase

Back cover illustration
Carolien Feldbrugge

Cover design
Esther Mosselman

Printed and distibuted by
De Appelbloesempers
Van Diemenstraat 410   1013 CR   Amsterdam
tel. (0)20 - 6258859   e-mail: mail@dap.nl
www.dap.nl

Lettertype
Lexicon

Published by
The IJ Industrial Buildings Guild
in co-operation with De Appelbloesempers, Amsterdam, 1997

ISBN number
90 - 70459 - 15 - 9

This publication has been made possible through
the financial contributions of
'het Stimuleringsfonds voor Architectuur';
'Het Oosten' housing association;
'het Woningbedrijf Amsterdam' housing association;
the 'IJ-oevers' Project Management Office;
the Municipal Housing Department, Amsterdam;
and the Planning Department, Amsterdam.

Colofon

Auteurs
Peti Buchel en Bert Hogervorst

Fotografie
Willem Vermaase, tenzij anders vermeld.

Eindredactie
Van Ooijen, R&C

Vertaling
Annie Wright

Lay out
Esther Mosselman

Foto voorkant
Willem Vermaase

Illustratie achterkant
Carolien Feldbrugge

Ontwerp omslag
Esther Mosselman

Druk en distributie
De Appelbloesempers
Van Diemenstraat 410 1013 CR Amsterdam
tel. 020 - 6258859   e-mail: mail@dap.nl
www.dap.nl

Lettertype
Lexicon

Uitgave van
Het Gilde van Werkgebouwen aan het IJ,
in samenwerking met De Appelbloesempers Amsterdam, 1997

ISBN nummer
90 - 70459 - 15 - 9

Subsidiënten
Deze publicatie is mogelijk gemaakt door bijdragen van
het Stimuleringsfonds voor Architectuur;
Woningbouwcorporatie Het Oosten;
Woningbedrijf Amsterdam;
Projectmanagementbureau IJ-oevers;
Stedelijke Woningdienst gemeente Amsterdam;
Dienst Ruimtelijke Ordening gemeente Amsterdam.

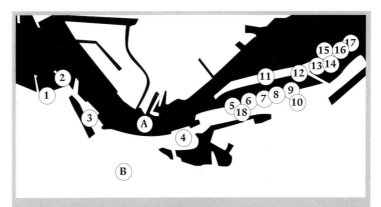

AMSTERDAM

Premises of the IJ Industrial Buildings Guild /
      Panden aangesloten bij het Gilde van Werkgebouwen aan het IJ

The premises mentioned in The Turning Tide are not in italic / Panden
      die genoemd worden in Het Kerend Tij zijn niet cursief gedrukt

* Squatted by Alice Roegholt, founder of the Open Harbour Museum/

* Gekraakt door Alice Roegholt,
            initiatiefnemer van het Open Haven Museum

1. Het Veem, van Diemenstraat
2. The Grain Silos, Westerdoksdijk / De Graansilo's, Westerdoksdijk
3. Customs Shed, Westerdoksdijk / Douaneloods, Westerdoksdijk
4. *Brandweerkazerne, Oosterdokseiland*
5. *Studios Asia , Oostelijke Handelskade / Ateliers Azië,*
                                    Oostelijke Handelskade
6. *The De Zwijger Warehouse, Oostelijke Handelskade /*
                    Pakhuis De Zwijger, Oostelijke Handelskade
7. Vrieshuis Amerika, Oostelijke Handelskade
8. The Wilhelmina Warehouse, Oostelijke Handelskade /
                  Pakhuis Wilhelmina, Oostelijke Handelskade
9. *The Argentina Office Building, Oostelijke Handelskade /*
                  Kantoor Argentinië, Oostelijke Handelskade
10. *Studio 12, Oostelijke Handelskade*
11. World's End, Sumatrakade (demolished 1996) */
           Het Einde van de Wereld, Sumatrakde (gesloopt 1996) *
12. The Co-operative Harbour Companies Building, Azartplein/
                  Het SHB gebouw, Azartplein
13. The Doctor's House, Levantkade * / Het Doktershuis, Levantkade *
14. Botenloods 'De Nieuwe Vooruitgang' /
           The New Progress Boat Transit Shed, Levantkade
15. The Open Harbour Museum, KNSM Laan */
               Open Haven Museum, KNSM Laan *
16. Edelweiss, Levantplein
17. Levantkade 10, Levantkade
18. *Zeezicht, Piet Heinkade*

A. The IJ / Het IJ
B. City centre / centrum